珍藏本
纪念版

汉译世界学术名著丛书

布阿吉尔贝尔选集

伍纯武 梁守锵 译

2017年·北京

Par M. Eugène Daire
ÉCONOMISTES FINANCIERS
DU XVIIIe SIÈCLE
Paris, Guillaumin, 1843
本书选译自欧仁·德尔所编《十八世纪的财政经济学家》
巴黎吉约曼出版社,1843 年版

汉译世界学术名著丛书
（120 年纪念版·珍藏本）
出 版 说 明

2017 年 2 月 11 日，商务印书馆迎来 120 岁的生日。120 年前，商务印书馆前贤怀揣文化救国的理想，抱持“昌明教育，开启民智”的使命，立足本土，放眼寰宇，以出版为津梁，沟通中西，为中国、为世界提供最富智慧的思想文化成果。无论世事白云苍狗，潮流左右激荡，甚至战火硝烟弥漫，始终践行学术报国之志，无改初心。

迻译世界各国学术名著，即其一端。早在 20 世纪初年便出版《原富》《天演论》等影响至今的代表性著作，1950 年代后更致力于外国哲学和社会科学经典的译介，及至 1980 年代，辑为“汉译世界学术名著丛书”，汇涓为流，蔚为大观。丛书自 1981 年开始出版，历时三十余年，迄今已推出七百种，是我国现代出版史上规模最大、最为重要的学术翻译工程。

丛书所选之书，立场观点不囿于一派，学科领域不限于一门，皆为文明开启以来，各时代、各国家、各民族的思想与文化精粹，代表着人类已经到达过的精神境界。丛书系统译介世界学术经典，引领时代思想，为本土原创学术的发展提供丰富的文化滋养，为推动中国现代学术和现代化进程做出了突出的贡献。

为纪念商务印书馆成立120周年，我们整体推出“汉译世界学术名著丛书”120年纪念版的珍藏本，寄望既利于文化积累，又便于研读查考，同时向长期支持丛书出版的译者、编者和读者致以敬意。

两甲子后的今天，商务印书馆又站在了一个新的历史时间节点上。我们不仅要铭记先辈的身影和足迹，更须让我们的步伐充满新的时代精神。这是商务人代代相传的事业，更是与国家和民族的命运始终紧密相连的事业。我们责无旁贷，必须做好我们这代人的传承与创造，让我们的努力和成果不仅凝聚成民族文化的记忆，还能成为后来人可以接续的事业。唯此，才能不负前贤，无愧来者。

商务印书馆编辑部

2017年10月

评布阿吉尔贝尔的经济理论

李 宗 正

英国和法国都是资产阶级古典政治经济学的发源地与故乡，两国古典政治经济学也相互影响。例如，亚当·斯密于1764年到巴黎旅游时，曾同重农学派的主要代表魁奈和杜尔哥有过亲密往来。斯密虽然并不同意重农学派把农业劳动看做是唯一的生产劳动的观点，但他受过重农学派的影响，并给予重农学派的经济学说很高的评价。他说："这一学说虽有许多缺点，但在政治经济学这个题目下发表的许多学说中，要以这一学说最接近于真理。因此，凡愿细心研讨这个极重要科学的原理的人，都得对它十分留意。"[①]斯密对法国古典经济学完成者西斯蒙第也产生过重大影响。后者的早期经济研究基本上接受了斯密的学说，后来他的经济学说虽然有很大变化，但仍然继承了斯密的一些观点。当然，由于十七世纪末和十八世纪英法两国的社会经济和政治状况不同，加上两国古典经济学家的个人情况的差别，使英法两国古典政治

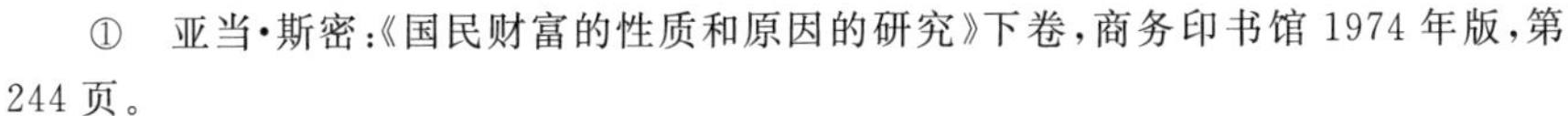

① 亚当·斯密：《国民财富的性质和原因的研究》下卷，商务印书馆1974年版，第244页。

经济学具有显著的不同特点。这种特点在两国古典政治经济学创始人的著作中已十分明显地表现出来,后来在李嘉图和西斯蒙第的著作中更表现为尖锐的对立。马克思曾指出:“对配第和布阿吉尔贝尔两人的著作和性格的比较研究——暂且不谈这一比较将异常清楚地说明十七世纪末和十八世纪初英法两国的社会对立——将是对英法两国政治经济学之间的民族对立的起源的叙述。这种对立最后在李嘉图和西斯蒙第之间又重新表现出来。”①

收进本书的布阿吉尔贝尔的几部主要著作都是在十七世纪下半叶和十八世纪初写成的。当时在英国资产阶级和新贵族已经在政治上确立自己的统治地位,资本主义工场手工业的发展正处于全盛时代。而在法国,经过贵族和国王之间的几番较量之后,才终于确立起封建专制政治。在路易十四执掌政权之后,也就是布阿吉尔贝尔生活年代,封建专制政治达到高峰。路易十四执政长达半个世纪之久。他初任马札里尼(1643—1661 年)为首相。马札里尼全力加强王权,并在死后为路易十四留下了一群听话的臣民、被驯服的贵族和被压制的高等法院。他为国王培养了一批有经验和惯于处理王朝行政的官僚。君主处于绝对权威地位,任何人对政府有所非议都会被投进皇家监狱无定期地监禁,受到严厉的惩罚。在路易十四的王朝宫廷中聚集着一大批贵族、贵族夫人和朝臣,他们过着穷奢极欲的生活,挥霍无度。路易十四的前半期统治主要依靠马札里尼所培养出来的一些大臣,在军事方面有勒泰利埃和他的儿子鲁佛瓦,在外交方面有利奥内和邦本,在财政、

① 《马克思恩格斯全集》第 13 卷,第 41 页。

海军和经济方面有科尔贝。科尔贝是最活跃和受宠的大臣。路易曾为他特别设置财政总监的新职务。他除本身职务之外,还兼任两个大臣职务,实际上在马札里尼之后,法国全部内政事务都集中于他一身。路易十四和他的许多大臣、官吏对于工商业都是外行或不感兴趣。而科尔贝出身于商人家庭,他的父亲是兰斯的呢绒商,因此他对工商业特别感到兴趣。科尔贝在主管法国财政经济时期并没有在经济理论和政策上提出什么新的见解,他不过厉行半个世纪以来法国已经出现和实行的重商主义政策。众所周知,重商主义认为金银货币就是财富,一国最重要的就是尽量积累金银财富。在对外贸易中应想方设法打击对手,赚取利润,使别国的金银源源流入本国。在科尔贝看来,金银财富标志着国家的富足和强大,但"我们不能增加白银,除非同时把邻国的白银减去相等的数量"。从这一观点出发,科尔贝提出和推行一系列重商主义政策,诸如提高外国工业品的进口税,对外国船只进入法国课以重税,极力破坏外国商品的输出和外国商人的贸易,尤其是荷兰人的海上贸易,同时鼓励本国工场手工业制造工业品,并力求提高工业品质量,以满足法国近东各国的老主顾的需求。在科尔贝的积极倡议下,法国创办了制造各种工业品的工场手工业,并着重创办制造奢侈品的工业,以防止法国金银外流。科尔贝在鼓励发展工场手工业时,采取了一系列措施,如创办直接由国家经营的皇家制造业,给予一些工场手工业专利和特权,并给予工场手工业主各种奖励。作为海军负责人,他根据发展对外贸易和争夺海外市场的需要极力扩充和发展海军,例如建立和发展远洋帆船舰队,企图重建地中海舰队,强迫海边渔民和所有水手在船上服役,等等。科尔贝大力推行重商主义政策的结果使法国工商业获得了很大的发展，它给当时欧洲一般人留下了极为深刻的印象，十七世纪下半叶英国的一些思想家就曾对科尔贝的政策和法国工商业的发展称道不止。意大利经济学家孟哥第(Mengotti)把科尔贝所推行的这种主张称为科尔贝主义，后来人们也就把法国重商主义称为科尔贝主义。

十七世纪下半叶法国工商业的发展虽然应归功于科尔贝，但科尔贝的重商主义政策也给法国财政经济带来了严重的后果。十七世纪下半叶，法国资本主义虽有所发展，但它仍然是封建农业占统治地位的国家，小农在全国总人口中居多数。法国广大农民本来就遭受着封建的残酷剥削，封建王朝和贵族的挥霍浪费和穷奢极欲的庞大开支，基本上都由农民担负。而科尔贝在扶植工商业时不仅漠视农民利益，而且制定了一系列不利于农业和农民利益的保护政策。例如，禁止谷物和原料的自由输出，限制农产品价格等。发展航运事业、在海外设立公司以及扩充舰队等又加重了农民的赋税，加上路易十四继承了路易十三的首相黎世留和马札里尼的政策，即每个国家的利益在于扩充自己的领土，同时削弱敌对国家的力量，连续同欧洲的一些国家发生战争，使法国国力遭到很大的消耗。军队的士兵主要由农民充当和补充，庞大的军费开支又不得不靠加紧对农民的搜刮和勒索来应付。从布阿吉尔贝尔的著作中就可以看出当时法国是税多如毛。在1683年科尔贝死后，法国封建王朝衰落的各种征象已经明显地表现出来，封建剥削、连续不断的战争，重商主义政策带来的严重后果，频繁发生的灾荒，使当时还是法国国民经济基础的农业日益凋敝，土地荒芜，人口减

少，人民生活十分贫困。科尔贝政策旨在发展工商业，然而严格的政府管制却使工场手工业不能根据生产需要进行工场改革，一切科学技术和分工的改革都受到压抑。科尔贝虽然也发现了问题，力求提高工场手工业的经济效果，曾花费很多经费派人了解各地技术改良情况，为工场手工业主提供信息，但终究没有收到多大效果。农业破产和沉重的税收使工商业也陷于萧条。具有讽刺意味的是，十七世纪末法国各港口和大城市的代表组织的商务会议，把工商业的萧条和破产完全归罪于科尔贝所创立的保护政策。总之，当时法国财政经济面临崩溃的局面，全国呈现民穷财尽的一片凄凉景象。实行重商主义在法国带来了与英国大相径庭的后果。布阿吉尔贝尔就是在法国社会处于严重危机的时刻开始他的著述活动的。

布阿吉尔贝尔出生于法国卢昂，曾在他的家乡担任法官职务。但这位法官并不是同当时许多法官一样充当封建王朝和贵族的帮凶。他在审理案件中，目睹耳闻法国人民生活穷困和深受奴役的悲惨处境。他对此不是采取明哲保身或熟视无睹的态度，而是挺身而出充当被压迫穷人，主要是法国农民利益的辩护人。如马克思所指出："布阿吉尔贝尔虽然身为路易十四的法官，却既热情又勇敢地替被压迫阶级声辩。"[①]在他所写的这几本著作中，都无情地揭露和鞭笞封建统治阶级的腐败无能和重商主义政策对农民利益的漠视，而对被压迫被奴役的贫困农民表示深切的同情。如果我们把布阿吉尔贝尔和威廉·配第的著作加以比较，不难看出两者

① 《马克思恩格斯全集》第13卷，第44页。

之间的重大差别。法国古典政治经济学一开始就为小生产者，即广大农民的利益辩护，布阿吉尔贝尔就是农民利益的代言人，而英国农奴制在十四世纪末期已经不存在。当时，尤其是在十五世纪，英国绝大多数人口是自由的自耕农。十六世纪的土地革命，对农民土地的剥夺，在使广大农民破产的同时，使农场主迅速富裕起来。在十六世纪末，英国已产生了一个就当时情况来说很富有的"资本主义农场主"阶级。被剥夺了土地的农民则转化为低廉的雇佣劳动者。十六世纪末，英国资产阶级和新贵族已经成为拥有大量财富而地位巩固的阶级，它们再也不需要强大王权的保护。从1640年开始到1688年结束的英国资产阶级革命，宣告了欧洲新社会的政治制度的产生，宣告了资产阶级所有制对封建所有制的胜利。在威廉·配第的身上就充分表现出了资产阶级的特性，他为人十分轻浮并掠夺成性，他的著作都是为英国统治阶级策划如何对内搜刮、对外掠夺和进行竞争，同布阿吉尔贝尔的著作形成明显的对立。

任何经济学家的经济理论总是根据社会经济和阶级斗争发展的需要而产生的，它们总是试图从一定阶级的利益和要求出发，回答当时社会经济发展提出的问题。布阿吉尔贝尔的全部著作对当时法国经济状况作了具体阐述，不仅是对法国经济衰落和人民生活困苦表示深切的关注和同情。如马克思和恩格斯所指出，布阿吉尔贝尔的著作是记述法国路易十四时代农民普遍破产和贫困的经济学[①]。而且他按照小农经济发展的需要，强烈地要求封建王

① 《马克思恩格斯全集》第36卷，第675页。

朝对过去的财政经济政策，主要是重商主义的经济政策改弦更张，进行彻底的改革。他的著作的书名反映了当时法国所存在的经济问题。例如，他在十八世纪初写的《谷物论》论述了法国的经济问题，特别是实行重商主义的禁止法国谷物和其他农产品输出，导致法国谷物和农产品价格低廉，农业生产衰退。在这部著作中，布阿吉尔贝尔极力反对科尔贝为了保证工商业者获得廉价的粮食和原料，降低工业品成本而采取导致谷物价格低贱的禁止粮食和农产品输出政策，力主取消禁止谷物输出法令。在《论财富、货币和赋税的性质》一书中则尖锐批判了重商主义的财富观，证明货币并不是真正的财富，并抨击了当时的赋税政策。《法国的辩护书》和《法国详情》分析了法国如何由一个富足强大的国家走向衰落，尖锐地批判了封建王朝的经济和财政政策，并提出了改革的建议。

布阿吉尔贝尔的著作并不是政治经济学的理论著作，他论述的都是当时法国经济的具体问题。但在论述这些问题时，他对社会经济发展规律提出了一些独到的见解，这些见解实际上奠定了法国古典政治经济学的基础。所以，马克思称他为法国资产阶级古典政治经济学的创始人。

英国资产阶级政治经济学是逐渐从重商主义过渡到古典政治经济学的。在配第著作中就可以看出这种逐渐过渡的痕迹。法国则不同，法国古典政治经济学是在和重商主义的尖锐对立中诞生的。布阿吉尔贝尔的全部著作都贯穿一种精神，即坚决反对重商主义。他首先反对重商主义的财富观。重商主义者认为财富就是金银货币，国家的基本政策就是尽力积累货币财富。布阿吉尔贝尔同重商主义者相对立，认为凡是能满足人们物质生活和精神生活的需要而具有使用价值的东西就是财富。用他的话说,“财富包括人们的全部享受,不仅是生活必需品,也包括非必需品以及能够满足人们身体官能快乐的一切物品。”马克思曾指出,“布阿吉尔贝尔实际上只看到财富的物质内容、使用价值、享受”。[①] 布阿吉尔贝尔反复证明货币并不是财富。他说:“硬币本身并非财富,而且它的数量一般和一个国家的富裕无关”,“国民收入的增长与消费而不是与硬通货数量的增加成正比例。”在布阿吉尔贝尔看来,货币只是在商品流通中充当流通手段,“钱币只是手段和方法,而对生活有用的各种货物才是目的和目标”。布阿吉尔贝尔从货币不过为便利商品交换而产生,其自然职能只是充当流通手段和支付手段的观点出发,正确地指出市场上需要的货币数量决定于商品价格的总额。布阿吉尔贝尔还指出,金银并不是唯一充当货币的材料,在历史上有各种物品作过货币材料。在商品价格比较稳定的情况下,货币也可以不用金银来充当,而用纸币来代替。他认为,货币是充当流通手段的,不应加以贮藏,而应该不断地投入流通发挥其作用。他意识到商品流通和货币流通有所不同。他说,货币“周转多少次数,就更换了多少主人,这就是说它进行了多少次贸易和消费”。“钱币是不会由于使用而消费掉的,它在运入银子的国家产生着无限无垠、无穷无尽的妙用;可是那些作为交换而付给的食物,却只能使用一次,使用之后,效用就消失了。”他斥责重商主义的金银拜物教,得出结论说:“人们日夜当做偶像来膜拜的金钱,实际上本身完全没有任何用处,既不能吃,也不能穿”,“将

① 《马克思恩格斯全集》第13卷,第44页。

金银当做财富和幸福生话的唯一的源泉是一个严重错误的学说”。布阿吉尔贝尔的财富观反映了法国资本主义发展落后的状况，他基本上从小商品生产的角度来考察财富和货币问题，而威廉·配第则完全站在资产阶级立场上观察这些问题。虽然布阿吉尔贝尔如同其他古典经济学家一样都不了解货币的本质与它的职能，只把货币看做流通手段，但他对货币作为流通手段的特点和作用却有不少正确的理解。

布阿吉尔贝尔把财富看做只是具有使用价值的东西。他认为，这些东西不过是土地的产物。“富裕通常不过是土地的产物。”换句话说，他把财富看做主要是由农产品构成的，农业生产是财富的真正源泉，“耕种者的繁荣昌盛是一切其他等级的财富的必要基础。”在他看来，农业衰落，百行百业也就随之衰落。他认为，法国经济面临危机就是由于谷价低贱，农民不仅不能补偿生产成本，连自己的生活也不能维持，同时也不能向地主交租，因而使社会各阶层都得不到好处。他力主提高谷物价格，允许谷物自由输出，认为只有这样才能使农民增加收入，促进土壤改良，扩大耕地面积，提高农业的产量。重商主义者认为财富就是货币，财富的来源是商业即流通领域，特别是对外贸易。而布阿吉尔贝尔则证明社会财富主要是农业中生产出来的农产品；财富的来源是农业生产。他把自己的经济研究和分析从流通领域转向生产领域。马克思指出：“真正的现代经济科学，只是当理论研究从流通过程转向生产过程的时候才开始。”[①]布阿吉尔贝尔在法国政治经济学发展史中

① 《资本论》第3卷(《马克思恩格斯全集》第25卷)，第376页。

最先开始这种转向，所以，他的经济理论标志着法国资产阶级古典政治经济学的开始。他重视农业的思想为后来重农学派所继承并进一步发挥，从而使他成为法国重农主义的先驱者。

布阿吉尔贝尔在论述法国经济问题时多次提出自然规律的概念，反复强调社会经济活动及其发展具有自己的规律性，人们的经济活动只能按自然规律进行。他指出："整顿经济秩序的权力只属于大自然"，"只有大自然才能够平衡，所以不要妨碍大自然行事。"他一再重申，如果人们违反自然规律行事，"大自然就会对违抗者施加惩罚，不稍稽延"。布阿吉尔贝尔反对重商主义的国家干预经济的政策。他认为，人们的经济活动"只有大自然而绝不是政府能够恰如其分地加以必要的整顿"。他要求法国封建政府放弃对经济活动的干预，"停止对自然采取十分粗暴的行为"。在布阿吉尔贝尔看来，实行自由竞争就是按自然规律办事。用他的话来说，"大自然是酷爱自由的"，"大自然总是走向自由和趋于完善的"。他认为，法国国民经济比例失调，而只有自由竞争才能恰如其分地使各行各业保持均衡，使社会所有成员都能得到利益；它是维持社会安定和公正的唯一方法和力量。但他的自由竞争思想也不是始终如一的。例如，他要求实行有利于法国农业资本主义发展的谷物高价政策，主张谷物自由输出但禁止自由输入，这显然与自由竞争思想相矛盾。但布阿吉尔贝尔基本上是自由竞争的早期热烈拥护者，他的自然规律和经济自由思想都为后来魁奈所继承而形成自然秩序学说，为法国古典政治经济学奠立了理论基础。

由于十七世纪下半叶到十八世纪法国经济发展的特殊状况，法国古典政治经济学一开始就把自己的注意力放在考察整个国民

经济的活动规律，探索挽救濒临破产的法国国民经济的道路上。在一定意义上说，布阿吉尔贝尔的经济理论和魁奈的《经济表》可以说是资产阶级宏观经济学的先导。布阿吉尔贝尔并没有对社会结构有明确的观点，但他依据自己对财富本源的看法，把一国的收益分为两类，即土地的产物和实业收益，而后者又划分为以下四种，“第一种是土地的赐予；第二种是这些赐予所由产生的土地所有权，它把利得在地主与佃农间加以分配；第三种是由城市房屋的出租，抵押利息，文武官员和财务人员的官俸及货币和票据所构成；第四种则包括体力劳动和批发零售商业”。后三种是从土地产物中派生出来的，但它们反过来又推动它们所由产生的土地产物的产生。布阿吉尔贝尔认为，社会各种收益之间形成一种循环，“而这种循环是一刻也不能中断的，因为不管从哪一方面发生些微的停顿，就马上成为双方的致命伤”。虽然布阿吉尔贝尔对收益的分类还很不清晰，但这个分类实际上是后来重农学派主要代表魁奈的社会阶级结构理论的雏形。他关于社会收益之间形成循环的见解在魁奈的《经济表》中得到了较为完善和明确的论述。

布阿吉尔贝尔在分析法国整个社会经济活动时还指出，法国国民收入锐减的原因在于消费不足。按照他的说法，“消费和收入只是一种同一样的事物，破坏消费就是破坏收入”。“大量的消费会得到大量的收入”。他举出一些饶有趣味的例子来说明消费和收入之间的关系。例如，如果一个短工在上工时先喝一品脱的酒，酒店在卖出酒后就会向农民或葡萄农买进葡萄，而葡萄园经营者也就能够向地主缴地租；地主有了地租收入，就会为满足自己的欲望而进行各种消费，从而给各行各业带来收入。布阿吉尔贝尔实际上阐述了增加消费就会引起收入成倍增加的作用。

布阿吉尔贝尔同威廉·配第一样是近代政治经济学发展史中劳动价值论最早的奠基者之一。他在分析交换中价值的比例关系时，得出了劳动创造价值的结论。马克思指出，布阿吉尔贝尔“用个人劳动时间在各个特殊产业部门间分配时所依据的正确比例来决定‘真正价值’，并且把自由竞争说成是造成这种正确比例的社会过程”①。但布阿吉尔贝尔认为，货币使按照这种比例进行交换受到破坏，从而使整个社会商品价值比例失调。在他看来，货币本来只是流通手段，由于错误地把货币当做财富，使货币变成“商业交易的专横暴君”，成为主宰人们幸福生活的神明，给国家和人民带来了灾难和祸害。他强烈谴责货币破坏商品按比例进行交换。他承认商品生产和商品交换的必要性。他赞美创造商品使用价值的劳动，却又攻击创造交换价值的劳动。正如马克思所说，他“对一种形式的资产阶级劳动进行激烈的攻击，对另一种形式的资产阶级劳动却空想地加以赞美”②。总之，他颂扬没有货币的商品生产。布阿吉尔贝尔的这种错误观点为后来小资产阶级思想家蒲鲁东等所继承和发展。

布阿吉尔贝尔尖锐地揭露和批判了路易十四时代不公平和不合理的赋税制度。他热烈希望改革税制，取消在捐税上的特权，实行公平征税，按照能力大小来负担捐税，富者多缴税，贫者少缴，并清除那些不合理的捐税和征收办法，使广大人民能从捐税的盘剥

① 《马克思恩格斯全集》第 13 卷，第 43—44 页。

② 同上书，第 45 页。

中解脱出来。布阿吉尔贝尔在自己的改革方案中，主张国家的财政措施都必须建立在正确认识农民和商人的利益的基础上。事实上，他力图使法国封建王朝的财政政策不损害法国资本主义的发展。尽管他的改革方案没有触及封建制度的根本问题，它也不可能为法国封建王朝所采纳。当布阿吉尔贝尔在1714年去世的时候，法国封建制度进一步走向没落。

布阿吉尔贝尔同英国的威廉·配第一样没有创立一套完整的经济理论体系，但他针对当时法国经济状况所提出的一些观点，例如关于自然规律和自由竞争、国民经济中的比例均衡、消费和收入的关系等问题的见解，劳动决定价值的观点以及对货币作为流通手段的某些看法，都包含着一定的科学因素，这为后来法国古典政治经济学的发展开辟了道路。

总 目 录

法国详情及补篇

伍纯武 译
梁守锵 校

目　录

第二部分　论国民财富减少的原因

法国详情

法兰西财富减少的原因及补救的简便措施。

一月内就能供应国王所需要之全部资金，并使全体人民富足起来。

第一部分　关于国民财富的减少

第　一　章

本书的目的和计划。任何国家的财富均与其国土的肥沃程度成正比。法国由于种植荒芜，三十年来国民收入减少五亿以上

世界上凡人民不是完全处于不开化状态的国家，其富裕或贫穷，几乎无一不受其气候和土壤是否多少适应于生产生活必需品，或能否以这些必需品相互进行交换这种自然境况的影响。只有西班牙和荷兰，以一种彼此截然不同的方式完全违反了如此普遍的规律。荷兰，几乎不生产什么产品，但它的生活必需品却比原产地和世界上一切最富有的国家更丰富，而且便宜。可是西班牙，尽管

土地肥沃，气候良好，却没有外援就无法生活下去。

虽然法兰西可能是世界上最富有的王国，但可以说，她并没有完全避免像西班牙所遭到的混乱现象，而且也根本辜负了似乎得天独厚的优越条件，因为，姑且不说可能遇到的情况，仅就已有的事实而言，可以肯定，今天法国的产品，不管是在农业收入还是工业收入上，比三十年前每年减少了五六亿，而且弊病日益严重，也就是说，收入每况愈下。因为使收入减少的那些原因一直存在，甚至还在增长，而人们却不能因此归咎于国王的收入[①]，因自 1660 年以来，国王的收入从来没有增加得这样少，它只增加大约三分之一，而不是像两个世纪以来那样，总是每隔三十年就增加一倍。

本报告的第一部分将阐明这一事实以及法国收入减少的情况。在第二部分，我们将揭示这些混乱的原因；在第三部分，我们将提出补救的简便措施，以给国王提供大量的现金并增加其经常收入；因为通过消除使人民财富减少的原因，就将使作为国家本体的国王的臣民同样也提高收入：这对国王陛下和他的臣民将产生所有这些好处，而并不需要靠任何会动摇对当前的确信，而把希望寄托于渺茫而无把握的未来的异常的运动来实现，而只是使事物恢复其自然状况而已。这就是恢复事物往日的原状；而今后，如果不发生由于间接利益而造成的几乎经常不断的舛错使其背离常态，从而随时引起一片好心的大臣先生们惊奇不已的话，其状况也将始终是如此。

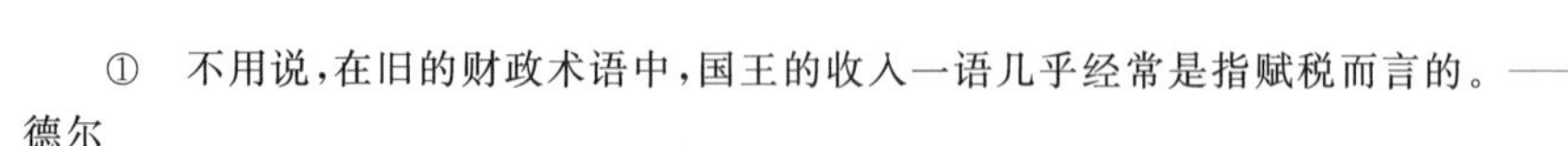

① 不用说，在旧的财政术语中，国王的收入一语几乎经常是指赋税而言的。——德尔

第 二 章

法兰西的强大及其原因。欧洲财富的要素

尽管在当前这场战争中法国所表现的力量是多么令人惊奇，但更使人诧异的是，从这篇论文中可以看到，所有这些奇迹的取得，只不过是花了她一半的力量，因为其另一半被一种优势的力量所抑制，这种力量间接地制止住了似乎十分深刻的原因的发展。

法兰西的力量来源于一方面她能够大量生产各种生活必需品，从而不仅足以养活为数众多的国内居民，而且还能出口一部分供给那些匮乏者；另一方面，其周围邻国，由于没有这样的有利条件，却竭其所有搜罗可供人穷奢极欲的东西来和法国交换生活必需品；由于换来的还不能满足其需要，于是便不得不进行贩运，为法国而去那些最遥远的地方，寻觅同样的奢侈品拿来换取同样的必需品。

就像四种要素[①]是万物的本原，万物赖之以形成一样，欧洲一切财富的整个基础和来源就是小麦、酒、盐和布。这些都是法国所盛产；而其他东西的获得只能在这四种物品的需要得到满足以后，视余力的大小而定。因之，法兰西的一切财富便分为两类，即农产品和工业产品，后者比前者多两倍，而其生产随农产品的增降而增降。农产品的增长，使律师、医生、演员以及其他一切小手工业者得以工作，所以在那些贫瘠的国家，这些人极少，而不像在富庶的国家中那样大量存在。

① 从这一段可以看出，路易十四在位时，物理学没有文学发展得快。——德尔

第 三 章

1660年以来工业的收入已经减少一半

从以上所有关于法国的说明中，人们也许难以理解，在土地如故，气候照常，居民依旧的情况下（除了极其微小的差别外），法国怎么会每年不管是农业收入还是工业收入都减少五亿这样巨大的数目，而律师、医生、艺术家们的收入却不减于三十年前。然而，所有这些事实公众连一半都不清楚；而从1660年，或其前后开始的国民收入的下降，继续不断地日益加剧。原因和从前一样，仍是农村土地收入的减少，由于相互影响下，这些收入还不到从前的一半。如果有些土地的收入没有如此锐减，那只是因为它们属于某些高官显贵所有，而由别处一些富裕受田户贴本承租下来，以换取某种形式的保护供其他之用而已。此外，别的一些土地收入则下降得多，有些还不及以前的四分之一。因此，那些过去地租收入一千利弗尔[①]的人，现在只有五百利弗尔，所以雇用的工人也就只有以前的一半，而工人们也一样，只能花一半的收入来向别人购买生活必需品。这是根据这样一种自然循环进行的：运动由土地开始，通过输出他们所生产的食品而创造的资金，必须经过无数次的易手，然后才能结束周转而回转到他们手中；因为在这些流通过程中，资金只是和第一次的流通数目相同；以致我们可以说，一块土地上每年五百利弗尔的纯损失，使社会每年要损失三千利

① 法国古银币名，亦即法郎的别名。——译者

弗尔以上,结果就给国王造成极大的损害,因为国王根本不可能向贫穷的臣民同向富裕的臣民征收一样多的赋税。

第　四　章

国民收入的减少并非由于国王收入增加

如果说土地收入的减少引起了工业收入的减少是完全千真万确而谁都没有怀疑的事,那么,国民收入减少的原因也是确凿无疑的,虽然人们对此不作深入思考,而把它归因于国王收入增加上,这完全并非如此。

土地收入之所以至少减少了一半是因为一切消费品的价格只有三十年前的一半;消费品因价格的降低而受影响,因为其消费量大幅度减少。例如,肉店的供应大大减少,零售饮料的城市集市贸易在数量上还不及以前的四分之一,而其价格更低得多。因此,生产这些食品的土地的收入就必然也同样减少,这不仅由于消费品售价的降低,同时也由于消费品产量的增长。因为没有一种农产品不需要耕种费用,产量的高低视人们为改进生产所预先投下的资金多寡而定,而这些资金,不管产品的售量多少却总是要花那么多。由于产品的销售不能补偿垫支的资金,故人们在以后就不会再进行这样的投资,从而不仅会使产品比从前减少一半,甚至颗粒无收。一些从前经营良好的土地完全荒芜,造成对于整个社会都有影响的损失;以至于在瑟堡[①]附近某一乡村出现的这样一种趋

① 法国西北角的一个海港。——译者

势，通过一个国家的各个部分彼此间不易觉察但却确实存在的联系，一直到巴荣纳[①]都会感受到其影响。

第　五　章

恢复国民收入对国王有很大的利益

根据上述理由，法国的财富总的说来要损失一半，此乃不易之理。虽然压缩这一损失，或者以实价加以估计，这本身只是一桩无可无不可之事，可是人们还要加以估算，以便从中取得两个好处：首先，在于使损失更为人们所感受；其次，在于使人们清楚地看到，除了公众的利益之外，国王在改变事物现状之后将获得多大的利益，因为，要是真正如我们将要指出的那样，法国的收入比三十年前减少了五亿，那么肯定无疑，在恢复到原来的收入（这是极其轻而易举的）之后，国王陛下也就进行了一场既没有流血，又无须远出国境的前所未有的最大的征服，而且甚至还会使大家都富裕起来，其中当然会有他自己的一份。

我们之所以认为每年减少五亿，是因为这占王国财富的一半，而这些财富，单算地产包括实际地产，如土地收入；和附带的地产，如官职收入、审判庭书记室收入、路捐和磨坊收入等，从前每年就达到七亿！因此，这些财富，只要工业财富给它们加上一倍，每年就会超过十四亿。因此，如果说整个减少一半的估算有错误，错误

① 法国西南角的一个滨海城市。——译者

就在于对减少的程度估计得不够①

---

① 由于对生产的一切现象十分缺乏全面的观察,布阿吉尔贝尔在这里无意中提出了一个政治经济学中最重要的问题之一,便是什么人才真正配称为**生产者**的问题。

我们从上面一段文字中看到,他将官职的、审判庭书记室的、路捐的和磨坊的收入都包括在国民收入的因素之中。

关于前三者,照我们看来,有着严重的错误。虽然萨伊在其《政治经济学概论》中也不了解这一类的稀奇理论,而此后在他的《政治经济学教程》中却发明出这个稀奇理论来,可是我们却再也设想不出,什么叫做**非**物质的产品;照我们看来,虽然任何物质不一定都是财富,可是任何财富却一定是物质的。

亚当·斯密的关于区分生产性劳动和非生产性劳动的正确而著名的论点便基于此。这种论点引起了人们议论纷纷,和责备这位大哲学家有意贬低知识分子的地位,并说他把粗活劳动竟看得比学者或政治家的思考还重。对于这种如此无理的谴责,用不着为斯密辩解;但是承认整个社会不可避免地分为生产财富和不生产财富的两个阶级,可能是恰当的,因为这是事实。此外,在这些阶级中哪个阶级地位优越丝毫不成为问题。当我们断定生产者只包括农夫、手工工场主和商人三种人的时候,我们并没有看到高乃伊[1],或拉辛[2]、巴斯卡尔[3],或笛卡儿[4]的光荣会有任何损失。这只不过是按其本来面目来看待事物而已,这比看错事物总要好些。但是当我们说事物的本来面目时,是把重农主义者的学说排除在外的,他们认为只有农业能够生产财富,而他们所提出的理由,不管正面的还是反面的,直到今日,还没有人肯费心予以认真的批驳。但是,且不说梅西埃·德拉·里维埃[5],他在经济问题方面连中等水平都没有,这些理由就是杜尔哥[6]、孔狄亚克[7],和孔多塞[8]等人也都认为是不容置辩的。

再回到布阿吉尔贝尔的主张上来,我们注意到,如果说他把官职的、书记室的和路捐的价值的降低,视为国民财富减少的标志这是言之有据的话,那么他把这些各种各样的事物当做就是构成这一财富的基本要素,并且将它们和实际地产,即和土地收入相并列,那就是大错特错了。官职、书记室和其他一切类似的价值,不论在他那个时代或是在我们这个时代,都只不过是个别人的专有的财富,而这些财富的来源、它们的本原,却只存在于土地的和人民劳动的产品中。这些官职的在位者持有地产证券,如此而已。如果愿意的话,人们可以说一个公证人在他的事务所和一个商人在他商店的顾客上,都有着一种**非**物质的资本,这并没有什么不妥之处;但是,相反地,要是将这种资本列为国民的或公共的财富的要素,那就很不妥了。那些并不怀疑这一提法的精确性的人们,在想到每天出版的著作中把公债息票和企业公司股票等等的当做一般固有的价值和扩大国家资本的价值看待时,无疑地将会原谅我们发表以上的意见。最后,要是我们专心地阅读布阿吉尔贝尔的著作,我们将会看到他并不完全为这一幻想所迷惑。——德尔

1. 高乃伊,法国十七世纪的悲剧作家;2. 拉辛,法国十七世纪的诗人;3. 巴斯卡尔,法国十七世纪的物理学家;4. 笛卡儿,法国十七世纪的哲学家;5. 梅西埃·德拉·里维埃,法国十八世纪的重农主义者;6. 杜尔哥,法国十八世纪的重农主义者;7. 孔狄亚克,法国十八世纪的哲学家;8. 孔多塞,法国十八世纪的哲学家。——译者

第　六　章

查理七世以来赋税演进的一瞥

还要指出的就是这一损失并非三十年来国王收入增加的结果，因为在这段时间内，国王收入提高得再少不过了，而大约两个世纪以来，人民的收入不仅没有减少，相反在同一时期内，却增加了一倍，这也就是国王收入增加的原因；而这两方面收入的增长，又是由于新大陆的发现使得大量的金银硬货的流通变得日益普遍的结果。这一切只是一个事实问题，我们将从 1461 年查理七世去世起予以论证。

菲力普·德·康密纳是上一世纪的最可靠的作者，他只说他所看到过的事。他说国王的全部收入在查理七世去世时，每年仅达一百八十万利弗尔，而当 1483 年路易十一去世时，法国给国王生产了四百七十万利弗尔。

幼王查理八世继位，税收略有减轻；其后，号称人民之父的路易十二，大致上是沿循前朝之政进行征收的。但是于 1515 年登基的法索瓦一世，由于必须进行战争，故税收和路易十一时期一样重。1525 年，其收入接近九百万，为三十五年前的两倍。直至亨利二世去世前几乎都是如此。在他的孩子们尚未弱冠时期，国王收入达到了一千六百万，这就是说，在同样长的时间内，税收又增加了一倍。

最后在亨利三世时期，按梅泽雷[①]的法国史所载1582年时，这些收入达到了三千二百万。接着爆发了国内战争，事情便停顿下来。亨利四世正开始加以恢复，突然意外猝亡，结果幼王即位，无力发展王国经济，以至于，在红衣主教黎塞留初挂相印时，国王收入只有三千五百万，而到他死时，却达到七千万，整整翻了一番。似乎以后都会照这样的级数增加，因为1660年不管是在土地方面还是工业方面，个人的收入从来也没有这么高过（此后就一直下降），在这一年，虽然在国外进行着战争、在国内也经常发生内讧，可是国王的收入仍然得到增加。但从那时以后，人们看到国王的收入大约只增加三分之一，甚至还要包括那占整个王国收入十分之一的国王对外征服所得在内；而同时人民的收入却至少减了一半。

第七章

少数人富，多数人穷。1582年亨利三世的三千二百万收入比路易十四的一亿一千二百万的收入还富

虽然法国从来没有像今天这样充满了银钱，虽然在法国到处穷奢极欲，廪满仓流；但由于这只限于某些人，而绝大多数则已经陷于赤贫的境地，所以某些人的富有并不能补偿国家最大多数人的损失。或者更确切地说，因为一个王国的财富就在于它的国土和商业，可以说，当前这两方面都陷于从来未有过的极度混乱之

① 梅泽雷，法国十七世纪的历史学家。——译者

中，就是说，土地耕种如此粗放，消费品如此滞销，因为这些消费品，在国外完全卖不出去，而在国内来看，消费也极大减少，这是因为某些人出于私利而蒙蔽了大臣们，从而制定出一些对国王和人民都有害的法令，这将在本文的第二部分述及。

但是为了按部就班地进行阐述关于法国当前收入减少的这第一个论点，我们还要说，从总额来看，国王陛下的收入虽然目前是再高不过了，可是，这里却有两件无可置辩的事实应加注意：第一，正如以上所述，这个增加，远不是跟金银硬货的增加和欧洲及世界各地一切货物价格的上涨成比例的；第二，1582 年法国给国王提供了三千二百万，而国王那时却比现在富有得多，因为按法国的地产收入增加十分之一计，那就应合三千五百万，考虑到当时和现在的物价，今天就该提供一亿七千五百万；由于金银本身不是、也从来都不成为一种财富，而只是在交易关系上，看它们能够换取多少生活必需品才表现出价值来，因其作用仅仅作为这些物品的担保和估计而已，因此掌握多少金银实际上关系不大，只要能够产生同样的效果便行了①。

就像在古代文献中所看到的，譬如在 1250 年，一个今日每天挣四五十苏②的巴黎工人，当年却只挣四个德尼③，就是说，只合现在收入的百分之一；可是，他日子过得一样的舒适方便，因为当

① 这些关于货币的论述，人们难道不会说是出自重农主义派、从斯密或者从萨伊笔下的吗？可是，这只是在 1697 年的论著，当时，对经济现象的观察研究甚至还没有给予一个名称呢。——德尔

② 法国铜币，值一法郎的二十分之一。——译者

③ 法国古币，当一个苏的十二分之一。——译者

时的一切东西的价格都与此成一定的比例，他用他的四个德尼跟今天同一行业的人用五十个苏所能换得的需要品一样多。因而当时一个有一千利弗尔年金收入的人，比现在年金十万利弗尔的人还要富。然而，尽管在亨利三世时期情况跟上述已有所不同，当时的消费品已大大涨价，但国王用他当时的收入仍然可获得比今日多得多的东西。因为，亨利三世的三千五百万，大致占当时国王收入的三分之一，而当时的消费品价格，却只有现在的五分之一；同时，那影响一切货物价格的小麦价格，在现时值四十个苏的，当年只值八个苏，由此得出的估价就说明了物价比例的变动。这就无可争议地表明，当时国王的收入，相当于现今的一亿七千五百万；可是，当年法国并没有像今天这样凋零破落，她的全部土地都尽可能精耕细作，她的消费品卖的价钱再高不过，而没有像今天这样变得一无用处，同时她的邻国都竞相购买和消费这些产品。

个别的人可能由于过于靡费或其他通常的原因而破产；但对国体并无影响，而实际财富和工业财富——的本原的土地，虽然换了主人，其真正的和原有的价值，并没有丝毫减少，因为不管是在土地所生产的食品的数量上，在价格上，在销售的便利上，都没有丝毫降低。因此，我们可以说，虽然当时国王是按一亿七千五百万标准向法国征收捐税，而这种收入在今天却只不过是一亿一千二百万或一亿一千五百万；可是，那时国王对人民的征收比现在要轻得多，因为当时在国王辖下的法国的土地都缴纳赋税；而不是像今天这样只利用一半的土地，而另外一半或者完全荒芜，或者耕种得尽可能粗放，还不如说耕种得从来没有这么坏过。其所以如此，决不是偶然的结果，对此我们将加以说明。

第二部分　论国民财富减少的原因

第　一　章

关于国民收入减少的原因之意见分歧

虽然法国财富减少的原因应跟财富减少本身一样，都是不易之理，可是，尽管大家对收入减少这一现象并无异辞，但对其减少原因的认识则远不一致。派往王国全境对存在弊病的问题寻求纠正办法的第一流的委员们，明确表示并不认为一切都已完美无缺；但是找不到弥补的办法。所以我们便认为正是由于对产生弊病的原因看法不易统一，所以对补救办法的意见也不一致。有些人认为，这是由于贸易凋零所造成；但这是将混乱本身当做混乱的原因。另一些人提出是因为资金不足；但是我们方才从硬货的变化①上看出，这

---

① 这里所说的变化很有可能指的是 1695 年法令所规定的，把值二十九个利弗尔六个苏十一个德尼的银币提高为值五十二个利弗尔和八个苏的决定。

关于货币上的盗窃行为，在古代君主政体下，从美男子菲利普[1]一直到路易十六登基始终存在。没有什么比实行盗窃的方法更奇特和更复杂的了。学者蒙泰依先生在其脍炙人口的著作《法国各等级的历史》中，对这一题材作了只有在他的笔下才能够写出的、坚实而博学的研究。（见这部历史的第二卷，节本，题为《魔鬼之子》。）——德尔

1. 美男子菲利普即菲利普四世（1285—1314），是法国卡佩王朝的一个君主。——译者

些人的提法是多么错误。最后还有一些人，不明指赋税，而说是由于国王收入增加之故，这就可能使一切变化的希望化为乌有，因为要把一种从利益上说要求有增无减的东西加以减少那是困难的。在本文的第一部分，我们已经充分地指出这样的议论根据不足；所以我们对此不多费笔墨，而转入对混乱的真正原因的论述。

第　二　章

公共收入减少的真正原因是消费的不足。达依税①的任意配征以及酒税②和关税是主要的弊病

我们已经证明，法国一切收入的减少，是由于土地的收益不论在产品的售价上还是在产量上都已下降，而这两者下降，都是消费不足的结果。在这期间已经减少了一半，而世上一切财物，要是不被消费的话，都是一无用处的。因此，为了寻求法国凋零的原因，就只需揭示消费衰退的原因。主要原因有两个，这些远非某种公众利益所造成，相反，却只是由于个别人的某些利益的结果，这些利益很容易加以制止或改变，而他们几乎没有任何损失。

消费之所以停止，是由于根本不让消费因而根本不可能进行消费。不让消费的原因在于达依税变化不定，完全任意配征而无固定

① 法国古代按人口和产业向平民征收的税。贵族与僧侣不缴纳达依税。——译者

② 原意为补税，即酒税，系法国古代的间接税，从菲利普·奥古斯都时开始征收。——译者

的税则。只有一点固定不变，即愈穷者纳税愈重，于是人们就愈要去开发属于无保障者[①]的土地。相反，愈富的人纳税愈轻，于是他们进款愈多，从而使他们有力量把他们应纳的达依税转嫁给穷苦的人们。因为那些佃耕者为了买得大土地所有者的保护，必须支付更高的代价，以至于在同一个教区，收取三四千利弗尔地租的人，只不过付出十或十二个埃居[②]的达依税，而只收取三四百利弗尔地租的人，倒要缴纳一百个利弗尔，这成为司空见惯之事。这两种人并不是该受混乱之苦或者该对制造混乱负责，他们的处境只是由下面将要谈到的无数的情况所造成，这些情况对于整个国家的无穷的危害比达依税更大。最后消费之所以成为不可能是由于酒税，出口关税和国内通行税的征收，使输出量不但不能达到以前的四分之一，甚至当邻近区域的价格奇昂时，这些消费品却在产地腐烂；这就使两地同样受到损害，因为凡是不能售出自己消费品的地方，也不能消费其他地方的消费品，这就是我们在谈了达依税之后还要专章论述的问题。

第　三　章

关于达依税

达依税，只是在教会（以神业和教堂建筑为借口）强烈地迷惑了国王和诸侯们，而在其一切领地内普遍征收之后才开始在法国

---

① 这就是说没有足够的势力把达依税的重担转嫁他们邻居的身上的人。——德尔

② 法国古银币。每一埃居约合三个利弗尔。——译者

成为常税的;领地是如此广袤众多,以至于除非常时期外国王和诸侯可以不必向人民征税就能够容易地开支过去。自从达依税设置以来,大约从查理七世在位直到1651年,总是每隔三十年就增加一倍(如前所述)。虽然从此以后税收一直减少,但它却比以前危害百倍。因为,虽然如今税额每年只不过是三千六百万利弗尔,而在1650和1651年则为四千八百万,但是可以说,农村从来没有像现在这样穷了三倍。根据这一切,我们认为,税额可以增长一倍,这不但不会使任何人感到不便,甚至并不妨碍每个人发财致富。对此我们现将加以说明,因为我们可以说,在法国,缴纳达依税的人还不到三分之一,这就是那些最无力量、最为困苦、土地最少的人。这些人由于达依税负担过重,结果彻底破产,等到这些人无力缴纳赋税之后,又把达依税加到别的人头上。于是除了一个破产的人不能再消费什么之外,那些免纳赋税的人们的消费品也就因而没有用处,结果他们的损失比由于他们的势力或者地主的势力而迫使平民负担的达依税还要重三倍。这一点通过我们下面关于达依税配征情况的描述可得到更好的理解;我们首先将介绍按稽征区[①]、教区和由分布于各税区的配征委员先生们进行配征的情况;其次是关于由教区推举出来的征收员对于每一纳税者负担的派定,他们用来使人们纳税的方法以及另一些人自己不纳税的方法。最后是关于收税官、法官和税警们的不同利益,以及这一切如何造成了一种破坏性的局面,因而大家将一致认为,一个连绵不断

① 古代法国,在税区下又分为若干稽征区,由稽征员负责达依税及酒税的稽征事宜。——译者

的战争所加于人民的负担，或许比一种这样横征暴敛的捐税还要轻得多。

第 四 章

续前。教区在达依税税额摊派上的流弊

以前达依税先由稽征区稽征员派定后，再由法国财务总署查核，最后由御前会议派遣的委员们审定，这在起初并没有产生任何像目前这样有害的后果。相反，习惯认为缴纳最高的达依税是富有和显贵的标志，因而许多人出于追求荣誉，还自我炫耀缴纳达依税比他们的邻人多，正像人们在教堂的捐赠上所看到的那样，富有者总想以捐赠超过贫民而引人瞩目。但今天却恰恰相反。当御前会议下达某一税区的税额后，大家就都到税务执事官那里进行活动，以谋求各自教区得到优惠待遇，而不考虑其缴纳达依税能力的大小。这样一来，一个一百户人家有一千五百阿尔班[①]土地的教区，比那些土地只有它一半大小的教区所缴纳的达依税还要轻得多，便成了司空见惯之事。但是能够减轻(应当说成破坏)教区税额的，它所获得的一份报酬便是它的佃耕者或受田户可以免税，即一点不缴或者缴纳极少，但作为一种对等交换，他们须向他缴纳达依税：于是，如果其他的佃耕者或租地者每阿尔班的土地支付八个

① 法国土地面积单位，每一阿尔班相当于今天的三十到五十一法亩，每一法亩合中国的零点一五亩。——译者

利弗尔的租金，那么，领主们的佃耕者则要交付十个到十一个利弗尔。虽然某些税务执事官出于好心有意制止这种混乱局面，但是由于无法做到普遍进行一视同仁，因为出面活动的都是一些极有势力的贵族，而不能从他们头上开始作为示范，所以他们刚开始行动，就都放弃了这种打算。于是便总是悄悄地把制止的对象从这一种身份的人转移到另一种身份的人，直到某些似乎没有多少特权的人们，但即使这样，也都无法下手，因为究竟要在什么程度上开始制止如此巨大的弊端，却从来都没有确定不移的看法，以至于今天各省税务执事官们最惬意的职务之一，便是这一赋课的分派，因为按照惯例，既然并不是以公平合理作为分派的唯一标准，人们就应用种种方法使自己受人尊重。因为一个人越是使其教区受到税务执事官优惠照顾，那他在当地就越受人尊重。这种在各教区间分配税额的恶例在一定程度上使各地方在纳税人个人税额的分配上也惊人地上行下效。在这方面，其他征收员或助理征收员们，除了自己天性趋于仿效恶例外，还会如后面所述，由于受到达依税收税官们一般的或特殊的间接利益的推动，或者不如说是逼迫，而也这样做。

第 五 章

在摊派达依税个人负担上的胡作非为。征收员的收税方法

当配征额下达每个教区之后，教区立刻就推举出人来摊派和征收税款，人们通常称他们为征收员；对此，顺便指出，或者不如说

预先加以说明的，就是这一职务，给国王没有带回一个德尼，而给人民，因此也就是给国家造成的负担甚至比达依税本身还要重。根据各教区所负担达依税的多少，各区选出人数不等，大区多达七人。也有人向这些征收员进行活动以便把税额加在旁人头上。但这是按某些认为为了避凶趋吉便可不择手段的人所能采取的方式来行事的，这就是说，首先对他认为在过去摊派税额时得罪了他的人进行报复打击，以至累及三代；然后对于自己的亲友，则无论穷富，一律予以照顾，这种照顾几乎是毫不“考虑”税额的。还有那些最小的征收员（因为有各级的征收员）比其余的征收员更关心的事是减轻他们自己的贫穷，这一职务虽对他们的贫穷有所减轻，但最后却更加残酷地恶化了他们的贫困处境。因为达依税是根据表决的多数来摊派的，征收员们收了富人的金钱便出卖自己的表决权；接受富人的酒食算是最小的贿赂，有时这些征收员难以取得协议便三个月每天连着开会还作不出任何决定；这对于负责征收国家主要收入的人来说，完全是浪费时间；除了种种开销之外，一切聚会通常都安排在酒店内进行。其次，征收延迟了，自然就影响到税款的交账。不过达依税的收税官们过去为了经常的收入已经设置有催征吏，他们对那些到期不能缴纳税款的教区居民所施加的催逼，这时肯定都要大显身手。从前在一些大地方，除了在最后交账时交清一切税款外，征收员们在开始的时候往往是用个人名义出利息借入一笔款项来支付第一个季度的达依税。但是，前面已经说过现仅作几句补充，现在因为大部分的负担只是摊派到一般贫苦人们身上，所以征收税款确是十分不易，向教区申诉，又要经过一场旷日持久的争论，而且通过申诉，从来还收不到在这上头所花费的和为了收税而预先垫付的钱款的三分之一，至于收不回来的他们也只好放弃。于是不少人由于这种债务而被传票拘留。

但是，在关于教区达依税额的摊派方法上，除如上所述外，这里再继续介绍。人们对于教区内贵族的佃耕者究竟是免征还是照顾（这是通用的字眼）其税额，这就视该贵族亲自向达依税执事官先生们进行活动使其对教区负担斟酌照顾的成果大小而定。人们还对有一定身份的绅士们、对一些属于司法界的人士直至一些诉讼代理人和税警给以同样的照顾。于是一切重担就都压在一些只有行业没有其他不动产的手艺工匠或商贩们的肩上，并按照人们认为他们所能交付的比例来摊派税额，以至于正是这些生产国家全部财富的人，却需要尽可能地求人庇荫，甚至他们受不了以他们为敌或嫉妒他们的人们的迫害，宁愿放弃一切，或者带着他们所能攒来的一切财物躲避到无税的地区，那里，既然没有生意可以经营，他们便没有别的收入，只好过着俭省的生活，缩减一切消费；而如果待在故乡，那他们本来可以继续发财致富，并使别人也富足起来，因为他们彼此是分不开的，但他们不愿这样做；或者隐居国外。沿诺曼底海滨，在费康镇上，在不到五十年前，那里曾经有五十只在新地岛[①]捕鳖鱼的渔船，每只渔船在当地消费七八千利弗尔，他们没有其他住所，只有一座陋屋供妻子儿女和自己不下海捕鱼时居住之用；可是，由于受到过重的达依税的盘剥，向他们征收的达依税款就像他们每年收入一万利弗尔一样，他们毫无保障，就只好

① 新地岛为北美的一个大岛，位于圣罗伦斯河出海处。现为加拿大的第十个行省。首府为圣约翰。——译者

离开该地，以至于在战争开始之前就只剩下三条渔船；有些人索性完全放弃这一行业；有些人则到别处去安家落户；而其中绝大部分是新教徒，他们迁到荷兰去，在那里获得了大量的财富。

摊派工作如上所述告一段落后，随着就要进行征收；而在征收时，其混乱程度和摊派税额时是不相上下的。

第 六 章

达依税的征收。收税官的渎职。征收员的忧苦。纳税者的灾难，甚至连带一些享受特权的人也沦于贫困

由于征收是一种人们所能想象得到的最伤脑筋的苦差事，各区的征收员们，不论人数多少，只愿意大家一道进行，他们在路上也结伴而行。所以有七个征收员的税区，人们就会看到这七个人不停地在街道上奔走；连个换班的也没有。由于达依税的征收在一年之内远远不能完成，所以人们常看到当本届征收员们在路的一边正在征税，或者不如说正在抢劫时，在路另一边，上届的征收员们也在使用着同样的办法。而当对某个市场或某种用品进行征集时，就需要增加新的征收员，于是按照其他小分队的样式，组成了新的小分队。新的、旧的合在一起，这还没有把征收盐税的小分队计算在内，它们在若干地方也是在以同样方式形成的，所有这些小分队俨然形成一支部队，成年累月不慌不忙地在马路上逍遥，一无所获，只不过挨了无数辱骂和诅咒。这是因为在评定税额时，纳税者的个人利益既得不到任何保障，只好用全部停止交易和消费

的办法，来掩盖生活的宽裕，不便有任何表现；同样，在征收开始之后，纳税者也还有另一种应付办法，那便是，在千百次催逼和千百次强制执行之后，他们才一个苏一个苏地缴税，这或者是为了对征收员们征税过重进行报复，从而推迟征收员交账的时间，使他们领略催征吏催收的苦恼，或者以交税为难这办法使下一年度的征收员懒得给他们摊派这样繁重的税额；因此，在奔走整整一星期之后，征收员们往往得到的只是挨骂；但同时在另一方面，他们又不堪收税官们捞取外快之苦，因为这些收税官就是为了大搞油水设置了那些逼税措施的。要是遇到有些教区，由于有人能够给予贷款无须一再催征就能在指定的日期缴清税款，那么在下一年度这些教区的负担就肯定要提高；因为收税官借口他们是征税的担保人，所以在主管部门是很能做主的。于是，全体征收员就得终年奔走；有的人把钱藏起来了，得征收员们登门上百次才收齐他的达依税。既然我们已经答应论证征税使人民付出的代价超过国王从达依税上的所得，鉴于这是方法问题，我们将继续对以上所述详加说明。

当纳税人借辱骂与诅咒来发泄一部分怨气和愤怒之后，最后还得缴纳税款，事情就是这样进行的：征收员们对于纳税者不敢逼之过甚以免自己有朝一日也遭受如此的对待，因此，虽然他们自己能够对不缴税的人强制执行将其家具搬走，然而，这一定是在他们本身受到收税官一再逼迫之后才会走此极端；这就是说，他们自己遭受了催征吏或税警的多次催征，而对于这些人，在他们一到达时，就必须招待到酒店去美餐一顿，以使他们仅仅简单地催征一下而已，而不是强制执行，同时在催征费以外还必须额外给他们一笔钱，而这一笔钱他们原只能得到极小的一部分的。不过这一切是在开始时如此，到了最后那就完全要强制执行了。

要是不能按期交税，教区的家畜一般都要被抢走，也不问这些家畜的主人们是否交清达依税，这对他们来说是根本无所谓的。为了使催征吏不将所捕捉的牲畜带到很远的地方，并立刻拉去出售，还必须送钱给他们；随后，当征收的限期届满，而再交不上税，那就不再是催征，也不是强制执行的问题，而是监禁的问题了；这个时候，又要送钱给催征吏，目的是使他们不要把征收员们送进监狱——监狱往往都在很远的地方——而暂时拘留在附近的旅馆里，在那里其生活则由他们的同僚负责。要是出于狱吏的要求，或者为了向收税官讨好，那就必须将他们解送监狱，在狱中，为了能够睡上干草铺，每人每日还须付出三个苏零四个德尼；他们的妻子或儿女要从有的远达三四里的地方给他们送吃的东西；而且由于乡间的监狱条件很坏，又常常是在寒冷季节，他们出狱时，因疲劳与苦难的折磨，差不多都是带病回家的。再者每当征收员们去交账的时候，要切记莫忘，价钱再大也要带一份土产去送给收税官老爷们，不然的话，他们所要遭受的任何灾祸都将有增无减。总之，考虑到达依税的分配、课征和缴纳的情况，以及由于人们认为被过重课税而父仇子报，就必须承认它不但破坏了财富，也破坏了人们的身体和灵魂。

我们忘记了一项内容，那便是由达依税所引起的诉讼。有一些教区，当达依税开征的第一个月内，就要发出多达一百张的传票；这就是说，有两百个人放下了工作和贸易，只是为了一点个人私怨，从很远的地方来彼此控诉，而实际上，他们案件所涉及的通

常并没有超过一个埃居的利害关系，而打这场官司却使他们损失超过五十埃居。

因此，综观这一切，我们再次重复指出达依税给人民带来的即便是最小的痛苦也是给国王缴纳钱款造成的；而更严重的后果则是不论是受不公平的重税盘剥的人，还是土地得到免征的人，都同样沦于破产，因为除了一般的原因外，那些能够设法交税的人，由于缺乏保障，也每时每刻受到损害，尤其是当轮到他们负责征收的时候，就被征收任务弄得倾家荡产，因为纳税的人数日益减少，从前六十个人所纳的税，今天要由三十个人来负担。此外，消费完全停滞，这既由于人们使消费者陷于破产，也由于那些有能力消费的人为了避免在摊派税额时会引起人们的嫉妒而产生不利的后果，所以也就不敢消费。仅仅由于这个原因，而并非由于税额的关系，就使一切收入减少了一半，而那些免税人们的损失比别人更大。因为那些有许多大笔收入，例如每年收入两三万利弗尔的人们，他们的收入减少了一半；但这可不能责怪达依税，因为这些人从来没有缴过税。与此同时这些人对一般的捐税连二十分之一也都不愿缴纳，尽管这是按照每一个人能力大小来设置的，他们根本不想一想，正是由于他们的不公正行为使他们受到了惩罚，使他们损失了他们所要全部免税的那些收入的一半以上：不但如此，他们并没有因此而改弦易辙，因为他们认为，除非事物的反面是普遍存在的，不然的话，对他们都不会产生任何后果；因此要是强迫他们向他们的收税官缴纳应缴的一份达依税，那就是帮了他们很大的忙了。所以毫无疑问，当消除了收入减少的唯一原因后，他们的土地就会恢复往日的价格；他们将会从而获利四倍，而国王和人民也是一

样，对此我们将在本文的第三部分予以论述。

第 七 章

续前。以贱价向教区的贵族出售小块土地。由此对农业和国家所造成的损失。由于害怕纳税过重妨碍了改良土地。绵羊数目的减少

虽然前一章已经十分明确地指出了任意摊派的达依税，以及每个人在掌权时，各自施展手段来损害他的仇人或者损害在他无法自卫时他所侧目而视的人，这一切所造成的恶劣后果，但这里再指出一些看上去似乎细小、而其破坏性质并不亚于前者的某些情况，却也并非题外之谈。

第一，乡村中一切负担达依税的居民，自从 1648 年以来便不再能够保有任何地产了。从那时起，他们将所有的这一类的产业都已变卖，因为当时达依税增加了一倍，富有者开始在分配税额上玩弄了不公平的手段，几乎将全部负担都转嫁于穷人身上；这样就迫使穷人不得不售出他们所有产业。虽然当时提高达依税的理由极为公正，那就是由于农业和工业的收入比三十年前已增加了一倍。因而可以看到许多农民愿意按照他们的收入来缴纳达依税；同时在不会被人所知的情况下，靠着其普普通通的办法，节衣缩食以维持着自己和家庭的生活；要是今日有这样的机会，人们也还会这样地做的：但是当他们负担的税额不公平地增加了以后，就使他们除了贱价出卖产业而外没有其他的办法。这些地产最通常是卖给教区中的贵族，于是贵族就将他的在同一地方的其他产业和这

块土地连成一片，置于其共同的保护伞之下：原来这块地产是要纳税的，现在则不让他的佃耕者再给这块新增加的地产缴纳达依税了。这反过来对整个教区造成纯粹的损失，并且也影响了贵族自己，其理由上面已说过多次。这样，负担达依税的人们既不再能购置也不再能占有这些小地产，所以在这种情况下，由于没有商人，小地产等于是白给了人，这就成为社会公众的一种损失，而且会不知不觉地影响到大地产。如巴黎周围和其他地方的大地产只能出售以前一半的价格，这样又极大损害了无数的人。因为按旧日价格所签订的抵押，如像分期还款和其他类似的契约，按原来的地价本是容易支付的，而由于地价减低，就不够清偿债务了，于是，势必要进行拍卖，但因地价减低加上裁决费的负担，就要花掉了全部卖款，而债权和债务人都一样破产了。另外一种有害的后果是，有些小业主，在这小块地产上不管是精耕细作，还是施肥改良土壤，比起合并在大块土地时要更卖气力得多，在合并后产值只有以前的一半，而达依税则分文不交。这是千真万确的情况，所以四到六阿尔班的土地，本来很容易租得五十利弗尔，而从中支出二十利弗尔缴纳达依税；但是由于共同的命运，土地落入贵族或者某个有势力者手中，土地的价格就只有原来的一半，但这并没有使收税官的达依税有所增加。最后，捐税无常的第三种、也就是最后一种的后果是，由于上面所论述的理由，人们必须绝对避免露富；然而农业生产的要素，就是在土地上施肥，而没有家畜则得不到肥料，可是人们由于怕受邻居嫉妒而导致加倍缴纳达依税，因而即使有能力也不敢饲养必要数量的家畜。因此，经常可见到以前有一千到一千二百头绵羊的教区，现在却连这四分之一也不到；这就迫使人们放

弃一部分自然条件不十分好的土地，因为这些地需要改良土壤，而这是人们不能、也不敢进行的；这对于国家是一种普遍的损失，因为它除了在这些土地上进行耕种以获得财富外，没有其他的办法。

第 八 章

达依税的一般的和个别的收税官们的个人利益，是上述混乱局面持续存在的原因。由于征税困难，便在催征和强制执行的费用外，增加了给予征收员的赏金和实利。达依税的收税官、稽征员以及酒税仲裁所共同反对制定达依税的税率表

如果这对任何人都无利可图的话，这样大的混乱早就停止了。但是，达依税的收税官们，不论一般的或个别的，因为身居其位，所以总是间接地反对人们所要提出的补救办法。因为，如果说税率的这种任意无常是一切不幸的本原的话，那么，也正是这种任意无常现象给他们带来一部分的收入，从而促使他们如此行事，在这方面，他还得到稽征员和酒税仲裁所的支持。事实上，各个收税官们，除了在上面说过的催征和强制执行的收费上分沾一部分利益和因此人们向他们进行贿赂以外，他们还得到一份一般的收税官们所同有的、为负责征收达依税而由国王所赐予的赏金，这些赏金在目前是每利弗尔给九个德尼，而从前数目更为可观得多，高达每利弗尔六个苏。设置这份赏金的起源、原因，是由于在一定的期限内征收达依税上缴给国王陛下有困难，于是人们设想为了补偿他们到期征收不足而不得不自己预垫的钱款，便赏给他们这一份恩

赐，可是如今的收税官们则根本不是这样做的；因为当达依税的纳税人不能交清税款时，征收员们就必须代他们垫付，否则就要囚死狱中。以至于在从前，当达依税容易缴纳而且人民争先纳税的时候，收税官们不论普遍的还是个别的，只有他们一份为数极为可观的薪水而已。而以后，随着达依税税率提高而发生摊派不公现象，即减轻富有者而将纳税的重担压在穷人身上时，便出现交税的困难，并使收税官有机会借口补偿他们的垫款而要求设置赏金。因此，使达依税一直难以征收是合乎他们的利益的。其实，要是摊派公平，就不难征收，因为，在公平的配征情况下，绝不会损害任何人，相反，税率将可能大大降低，而且征收也毫无困难。这里也毋需举出其他的证据，只要看一看征收达依税的地区，例如某些小城市的情况便可明白，这些城市从国王那里获准按照税率表缴纳达依税，这就是说，不是像我们上面所述的那样，极不公平地按人口征税，而是对在当地消费的货物进行征收，这样，就避免了一切不公平现象。其原因就在于，按照这种方法进行课征，虽然代价比以前提高了一倍，因为除了要使包税者有利可图外，他还要负担雇用一些伙计在各城门进行征收的费用，再加上这种改征就地消费税的办法十分不容易得到批准，只有在花费昂贵的代价，例如在缴清达依税外还须进行某些巨大的工程，像在翁弗勒和蓬奥得麦，各自建筑了一个码头这样的条件下，才允许按照税率表纳税；但是尽管这样，只要按税率征收的许可一旦批准，那些原来连房倾屋塌都无人过问的十分贫穷的地方就骤然恢复了财富和繁荣，而人们在那里四年中重建和修葺的房屋，比以前三十年都多。

这是易于使人相信的，因为虽然按规定地征收了比过去缴

给国王多一倍的捐税，可是这样一来就制止了我们上面所说的一切混乱现象，人民从这上面得到了二十倍的好处。然而这对于达依税的收税官和裁判官们来说却远非如此。因为，虽然按照一般的说法，农村在收入和消费上没有城市那么多，而那些由乡间移居城市的人正是为了更多地消费而进行移居的；但是，那些地方并不是都得到特许按照税率表缴纳达依税的地方，甚至包括那些出生于该城市仅在一年前才离开的人们；据说这样做是出于对农村的所谓照顾，因为有人认为，按税率表纳税会使乡下人倾家荡产。但是，执此一说的人们，十分清楚完全不是这么一回事。为了取得一致的意见，只要将一个是按照税率表纳税，一个不是按税率表纳税，这样两个相邻的地方进行一下比较就行了。可是，由于有关的人们对此事如此缺乏善意，以至于可以看到酒税仲裁所的一些官员们，告诉他们的同僚，他们除了为了农村的利益而干了其他好事之外，还阻止了许多要求这一特许的地区得到批准，虽然这些地区曾提出要贡献给国王陛下的极大的财富，但这些贡献却被大臣们所拒绝，而拒绝的理由常是借口维护农村的利益。这种行为所产生的可怕的后果，就是，这些人之所作所为对人民所造成的灾害千百倍于他们自己所能得到的好处，而且，要是这些人也承继有土地的话，这一灾害最后还会落到他们自己身上。人们只要对本文的内容加以深思就会信服这一点。因此，要不是由于任意专横的达依税使商业完全凋敝的话，有些地方贸易本可以十分兴旺繁荣的，而如今却无可奈何处于极端贫苦的境地，他们得不到这样一种似乎是属于自然权利的恩典，即一切债务者在不损害任何人的利益情况下。这在后面谈到医治混乱并不困难的问题时，我们还将作更充分的论证。

关于达依税的论述，这里告一段落，通过论述，我们相信对我们一开始提出的问题已说明得相当清楚，那便是消费受到破坏，因为按照达依税的配征和征收的方式消费被完全杜绝了，但还须指出，消费固然是被杜绝，而其实也是不可能进行的，其理由我们下面将加以说明。因此人们会认为我们方才谈到的这些混乱现象已经是闻所未闻的，完全足以使事情沦于今日这样的地步，这就是说，使一切收入损失一半而没有谁能从中得到利益；然而本文下面所要阐述的现象则更加令人惊讶，其破坏性更强，因为这在某种程度上说正是上述混乱现象的原因以及迫使人们在分派达依税时采取不公正手段的本原。

第　九　章

关于酒税和关税。它们的灾难性的结果。消费和收入只是一种同一事物

世界上最好的土地，要是没有耕种，就和最坏的土地没有丝毫差别[①]，西班牙的情况便是如此。但是我们同时还可以这样说，一块土地不管土壤多么肥沃，耕作多么精细，要是它所

① 沃邦时常采用《法国详情》的作者的某些论点，在他论《什一税》的著作中也有同样的看法。——德尔

生产的产品不被消费的话，这对于地主来说，不但就跟这块土地一无所长一样，毫无用处，而且甚至使其处于更坏的境地，因为耕种就需要费用，而在消费停顿时，这些费用以及其产品都变成纯粹的损失。酒税和王国的出口关税和过境税造成的情况便是如此，这些税收使法国最好的地区沦于这种地步，以至于人们敢说，它们对于一般的收入造成了，并且每天都在造成超过国王所得的二十倍的损失；从对这两种税收征收过程的详尽描述，就可以完全证明这一点。人们只是对既然有着这样一些有害的原因，而灾祸却不是更为严重，感到惊讶不已而已。但是，在进一步论述之前，我们先来确定一个原则，便是，消费和收入只是一种同一样的事物①；破坏消费就是破坏收入；因此当我们在后文谈到某种捐税，给国王的进益只不过十万利弗尔，但从货物的价格或数量上却使消费减少了二百万利弗尔的时候，这确实，而且在事实上就意味着减少了二百万的收入。下面先谈酒税，然后再谈出口关税。

① 在消费这个字眼上面应当加一个“生产的”修饰语，才完全表示出作者真正的思想；这样，无疑地就能看出他的“原则”是无可指摘的。

然而在生产者和消费者之间是有着显著区别的，前者是财富的直接的有效的成因；而后者是间接的，或者说或然的成因。萨伊曾经说：作为**生产者**，人们能够增加产品的数量，但作为**消费者**却不能这样。不过虽然是如此地明显，人们仍然为了否定这一提法而写了许多著作。（参看圣夏芒的作品如题为《关于国民财富的新论》，1824 年出版，八开本。）

为了评鉴“消费”这一简单字眼所包含的一些概念的重要意义，必须参阅萨伊《政治经济学教程》的第七篇中专门论述此一问题的第三十二章。——德尔

第　十　章

关于酒税。这一税收的定义。它的影响

人们所说的酒税，就是对零售的酒类和进入课税区的酒所课征的一种捐税。此税由来极久，其前身为二十一税，即对地主留下其食粮后所出售的一切种类的食物，征收所得的二十分之一；这种二十一税的前身则为王室什一税，即对土地的一切果实的征课。什一税在从前构成诸侯们全部的收入，并且在任何时候都是国王最可靠的税收，因为《圣经》和罗马史上都提到当时的国王们征收着这种捐税。

这种酒税的税率并不总是一样的。在酒类的零售上，在一些地区是征收十六分之一、十二分之一和八分之一，而在其他的地区，则征收四分之一，比如在诺曼底就全是按照这一税率征收。除此之外，如果在这四分之一外再加上某些新的捐税，如衡量税，那么税率就几乎达到三分之一；同时，由于销售主要是在城市和课税区进行，在那些地方还要征收上缴国王的输入税，贫民医院资助捐和城市本身的公共事业税，这些捐税的总数，连同那些酒税，于是资本就大大超过货价本身，这对于小块庄园更是如此。因为，有些年份从零售上征收的各种捐税是食物批发价格的二十倍，这就大大地破坏了消费。以至于因为零售酒类贵得要命，贫穷的手艺工人们只好喝白水了；要么他们就要以贵得多的价格出售他们的制造品，这就又会破坏对外贸易，因为当外国商人发现商品价格过于昂贵，便在其他王国建立制造厂，并且吸引了一些工人，而每天也还有工人继续前往，这一方面的实例多得不可胜数。

由此所产生的必然的结果便是土地的果实变成一文不值，于是人们就全部放弃了耕作。无数的葡萄园地，以前每一阿尔班的产品可以卖几千利弗尔，而现在却全部荒芜，这样不仅毁了地主及其债权人，而且根据第一部分所说明的理由，接着又破坏了制造业的一切收入，因为这些收入的来源和变化，完全随土地收入的多寡而定。土地收入的减少，使整个社会的收入只有原来的十分之一。迄此为止，虽然诺曼底地方的自然条件是争辩中最后总要提及的造成贫困后果的原因，可是在那些主要财富来自葡萄酒和各种酒类的地方，由于田园的荒芜，所有的法官及其下属们所得到的还不到以前的六分之一，而且国王在这一类职务中应得的，诸如印花税、罚金、传票审核税等的税收也减少了；人们难免要说，为了给国王在酒税上增加一点收入，却支出了三倍的代价；这几乎是普遍破产的唯一原因。

第十一章

1604 年以来酒税的递增。为什么要提高酒税和降低达依税

在以前，酒税和课征办法和达依税一样，并且也是由一般收税官征收，而不是立约包收。现存的第一份一般包税契约，订于 1640 年，税额是五十一万利弗尔。虽然包税的限期是十年，但仅仅两三年之后，包税者暗中自动提高包价，并使限期延长三四年。

由于包税人发现玩弄这种手段可以掩盖他们获利的痕迹，于是这种做法便陈陈相因，在不到十五年的时间内，包税额就上升到一百四十万利弗尔；并且通过这一方法，竟将税额定得如此之高，以至今天的酒税额高达一千九百万①上下。

详述这一细节是为了证明两件事，即：从 1604 到 1619 年，那些包税人赚了一大笔钱；而从那时直到 1670 年，他们当中几乎没有一个不从中大大捞了一把，这就是一切祸患的根源，因为一方面包税额提高了，另一方面又增加了某些新税，虽然那些已经设置的旧税早已导致消费的锐减，从而减少了法国国民收入，而由于包收酒税能获得的大量财富（非有高级人物的帮助加以保护不可）所以就根本无望根治这一祸患。更使人惊奇的是，一方面尽管达依税根本不是使人民穷困的原因，但却减少了税额，与此同时，那一切混乱之源的酒税却提高了。这是因为对于那些参与征税的人们来说，达依税并非他们发财致富的主要来源，相反酒税却迄今都产生了惊人的利润。实际上 1651 年以来，从达依税上所减的一千二百万，不过恰好是在这同一时期酒税上所增加的数目；而令人遗憾的是，当按包税契约不能够使包税者从经常的消费上直接地发财致

① 蒙泰伊先生保存有一份题为《1684 年国王全部收入情况》的手稿。上面计算酒税收入的数为二千一百万左右；福尔博纳提出的也是这个数字。（参阅《法国社会各等级史》，第七卷，189 页，本文和注释。）

作为一般捐税，酒税的设置，可以上溯到 1360 年，为了支付一笔由英国规定的三百万金埃居赎款，用以赎回被掳的国王约翰。当时这个捐税抽盐价的五分之一，酒价、或其他饮料价的十三分之一，和在王国内部批发零售的其他各种商品的价值上每利弗尔抽十二个德尼；这些捐税原只不过是临时性的、但却像在这种情况下总免不了的那样，最后成为经常性的了。——德尔

富时,他们就求助于间接的手法,而这些手法要不是我们每天亲眼看到,简直不能置信。

第十二章

苛繁的酒税使饮料零售商只好不是放弃营业就是偷税漏税。法令使所有酒店主人的财物均受税稽查员任意处置。稽查员预防漏税的措施

因为酒税税率过高,所以只有两种办法:或者根本放弃饮料零售的营业,或者在售出数量上欺骗包税人。这两种办法都部分地采用了,于是这一类的消费减少到从前的四分之一,这已经是国家的一份不可估量的损失了;至于不能不卖的少量的饮料,就必须使用偷税漏税的方法,即借用别人的名字为掩护,把饮料收藏在一些秘密的地窖里,到了夜间,从那里取出来装于公开售卖饮料的桶中,这些除稍有余剩外,白天就可以售罄。要不是采取这种办法,即使酒店主人白花力气不计代价,光是在商品上也要大大的蚀本了。

再者由于酒税的包税人不能采取通常的办法靠证人来检查漏税以制止这一混乱,他们就让政府公布法令和告示,其中规定他们的稽查员之任何调查笔录,其全部陈述,都将构成证据;同时,由于这些稽查员被录用时,人们对其生计和品行没有进行任何审查,由于他们还可以根据其调查笔录而宣布的罚金和没收的财物中得到三分之一的特别费,他们就完全成为既是审判者又是当事人,并且

有权处置他们经征区域里一切酒店主人的财物。他们之所以在开始执行包税合同的时候没有使全部被征者倾家荡产，这是由于只有在合同期满时这样做，才符合他们的利益。但是为了增加他们的利益，他们还使用了另外一种同样有害于国家的方法，就是通过他们的调查笔录，使他们成为酒店业主一切财物的主宰。他们只允许将饮料卖给那些讨他们喜欢的人，就是说卖给那些按照他们所制订的价格来购买饮料的人；于是所有稽查员都经售饮料了，这在从前是明令禁止的。此外，由于他们给饮料所订的价格极高，以三倍于他们付出的代价来出售，那就必须使酒店主人能够按一定比例售出饮料，可是，如果每人都有权利或者完全售卖，或者进行储备，就不会达到稽查员的要求，因此他们就费尽心机使用方才我们说过的那些方法去阻止这两种情况发生。对此我们将另加补述。

既然包税者无法轻易在所有穷乡僻壤设置稽查员白天对地窖进行三四次的视察，以便看看酒桶减少了多少，从而监视饮料零售中有无漏税行为，因为这样会花掉包税的全部收益，他们惯于采用的办法是使在偏僻地区开设的旅馆或者酒店统统破产关门；这便使得农村的这种零售饮料业排挤殆尽，以至于当不是走在大路上的时候，往往走七八里路都找不到一处能够解渴的地方；这样，由于所有酒店都在城市和大地方开设，酒税稽查员便成为一切零星消费的主宰；他们除非使零星消费缩减到从前的六分之一，否则稽查员个人得不到任何实利，因此我们可以说，今天这种消费不仅对旅店业者，甚至对稽查员都息息相关。

事实上，由于经常需要用车子到酿酒地方去运输葡萄酒，于是法令规定：在进入课税区之前，必须先作呈报并缴纳某些捐税，然后，在进入其他地区时，就只要出示在经过第一个税务处所取得的运货护照就行了；同时，因为几乎总是那么一些包税人在利用捐税，而稽查员的利益则是在于除了他们以外任何人不能进行酒类贸易，而且储备饮料的人越少越好，这样就使人们非上酒店买酒不可。他们这种做法，使人们在进行了一次贩运之后，再也不想作第二次打算了。因为第一，在上路之前，必须先到邻近的税务处呈报，取得运酒数量的证明；如果住地离办事处较远，就得花一天的时间等候稽查员先生的方便，而这些稽查员在押车人到达税务处时，是从来不会在那里等候的，因此，押车人就必须饿腹等候或者上酒店用餐。而在上路以后，在经过第一个课税区的入口处，须停下来作同样的呈报，并检查呈报是否符合要求，和酒桶容量是否和所呈报的相符。然而稽查员先生经常不在住所，或者是不愿意等在那里，而检验员也同样不在，于是就必须让车、马等候于风雨之中，因为在一切手续办完之前，没有一个旅店主人敢于让他们投宿。要是检验员认为容量与所呈报的不符，而这是可能发生的，那么货物和马匹就会被没收；或者必须通过向稽查员先生进行孝敬而加以赎买，在这上面的花费往往三倍于每次贩运可能获得的利润。再者，如果马匹在路上掉了马掌，因而到达呈报地点的时间只不过稍迟一些，人们就说在日落之后不再接受检查了，于是就比没有这种混乱局面，需要多用一倍的时日来办完手续。同时，由于饮料价格过高，旅馆住宿的费用贵得怕人，因为旅馆主人宣称不论酒是什么价格，由于税重的关系，他们在这上面仍然要受到损失。因此他们就必须从其他食物上来设法弥补，卖得比通常价格贵三倍；结果即使没有上面所说的那些麻烦，仅仅在外面多住一宵，就要花掉这一趟的全部利润。此外，由于不管所贩运的酒，可能保持原质，还是像经常发生的那样会变坏，有些捐税都得预缴，这样，又会极大地阻碍这类商业的进行，并且因为需要现款，就又破坏了那种以货易货的交易。其次由于这些捐税是按酒桶的全部容量进行征收，并不除去酒脚，而捐税再重不过，大大超过店主可能得到的赚头，所以为了部分弥补损失，就将饮料掺水冲淡，结果这些酒，尤其是诺曼底的苹果酒，因为没有酒脚的维持很容易变酸，而所有的穷人又只好喝这种酒，于是便引起这些人害病，这又大大减少了这一类的消费。

第 十 三 章

酒税破坏消费的新证据。为什么诺曼底和其他地区人们拔掉葡萄树。对省与省间交易的障碍造成所有外省的贫困苦难

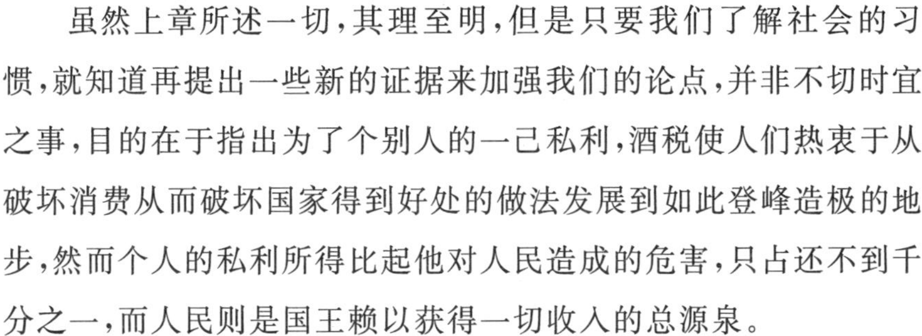

虽然上章所述一切，其理至明，但是只要我们了解社会的习惯，就知道再提出一些新的证据来加强我们的论点，并非不切时宜之事，目的在于指出为了个别人的一己私利，酒税使人们热衷于从破坏消费从而破坏国家得到好处的做法发展到如此登峰造极的地步，然而个人的私利所得比起他对人民造成的危害，只占还不到千分之一，而人民则是国王赖以获得一切收入的总源泉。

一般说来，虽然诺曼底不是产酒地，可是由于靠近根本不产酒的北海地区，所以目前生长着的，或者过去曾经生长的少数的葡萄销售情况十分良好；可是三十年来，有四分之三的葡萄树却被拔掉；就在这同一个地区（就像我们说过的那样），以前有许多阿尔班的葡萄树能够卖到几千利弗尔，可是后来却完全荒芜，而通常多石的土地，在拔掉葡萄树以后，便毫无用处了：从芒特直到蓬德拉什整个区就是这样，从前这里单是葡萄树种植就有二万阿尔班左右的面积。虽然比起香槟省的，甚至比起那些在芒特以北地区的产酒量来说，这只能算是一点小土产，可是，它却是业主们一份极可靠的收入，他们经常十分用心地经营其葡萄园地，因为园地是精心调理还是疏于照料，常会使收入相差一半以上。但是自从对运过阿尔河、塞纳河、安得尔河和伊东河而进入那些不产酒的诺曼底和毕加迪省份的各种酒类每“矛”[①]收税七法郎以来——这个税的设置，三十年来，其唯一的原则（按相传的说法）就是为了照顾个别的利益，比如为了提高香槟省的某些县区的酒价，而使毕加迪地区只能从香槟地区取得酒的供应，使毕加迪、诺曼底和法兰西岛[②]等省每年购酒就花了一千五百万以上，而使国王得到八百利弗尔。但是可以肯定地说，即使国王的利益与此并不存在着矛盾，他也不愿意在这样的代价上获得这些钱，因为仅在芒特选区，人们就曾经情愿减少十五万利弗尔的达依税；可是达依税余额的缴纳，却比以前缴纳全部的税额还要困难得多，这除了是由于酒税的开征而致之外，不能提出别的理由。因为自此以后，葡萄树已经变得不值钱而许多地区将它们拔去，倒成为极好的节约办法，因为在支出种植和

① “矛”，法国古时称量酒、粮食、盐的量制，大小随各地区不同，巴黎称量干物每矛合一千八百公升，而称量酒类，每矛合 286 公升。——译者

② 古法兰西国，十五世纪时成为一行省，包括目前的埃斯纳、瓦兹、塞纳、塞纳瓦兹、塞纳-马内等区及索姆的一部分。——译者

收获的费用之后，葡萄农已经为此负债累累，而由于上述原因酒又找不到买主，只好眼看着酒在地窖内变坏。以至于在一些诉讼案件中，一些酒桶商人在收获葡萄之前曾经将桶赊给葡萄农，但不要后者到时为了支付桶价，将桶装满了酒给他们送回还债，因为，虽然在离此十到十二里以外的地方酒价极为高昂，而当地的酒却没有人要。但是在上述情况下，丢掉酒所受到的损失要比用车、马来冒险运酒所受的损失小些；这样的做法给全国人民带来的巨大的损害，就在于那些不收获葡萄而又没有人敢于运酒进去从而酒价极贵的地方，也就不再能够出售以前他们用来换酒的货物，像咸货、荞麦在出产葡萄的地区也是很稀少的，以前就由运酒的车子将它们载回，这就做成了一笔很大的交易，并且使彼此都富有起来。今天的情况却是在生产葡萄的地方大部分土地有待耕种；人们缺乏荞麦，因为价格太贵；而近海的地区也完全破产了，因为谷贱伤农，从价格上不能补偿陆上车运的费用，而且旅馆也很贵，这样就不可能像从前那样带回酒来。因此，每个地区都凋敝衰落，因为无法用自己生产的食物来换取自己不能生产的食物。这就明显证明消费是已成为根本不可能了。

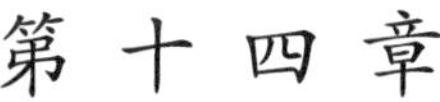

第 十 四 章

酒税的危害甚至扩展到不征收酒税的省份——为什么。荷兰人采取什么方法预防食物价格降低

虽然酒税这一混乱现象从整个法兰西来说尚未达到登峰造极

地步，可是，除了很少地方完全未受其害外，可以说，只要货物中的任何一种发生重大的减价，就会殃及所有货物，因为特别是在同一个国家，对于商人所订的价格，同一种类的所有货物彼此都不可避免地要受到货物贵贱涨落的影响，正因此，举例来说，只要一个商人有两袋小麦超过了日常消费的需要，而只好不惜任何代价加以抛售，这样就会使市场的麦价发生猛跌；要是在以后的交易上也遇到同样的情况，这一危害就会越来越大，在影响了当地之后，还会波及国内最偏远的地方。在从前，缺酒地区所消费的酒由产酒地区运来；然后又把其他商品载运回去返销，以便至少补偿回程的车马费用，可是由于上述各种原因，现在彼此不能互通有无，这就不仅是这两方面商品主人的纯粹损失，而且也成为其他的业主们破产的原因（他们本来能够就地进行消费）[①]；因为货物极其丰富致使价格低贱，甚至不够补偿始终不变的耕作费用，像工人的日薪、仆人的工资一经确定下来后就绝不能下降，因为在这些人中存在着某种默契，宁愿行乞或断食而不愿他们日常的工资有丝毫的降低。这是一种傲慢的奢求，而食品的丰足却十分适合于使他们坚持这种要求。因为食品价格的低贱使他们一天或者两天所挣的工钱，足够一星期的食用，这样他们就占了便宜，可以迫使他们的雇主不能对他们的工资有丝毫的减低，而不得不要么完全放弃，要么不惜任何代价雇人耕作。于是这就造成佃耕者破产，然后由于一种完全根源于消费的停止而产生的绵延无尽的影响，造成了他们的地主和债权人的破产，结果竟至于把土地几乎不值一文地拿来

① 括号内的意义似乎不易理解。——德尔

拍卖这种情况，还会蔓延到其他省份，使得从来没有发生酒税和达依税混乱的不列塔尼，由于受到邻近诺曼底的影响，土地价格不断下降到以前的一半。而那些不像不列塔尼那样享有如此得天独厚条件的其他省份则更是如此。实际的经验使荷兰人了解，商业所能起的一切作用，因此，当由于当年产量过多或者由于消费不相适应而发生货物如胡椒过剩时，他们不是为了个别人的利益而使全国一切货物跌价，而是将货物倒入大海，这种不让已经订定的商品价格下跌的做法，是一种十分强有力的断然措施。根据这个首要的原则，即为了维护一个国家的协调一致，必须使它的各个部分对于它的富裕有所贡献；然而一定的比例被搞乱以后，就达不到这一目的了，相反臻于我们方才所叙述的那种境况[①]。

第 十 五 章

关于关税。它和酒税同样为害。关税把外国商人拒于国门之外，剥夺了我国最重要的产品市场。维文和约后法西两国关于税率的战争。这一制度所产生的横征暴敛和苦难

还有关税问题需加论述。关税就是从王国输出的货物征税，

---

① 迪克罗在他于1633年印行的《酒税、达依税和盐税概论》中，和德梅松在1666年的一个类似的作品中，认为酒税是一切捐税中的最正当、最合理和最洽意的一种。

十八世纪后半期人们改变了这个看法，当时最著名的经济学者之一勒特罗纳先生计算出，为了通过酒税使国家财政收入三千万，需要的费用便是六千万，而对国民财富的发展所造成的损害则为八千万；换句话说，便是为了得到三千万而损失一亿四千万。（见《关于地方行政》第三卷，1779年版，四开本。）——德尔

其后果大致和酒税相同，差别就在于混乱更为严重：酒税的最大的危害祸及王国内部，当人们决心不再为某些人的利益而牺牲公众利益的时候，那是易于补救的；相反，关税上的混乱，却从我们港口驱走了外国商人，迫使他们到其他国家用更便宜的价格，购买往日前来我们国家寻求的货物，于是必然地就减少了国王的收入；这样，有利于税关监督和稽查员们大发其财，而主要的包税人跟国王一样受到损失，以至于为了如此小的一点利益，而使国家身受一切混乱，并且还使它的商品找不到市场。

通常所谓关税，是指对输出国外的或者由外国输入的，或者虽然途程很短、但是从一个省到另一省所通过的货物征收的捐税。只要这些税较轻，就不会造成什么混乱；但是一旦税额过重，便既有害于国王也有害于国家，因为它破坏了一切对外贸易，使外国人不得不为了学习我们的制造术而诱吸我们的工人出国，同时又到其他国家用更便宜的价格购买本来向我们购买的自然产品，例如小麦和葡萄酒，结果损害了我们而使那些国家富有起来，并使他们学会了成为善于经营管理生产的人，而我们却不再谙于经营管理了。可是自从亨利四世时代发生关税问题以后，比起其他来说，我们似乎早就更应该极力避免这一混乱了，在一位当代历史学家关于关税的论述中比我们对此所能作的一切叙述都论证得更加透彻入微。维文和约以后，虽然条约中有一条规定，在法国和西班牙的王国内，商品的输出和输入的捐税应当保持原状，双方均不能予以提高；可是，新近即位的菲利普三世，可能出于对和约的不满，想使用某种违约行为予以破坏。他在他的港口大大提高了一切进出口的关税，而法兰西为了报复起见，也如法炮制，于是虽然包税的价

格并没有增加，可是包税者却完全破产，因为加税使消费和贸易锐减，从而他们不能履行包税契约。不久以前，在法国的一个城市就发生过这样的事件，那里，由于输往英格兰的烧酒征税过重，那个转包这个城市酒税的人（有时酒税可以转包）在他包税的第一年，由于价格过高从这种货物上得不到半点收入，因为外国人改换办法，他们派极小的船只隐藏于海岸岩石下面，到了晚间，一些穷人将大桶的烧酒运到岩石上面，然后用绳索将它们落到小船上去，以至于那个包税人从烧酒上收不到一分钱。翌年，为了避免这种损失，包税人宣布，他只征收其包税契约允许征收的关税的一半，这样一来给他带来一大笔收益，并使该地重新富裕起来，可见暗地交易和公开买卖，其结果从来不会是一样的。

但是为了对混乱的原因作进一步的论述，就必须深入到事物的细节。一切关于关税和过境税的法令，根据一般的格式，都载明：在打开货物包裹检查之前，必须将贩运出口或从外地进口的商品按性质、数量、重量、尺寸和品种等先行报关，否则没收货物或处以巨额罚款。如果打开包裹进行检查以后发现与原先逐件书面报告的内容不符，全部货物也要没收。商人为了避免这一损失，情愿缴纳税关所提出的任何数额的税款以求商品的免验，但这也不会被接受。这些没收的货物分为三份，即，三分之一给予那些负责监守保管的低级稽查员，三分之一给予税关监督或收税官，另外三分之一给予包税人，差别就在于，后者这一份是凭税关监督的高兴而已，税关监督只要自己能发财，并不把包税人放在心上。而在关税苛重致使消费和商业全被破坏的时候，税关监督必定会发财致富的。因为，要是缴纳货物税很容易，那就不会中断交易的进行，从而也就不会妨碍国家财富的增长，这样做，国王在从中所能得到的、实际上是大大地增加了；但是，税关监督则根本发不了财，更不用说雇来收税的所有稽查人员了。关于这些，我们将用一些如此肯定无疑，如此确切不移，令人不可能不同意这一真相的事实来加以说明。但是在进行这种说明之前，我们先要指出这些收税官或税关监督的职位是属于第一级的官爵，亲王公侯们都不耻于为他们自己的人要求这份差使，以至于担任这类职务的都是有着大靠山的人们；如果说，人们并没有公然看到提挈这些人占有职位的那只手，这表明他们不过是将他们的荫助假手于其他有权力的人们来进行，让这些人从中得到更有实益的东西。还须指出，那些有权任命这些职位的人，为了从他要求别人给以报答的恩情中捞取好处，只要不是所有的人都在场，那就会提出相当荒诞的说法，即这一职务会带来五千到六千利弗尔的进款；虽然工资往往只有一千二百利弗尔，从中还需支付办公室、文书和其他杂项开支。正是由于这样，稽查员的工资使其中一些略有天良的人可以无所顾忌，因为他们自认为由于工资菲薄便已得到了欺骗国王、欺骗公众和欺骗其包税人的默许了。

第十六章

续前。提高关税不可避免造成走私。走私实况，以及随着对内对外贸易的减少，税关监督们的财富如何不断增加

关税主要是出口税，一旦订得过高，运输货物的贸易就大大减

少，余下来的部分货物也只能以下述方式继续存在：或者黑夜偷运完全走私，或者串通税关监督欺骗包税人。不管采取哪种方式，税关监督们都有利可图。因为，如果人们冒险走私（有时非走私不可），税关监督们有充分的权利占有所没收货物的三分之一。但是通常他们并不把事情弄僵，而是和他们的包税人商议处理。商人们从这上面也能得到相当的好处，因为他虽然损失了全部货物，但一次的没收可以使其他各次免遭这种结局。另一种方式对于税关监督们至少好处也一样大。商人首先向他们进行活动，并按照他们的包税人权利上所应得的利益、因此也就是国王所应得的利益，来诚心诚意地商谈他们所要的手续费，而在这上面他们都表现得是个正人君子而且圆通爽快。可见不管采取哪种方式，都必须以重税为前提；就正是在这一点上，他们的保护人关怀备至，宁愿使整个国家崩溃、覆灭，也不允许将关税减低到商品可以承担的程度，而不必使用上述两种下策之任何一种；而且，他们还生怕这过高的捐税还不够满足他们的要求，他们还设法使大臣先生们颁布法令把商人的财产由他们随意处置。尽管按照世界上一切的法律都应由原告提出他的请求书，但在海关上如上章所述，却正相反。商人必须向收税官们逐件呈报收税官所要知道的货物，以及目的在于使商人犯错误的那一部分须用书面记录下来。要是由于粗心大意而发生了错误——因为不可能不弄错——那么收税官就会用非常不公平的手段强词夺理地说要是他们自己弄错了，就不给他们更正的机会。但是对此只需回答说，只有他们而不是商人，才必须了解他们的章程和职权，也就是说了解属于他们工作范围的事，而商人只是通过他们对此才有所知晓，这样便可揭穿这是他们为

了制造一场他们既是法官又是原告的讼案而设下的一个陷阱了。其次，要是他们这么害怕弄错的话，他们只要像一切卖主那样漫天要价把税款订得高高的就行了，商人肯定会向他们还价，要求少征关税，他们在这上面根本不会有什么吃亏的。但是，让对海关章程并不谙熟的被告提出要少算多少关税，要是算错了，就要没收一切；相反，这同样的错误，假定发生在原告方面，却不过是一件极其微不足道的事情。这种极端的不公平，只有在大家公认的世界上最残暴的法庭——西班牙的异端裁判中才能找到例子。

更别提收税官们折磨商人们的其他方法了，例如有时他们六七天都找不出时间来接受商品加以查验，这或者是由于他们辛勤效劳而要人们给他们进贡些什么，或者甚至是，虽然他们已经领了报酬，但为了有意耽搁商品的运输，所以才这样地刁难。不管事情怎样进行，总之商人们得不到任何的公平处理，因为这些税关监督有着强有力的后台老板，他们不承认任何一个普通的审判员；他们有他们自己任命的某些特殊的审判员。就这样，税关监督们随着王国的国内贸易和对外贸易的减少而大发其财；而这同样的混乱情况，也在各省间的商品运输和出口贸易上存在着。

第十七章

提高进出口税所造成的灾害。诺曼底和其他谷物生产超过消费的省份，谷物已不可能售出。由于谷物出口受阻，造成银钱缺乏和国王收入减少。鲁昂税区的酒类的出口贸易以及帽子、纸牌、纸张、烟斗和鲸鱼骨饰品等的生产遭受破坏

在以前要从法国，特别是要从诺曼底输出一定数量的小麦到缺粮的国家去；然而因为法国的生产（由于耕种良好）多于消费，所以当运输呆滞不畅时，她就受到了破坏。这一情况是由于对输出国外的谷物每“矛”征收六十六个利弗尔所造成。结果，外国商人去但泽和汉堡购粮；而国内粮食大量过剩则使中等土地弃耕和许多地方上等土地耕作粗放；这就造成了金融枯竭，这对于国民的损害不亚于小麦方面出现的问题。因为，这种情况的猝然出现，破坏了在需要现金的小麦和交换小麦的现金之间的协调比例关系，于是整个商业停顿下来；当由于小麦价格低贱，需要更多的小麦来卖钱时，也会出现同样的混乱：这一切对于整个社会后果都一样。因为要有交易和不断的流通才能维持社会的正常生活，而在交易和流通中，要有完全协调的比例关系，一旦比例失调，不论原因何在，一切就会同时停顿下来。以至于，就像秘鲁人在银子堆中饿死那样，在法国，尽管生活所需各种物资极其丰富，人们却极其贫困。同时，更加令人扼腕叹息的是，在其他国家，这种灾难的出现，常是由于穷困所致；而在法国，则仅仅由于一种严重的失策，或者不如说是由于不能带给国王丝毫好处的间接利益所造成。不但不再存在以丰补歉的习惯的关系，而且三十年来，不是小麦价格奇昂而饿死穷人；就是价格极贱，使贫富双方同受其害。富者没活给穷人干，而穷人又只有靠这唯一的收入来维持生活。因此，不应反对必须把谷物留在国内作为备荒的可靠办法，因为，不但经验已经从反面证明了这一点，而且小麦奇昂的价格，三十年来已经是过去的四倍，这是百年所未有的。一个歉收的年成，只需要上年至多以往各

年的余粮的弥补便已足够,因为法国的小麦,一般不会保存较长时间,其多余的部分,或者由于被当做牧畜的饲料,或者由于地主们没有耐心而要佃耕者快点缴清地租,或者由于没有适当的地方来储存和经常做必要的翻晒而以贱价处理掉。而一种造成如此普遍破坏的捐税,则根本没给国王带来任何利益,而适得其反,因为不但从来都没有收到一个苏,反而失掉了对外国商人为了交换我们小麦而输入的货物所抽的进口税。

从前在诺曼底曾有一个制造精良帽子的极好的工场,无论从进口原料所征收的进口税上,还是从制成品输出所征收的出口税上,都替国王带来大笔的收入。但当捐税提高一倍之后,立刻工人们都跑往外国,在那里建立了外国从未见过的制造精良帽子的工场。于是国王的税收就只有以前的六分之一。

供应整个欧洲甚至整个西班牙人的美洲的纸牌,一向是在法国,特别是在鲁昂制造的:由于一种毫无意义只是使税关监督得以刁难商人的捐税,这一制造业也同样转移到其他许多地方去了。

纸张在以前也大量出口,但由于同样的原因而受到同样的命运。

以前大量制造的烟斗,也走上了同一条道路,其理亦同。

全世界所佩用的鲸骨衣饰,长久以来都专在鲁昂加工,由于原料的进口税不断提高,为了避免重税,便不得不在远离四五百里的地方制造这种商品,以便躲过进入鲁昂的关税。但是,税关监督先生们的高明手法,通过制定使自己发财而不惜破坏一切的政策终于战胜了商人,他们让大臣先生们发布了如此众多的法令,迫使这种交易也走上了其他买卖的道路;但是为了替保护他们的人说句好话，我们还将补充一点，即我们深信他们根本没想到这种保护使国王和人民付出了怎样的代价。

过去在鲁昂的集市贸易上也可以收集大量的酒卖给外国人，哪怕出口最低级的这些本地酒，外国人就能给国王以大笔的收入！但人们提高了捐税，这些外国商人就到其他地方去买酒了。

事实上，那些最低级的酒的出口税每“矛”竟达到二十五个利弗尔，可是在距离一天或两天路程的地方，一“矛”却经常卖不到二十个利弗尔。这样的捐税彻底破坏了商业那就不足为奇了。而使人惊奇的是，人们一方面提高了所有这些捐税使国王和个人都受到破坏，而发现其中一种捐税的谬误，竟不能同时改变对于其他捐税的错误措施；另一方面，虽然如上所述，给人民造成不便的并不由于达依税的税额，但是比起其他捐税来，达依税却降低了三分之二，对此在谈到补救方案时，将作进一步说明。

第十八章

虽然国内现有的金银数量较之收入多得多的时代增加了许多，然而法国的收入却减少了；这并非奇谈怪论。关于财富性质和贵重金属作用的题外之谈

我们相信对所有这些事实的简单叙述，已经充分地履行了我们在本文开始时所确定的任务，即揭露法国收入锐减的原因，国王收入的增加与此毫不相干，也不能归咎于金银硬币的缺乏，因为较之王国收入更多的时代，国内金银硬币现在充裕得多了。虽然这

个真理是十分可靠的，但那些看到一个国家财富减少就惯于说国内没有硬币的人，却把这视为一种奇谈怪论。因此，为了弄清我们的论点，就须对金银和铸币的本质和特性加以说明，并使人们认识硬币在世上所占的地位。

毫无疑问，硬币本身并非财富，而且，它的数量一般和一个国家的富裕无关，只需足够支付生活必需品的价格就行了；所以，它不能使铸钱地方的人免于极端贫困，而一个在这些地方每日有两个埃居花费的人比在朗格多克每日只有六个苏的人更难以维持生活；甚至可以说，一个国家愈富裕，就愈可以不需要硬币，因为在这种情况下对于更多的人来说，硬币可用一张名为纸币的纸来代替。

因此钱是大家为了取得他们所需的一定量物品而同意互相支付并按照行情互相接受的一种可靠的保证；因为收受钱币的人确信，它一定也能为他产生相同的效果，换取他所需要的物品。世上没有一个人收受钱币是为了消费钱币或者为了加以贮存，除非是期望钱变得更多，并且同时产生更大的效果。因此，假使一切生活必需品都像钱币那样有一个确实的价格，并且时间不会使它变质，或者它们各自所具有的各种完善程度有大有小，但不掩盖其真实的价值，以至于它们在任何时期都有一定的市价供人使用，那么，我们可以说，金银将并不比其他一切最普通的金属更珍贵，而由于贵重金属在人类生活其他方面的作用不大，它们甚至还会不如普通金属，因为人们可以像人类初期那样直接的以物易物的交换，而且还可以对某些已经估价的商品进行批发交易。

根据这些原则，可以得出的结论是：财富不是别的，只不过是一种获得必需品和奢侈品以维持舒适生活的能力（对于生活富裕的人，年终回想为了自己舒适的生活，究竟钱花得多还是少那是无关紧要的事）；在财富中，钱币只是手段和方法，而对于生活有用的各种货物才是目的和目标；因此，一个没有很多钱的国家可能是富裕的，反之，一个只是有钱，但是拿了钱不易换得货物的国家，则可能十分穷困。所以，当西班牙的舰队一旦来到了欧洲，就必须立即将几乎所有的钱币送到出产货物的那些国家，以便换取货物运往银矿所在的国家去；于是运到这些国家的钱币通过不断的循环发挥着其固有的作用，周转多少次数，就更换了多少主人，这就是说它进行了多少次贸易和消费。但是，像法兰西这样生产生活必需品的国家比出产银子的国家有这样的优点，即在交易上占有许多便宜，因为钱币是不会由于使用而消费掉的，它在运入银子的国家产生着无限无垠、无穷无尽的妙用；可是那些作为交换而付给的食物，却只能用一次而已，使用之后，效用就消失了。硬币还有一种不因时间和变故而改变的特性，同时，它也不像其他货物那样会因经过保管而加价；它不是在保险箱里，而是尽可能地少加收藏，才能发生效用；它只不过是消费的奴仆，由消费指挥着它的进程，一旦消费中止，它也就同时停止下来，不动地保留在一些人的手中，这时就开始感觉到混乱了。所以，如果说，当商业兴隆时，商人最糟的境况是钱币在保险箱闲置无用，因为此时钱币丝毫不会替他生利，那么当商业凋敝停滞时，钱币没用出去，则是商人的便宜了，因为虽然没有赚钱，但也没有什么损失，否则他就有破产的危险，而破产是和商业的停顿密不可分的。对商人来说是如此，对一切不论是靠土地的年租或是投资的定息以维持生活的人们来说，也

都是如此:投资由于缺乏安全保障,故资本回收之后就不会再投放,因为消费的破坏,使得土地的生产日益显著减少,而最通常的投资又总是以土地为对象的:在这样的情况下,他们宁愿牺牲利息,而不拿资本去冒险,于是便减少费用,这就给整个社会带来更大的灾难。结果一切事业的收入完全停止,而钱币本来是流通多少次就造成多少收入的,如今不再离开大钱包,从而它的正常流通也就完全停止;这样,就使国家处于瘫痪状态,尽管处于各种财物丰足富裕的环境中,却贫困不堪。这就是一般贫民所首先感受到的恶果,但是,这些恶果正如我们在本文中所指出的,后来就不知不觉地影响及所有其他的国民,甚至最上层的人们;因此设法制止这样大的混乱,应当是他们十分关心的,对于这种混乱,国王由于他在国家所处的地位,一定会更加关切。

第十九章

国民收入的增长与消费而不是与硬通货数量的增加成正比例。硬币流通与否的后果。这双重现象和农业状况的密切关系。取消使消费陷于瘫痪的法令,比用国王的银器来铸造硬币对国家的好处要多得多

如前所述,我们可以容易地看出,在一个物产丰富的国家,不一定要有很多的硬币,只要有大量的消费,就能得到很多收入。这样,一百万硬币比在没有消费的情况下的一千万会产生更大的效果;因为这个一百万在不停地周转,而每次周转都是为得到一定的

收入;可是那一千万却收藏在保险箱里,对于国家来说,并不比石头有用。给法国带来更大不幸的是,达依税的混乱和零售酒类价格的奇昂,对一般平民产生更大的影响,因为他们最无保障,贮备最少,可是消费却最多,因为他们人数众多。实际上,一个短工当酒价合理时,宁愿在没有领到工资之前,先去喝上一品脱[1]的酒;酒店主人一面卖酒,一面又向农夫或葡萄农买些进来;从而葡萄园经营者得以向地主支付地租,而地主则使工人有工可做,同时又可以按经营其土地的人向他支付地租的情况,来满足自己的欲望:或者营造房屋,或者捐官,或者从任何方式进行消费。假使同样的酒,以前值四个苏,现在因为捐税增加,像我们今天所看到的那样,一下子涨到十个苏,那么,短工看到了所剩下来的工资不足以养活妻儿,于是就只好喝白开水了,在大城市中他们几乎全部都是这样的。这样就使他们过去的工资所提供的那种流通停顿下来,从而沦于靠接受布施过活;这对于国王的利益不是没有损害的,因为国王的利益和这个被破坏了的流通过程的各个阶段都息息相关。其他货物的情况也是如此,在上述混乱破坏了消费的情况下,没有哪一种货物不是首先导致十多种手艺的停顿,因为它们全是从这第一种货物为基础的;随后才又反映到国王以及国家其余的一切行业;这样一来,虽然钱币还存在,但由于流通的停顿,它就不再保证任何收入,而对于国家来说,硬币好像已经消亡。据此,假使法兰西的收入比三十年前减少五亿,这并不是由于硬币的减少,而是由于土地农产品的生产、销售和消费大大减少的缘故,而这同样的祸

① 一品脱合零点九三公升。——译者

害，又传播到来自于农产品的其他一切财富上去。所以，不应该抱怨硬币的短缺，问题只在于它没有照常流通。过去将银器化为货币[①]，对于根治这种灾祸无补于事，就跟一个秘鲁的运银舰队对克服西班牙的贫困无能为力一样；西班牙收到这些银子，并没有因此更富足起来，因为硬币只不过在那里经过一下，而西班牙也只是在铸造钱币时看到它一下而已。同样，那些由银器改铸的硬币在第一次流通后，就已集中到我们上面所说的那些富豪的手里，而不可能再取出。要是取消某些会破坏每年数以万计的消费，而对国王又收益寥寥的法令，同时，为使国王毫无损失，在达依税上，每利弗尔加征不到一个苏的税，就可以收回这笔收益，那么，比起把银器铸为货币，这将百倍有利于法国。而银器铸币带给国王陛下的利益，也可以很容易地从别的地方得到补偿。

总之，当硬币停止不断流通时，法国社会将身受其害，然而只有当它是一种收入，而且落在一般平民手中时，它才能不断地流通；而当它一旦变为资本，流通就不可能了。因为这时把它用于土地再投资，会觉得没有任何保证；把它借给别人捐官，这份官职又可能被取消，或者由于同类官职的设立而被置于无用之地；最后，如果把这些钱投入交易，那么由于前面所指出的理由，又会感到不安全。这样人们可以说一切都完了。可是，如果所有硬币都在一般平民手中，或者一直成为一种收入，那么它必然很快地回到富豪者的手里，而他们则将其中大部分转变为资本，

① 1689 年的一个法令规定将一切超过一盎司重的银器都交到造币厂去，凡尔赛宫中一切沉重的银家具也都化为硬币。然而从这些价值千万的银雕艺术精品得到的银币还不到三百万。——德尔

因为有一种最高的力量无形中在善于理财的人们和不善于理财的人们之间调节着社会的和谐，从而一切事物不论是收入或者是资本都在不断地循环着，富者可以变穷，而穷者也可能变富。因为，一个浪费其地产和资本，例如一份定期收入的赎金和一块土地的价格的人，会将这些变为收入，作为日常开支来消费，而这种开支本来只应从这些土地所产生的收入中提取的。可是，一个善于理财的人，不论是从土地上或实业上得来的经常收入，都不用作消费，而是将它积累成资本，这就是说，他有意使它变为不动产，例如变为一块土地、一所房子或者年金收入的一部分本金；这样，这笔钱就不能像方才所说的那样，通过消费者之手把它作为收入而再回到平民手中了。因此，整个国家就遭受很大的损失，因为能够给国家带来最多的收入的就是一般平民；穷人手中一个埃居一天周转的次数，从而一天促成的消费，比在富人手中三个月还要多；富有者只作大规模的经营，即使在景况最好的时候，也要等待相当长的时间来蓄积所需要的数目，然后才能将硬币使用出来，而这对于一个国家来说，从来都是危害无穷的。所以菲利普·德·康密纳[①]指出，法王路易十一之所以在十五年内收入增加了两倍，而没有任何人受到损害，那是因为他收入多少立刻就用掉多少；这就充分地说明一个国家的居民并不一定要开支少于收入[②]。这就是国家的利益之所在。

① 法国古代历史学家。——译者

② 如果像我们所认为的那样，作者在这个地方所指的不是非生产性开支而是生产性开支，就是说，消耗任何一种形式的资本，只是为了以新的形式重建资本的话，那么这种说法是正确的。——德尔

第二十章

续前。印子钱的借贷者

关于我们上述种种，无须提出更为确切的证据，只要以巴黎一些小商品的女小贩为例就可看得很清楚。那些小贩常以每星期一埃居利息五个苏，即利息超过资本四倍年息百分之四百以上的高利借钱来发家致富。本来，即使付息大大低于上面所说的也会毁灭世上最富有的人，可是这样的行径却能使那些可怜的人们借以维持生计并且发财。其所以如此是容易理解的。因为这个女贩在一天卖出四到五个埃居的商品之后，有时能够赚进一半，第二天一大早她就补进货物，而在一周内这样五六次，就很容易地既维持了生计，又还清了贷款者的本利。这种买卖，只是由于那些贫苦的短工们找不到工作而不向女贩们购物才停止下来，因为他们是小贩唯一的顾客；可是在巴黎跟其他地区一样，基于无数次论证过的原因，零工已经绝迹了，因此那些小贩也不复存在了。

第二十一章

破坏消费对国王并无好处。这一真理的新证据。国家所消费的不是钱币而是货物。法国较之欧洲其余国家，其捐税收入的多寡与强迫人民遭受的牺牲的大小成反比例。——英格兰、德意志各邦诸侯以及萨瓦公爵。农业和商业是哺育整个社会的两个器官。对免征专断的

达依税、酒税和关税的省份与正在严厉执行这些税收制度的省份的比较:鲁昂税区和蒙托邦税区的例证

虽然上面已相当充分地指出破坏消费究竟对国王有何利益,因为消费的破坏带来了方才说过的一切恶果;可是我们还要从另一角度对这一利益加以说明,以使那些对此怀疑的人们看得更加清楚。可以肯定的是国王用来给养军队和支付经常开支的,严格说来并非钱币本身,而是小麦、肉类、布匹、衣服以及其他一切维持生活的必需品。这些货物在国内生产,绝大部分由其臣民消费,一小部分则以捐税名义缴给国王;虽说不是直接用货物纳税,但实际是一回事;因为制帽者在制造和售出一千顶帽子所取得的利润中扣除赡养家庭的食物和费用外,作为达依税向国王缴纳的十个埃居,这就是负责向国王或者按照国王的命令供应十顶帽子的义务和保证;而制帽者用作保证的钱币,必然仍将回到他的手中,因为国王陛下在收到这份保证以后,就立即交给一个轻骑兵队长使之同样迅速地将这些钱拿到制帽者那里去换取十顶帽子,而制帽业者又会将这十个埃居进行同样的流通,除非流通的渠道中断了,就是说由于前面所说的原因帽店卖不出去帽子而倒闭。至于其他一切商品,也可依此类推,这就清楚地说明由于消费的破坏,国王受到了极大的损害。因而,要是说破坏消费正是为了使国王得以增加收入,那就是欺骗国王。

为了全面结束这篇论文的第二部分,可以说关于捐税问题只需比较一下我们邻国和法国的情况就行了。我们在第一部分已经指出,虽然财物从来没有像今天这样少,可是国王目前向人民征收

的却没有他的许多祖先多：现在我们可以说，并且坚持认为欧洲没有哪一个诸侯征收的比例不是大得多，但那里人民却都负担起来了，这虽然好像是一种谬论，但却是不易之实情。事实上，由于承受不起捐税的负担而拔掉葡萄树（这是屡见不鲜的事）这根本不符合国王的利益，同时也毁灭了地主；而如上所述，由于在无数的货物上都存在这种失策的做法，因此我们能够从中得出同样的结论。其他一切国家的捐税是按征税物的比例配征；按照这种方式抽税，诸侯和人民都能获益。为了进一步详尽地加以阐述，就英格兰而言，无论从人口的数量上（因为人口是国家利益的一个主要部分，消费的进行少不了它），或者从土地的肥沃上看（恺撒征服高卢花了八年之久，然而只是一次战役就征服了整个英格兰），肯定地它还抵不上法兰西的四分之一，但是英格兰三四年来却每年给奥朗日亲王带来近八千万的利益而没有使人民穷得要饭，也没有逼得他们放弃种地；而且要不是战争中断了它的商业，它的境况还会大大不同。再来看一看德意志各邦直至最小的诸侯；我们不妨观察一下，他们的国家和法兰西比较起来就只不过是颗微粒而已，可是他们土地之所得却是或近于我们的三十分之一，甚至更多些。萨瓦全境，除开皮埃蒙，都比不上诺曼底三十二个稽征区中最小的一个。它的土地十分恶劣，十分贫瘠，只能养活一部分居民，而且生活得十分穷苦；那里既没有江河，又没有可以进行某些制造业的大城市；可是在战前它却每年给它的君王提供了五十万埃居；这是因为这里一切事情的处理，是跟英格兰、德意志和世界上一切国家一样，这就是说，在那些地方人们根据气候、土壤，再加上人力支援，使地尽其力，人们消费一切可以消费的东西，同时售出一切可以出售之物，这是值得世界上一切君王的大臣们奉为神圣的一种境况，因为这使得君王的捐税可以征收得极高，只要不因此而损害哺育整个社会的这两个器官农业和商业的发展就行了。但是，不可否认，当前在法兰西有这样的情况，认为用一种相反的行动可以更好地为君主服务，这种想法通过对这篇论文所提到的事实的简单叙述，已被有力地驳倒，对此我们将不再多所论述。但是这种理论，我们不必到外国去找论据，就在法国国内，通过那些达依税不是任意专断地配征、从而产生我们说过的那些恶果，同时尚未开征酒税和过境关税的地区的情况，也可以成立。我们将看到这些地区和其他地区的差别。蒙托邦税区面积还抵不上鲁昂税区的六分之一，就地理而言，它的附近既无海洋又无江河；而鲁昂税区，一边靠近巴黎，另一边又近海洋，处于世界上最有利的地理位置；它的土地肥沃，无与伦比；城市和大镇极多，人口也正相称；可是，虽然有着这一切优点，它所能缴纳给国王的只比蒙托邦多三分之一，而蒙托邦税区，单是达依税就实实在在给国王提供了三百四十万利弗尔，可是国王从鲁昂税区所取得的，一切经济收入包括在内，却从没有超过六七百万利弗尔。而关于居民方面的差别则更为明显；在蒙托邦税区，看不到有一尺土地不被用来生产它所能生产的一切；没有一个人再穷不是正正经经地穿着毛料衣服；吃的面包喝的酒都尽其所需；而且，几乎大家都有肉吃，有瓦房住，且需要时就加以修葺。但是在鲁昂税区，那些不是头等肥美的土地都被弃置，或者耕种得那样粗放，致使地主得不偿失；乡民不知肉为何物，也没有过任何种类的酒可以供给老百姓；大多数的房屋几乎全部坍塌，虽然这只是些茅舍土屋，修建起来费用很少，但是人们却不愿意进

行修补；这一切使得居民们，如果能够得到大致满足需要的面包和水，就会自认为幸福无比的了；可是，这种情况几乎就从来没有过。在一个如果协调的关系所绝对需要的比例不被间接的利益所破坏的话，它不单完全能够使居民们过着极其幸福的生活，而且还可以像以前那样支援它的邻近的国家，却发生了所有这些混乱，这也同样地影响到国王陛下，因为荒芜的土地，饥饿待毙的人民，对国王也是不可能有什么用处的。因此在相反的情况下，就不难给国王以很大的利益了。但是，因为那些向大臣先生们提出报告书的人们与此利益不同，甚至完全相反，因而他们为了个人的好处要牺牲国王的和人民的利益就不足为奇了。虽然他们个人之所得还不抵他们给国民所造成的灾害的五十分之一，他们的利益比起这种灾害来，不管是多么微不足道，却仍然要压倒公众的利益。这在今天已经形成一种普通职业，一些权势极其煊赫的人们都插手其中。以至于虽然这些混乱已有目共睹，制止混乱对国王，更不用说对人民都有着极大的好处，但迄今还没有人敢于对之宣战，或揭露其卑劣的手法。

正是基于这些原则，我们将进入这篇论文的第三部分：研究这些混乱的补救办法。我们将提出一个如此可靠易行且确实有利的方案，以至于只有那些浑水摸鱼、乘机发财的人们才会以其言行加以反对。他们主要的异议将是提出期限问题，或者反对所谓的把事情搞乱；但是，不论什么理由都是荒谬可笑的。因为这是人民自己在这篇论文中发言，为数一千五百万的人民反对至多不过三百个靠破坏国王和人民的利益而发财的人，人民只不过要求仅仅公布一下两个法令，就可以在两小时之后重新耕种他们被荒废了的土地和出售他们卖不出去的货物，这马上便会使他们土地的收入以及国王的收入增长一倍。然而，要是对那些愿意纳税的人说他们不可能做到这一点，特别是当人们也跟那三百个反对者一样动机可疑而这样说，那就是不讲道理失去理智了。

第三部分　恢复国民财富的方案

第　一　章

法兰西的不幸遭遇系于人的因素远远超过物的因素。医治措施不会带来骚乱，也不会损害公众的信心

为了医治如此巨大的混乱，首先我们要说，在物的方面，是再容易不过的事，可是对于有些人则最为困难，因为那些人对此绝对不会采取漠然置之的态度。因为跟征税和其他一切债务有关的似乎只有国王和他的人民。国王陛下收税，人民纳税；因此，人们本来确信一种既能使国王的收入加倍而又使人民负担不到三分之一的建议会蒙接受。可是，虽然这些根据外国以及法国本身所发生的一切情况来看是十分真实和十分明显的，人们还是认为其成功的希望极微。不论如何我们要表明，我们并不愿为了如此巨大的利益，而使当前的体制发生任何混乱；既不需要辞退包税人，也不用辞去收税官，而只是出于对国王陛下收入极端尊重，尽管我们不能说一向做到了这一点，因为在断然撤销人们认为是出自善意而作出的种种决定时[①]，不使国王和人民之

① 暗指官署擅自进行的各种不正当的财政记录，对此下文将予以说明，同时在布瓦格的诗句上也有表述："看到断案删去了四分之一……比食利者面包更加惨白。"——德尔

间发生的关系遭受破坏是非常必要的，因为这样的做法使得在特殊交易中，新创设的官爵，或者有关国王陛下收入的保证金或公债，只能以这种收入的另一种票据的一半价格进行买卖并且要有私人的担保。因此，要是让人们向国王陛下缴纳多些而同时人民的负担却轻些，在这上面是不会有人反对的；因为这里各种支付，特别是纳税，是按照纳税人有无能力缴纳来判断捐税的性质，来判断捐税是过了头还是公平合理的。可以肯定地说，一个在一千利弗尔地产上缴纳一百法郎达依税的人，如果地产能够收入两千利弗尔的话，那么即使缴纳二百利弗尔的税，负担也要轻得多，因为有八百法郎的纯利，而这头几千利弗尔就完全免税了。但是当他能耕耘种植和出售土地的产物时，地产将会恢复以前的价格；因为使耕种土地、出售产品受到限制而不可能进行的原因将被清除。下面我们将指出这是极其显而易见的。

第　二　章

恢复消费的首要措施：执行有关达依税的法令，使之普遍征收而非任意摊派。捐税上的特权是破产的根本原因，甚至享受特权者亦受其害。为什么荷兰没有穷人

在这篇论文的第一部分曾经指出消费的障碍在于任意摊派的达依税之不稳定性，以及由此而产生的征税的混乱，两者每年使消费减少一亿五千万而没给国王带来一分钱。为了着手消除消费的

障碍，在人与物方面，用不着引起丝毫混乱，只要克服配征上的不公道，并使大家遵守与现行条款不同的古代和近代的法令就行了。同时由于这种不公道现象今天如此普遍存在，以至于一个人越有权势.其佃耕者应缴纳的达依税就愈少，这就造成他的破产，同时也造成国家其余一切人的破产。因此有必要恭请国王陛下亲自向他所有廷臣说明这一点：即为了他们自己的利益，他们应当像国王对待他们，以及他们自己对待所有的人，特别对待教会那样来报答国王，以便有来有往。

可以肯定，对于爵位愈高，出身愈贵的人，不论分配采邑还是宫廷授职时，国王陛下愈会加以关照。同样地可以肯定，这些人地位愈高，在他们给教堂的捐赠中、在戏院里，以及在其他任何场合，他们总是愈要显示自己的富贵，但在缴纳国家的捐税上却并非如此。虽然长久以来德高望重的人们，甚至教士们都同意这一点，即人们对教堂的捐款并不表示真正的虔诚心，也不是虔诚心所应尽的本分，可是，牧师们却巧妙安排得像我们今天所看到的那样，似乎对教堂的捐款就是虔诚心的表示。以至于一位大贵族在埋葬他的父亲或者他的妻子时可以花费很大一笔金钱，但是当他的佃耕者为了豁免比上一年度多一个比斯脱[①]的税款而打三十场官司时，他却予以大力支持；可是，如果捐税作公平的配征，这个多加的一个比斯脱还不到佃耕者应当缴纳的三十分之一。由于陋规积弊之深，使人们反而将按照公平比例纳税看做一种丢脸的事。因此，这些混乱情况，就在双重利益之下

① 法国古币名，值十法郎，相当于十个利弗尔。——译者

存在下去，不过，正确地说，它并不是真正的利益；相反由于不断地违反神律人法，而是一种真正的、事实上的普遍的破坏。这也用不着其他的证明，只要看1445年当达依税开始成为经常税的时候，查理七世所颁布的法令中原有的条款就够了；那上面载明这样的话："在我们臣民中间所应承担之义务和负荷必须保持平等，不能以特权和圣职以及其他借口使任何人承担或者被迫承担别人的负荷和义务；而国王的法令和训令在形式和实质上均应切实遵照执行。"

我们可以说，法国的富庶或贫穷是和是否遵守这些法令成正比的，世界上一切国家都是如此，我们看到的荷兰的例子便是这样，它的人民在捐税的分担上没有不公平现象，在这样一个民族治理之下，按其位置来说，荷兰不失为欧洲最富的国家。虽然荷兰的捐税极高，以至于我们敢说，按比例而言，他们缴纳的公共税是法国向国王陛下缴纳的六倍，可是在整个荷兰找不出一个穷人。在向奥古斯特[①]进言时，梅塞纳曾经提出这样一句重要的箴言："任何人甚至未成年的人，都不应免缴达依税和公共税，因为这些捐税用来所从事的事情，其利益又会回转过来使那些纳税者获得和保全实利。"当上帝命令人们向君王们纳税时，其意是针对一切人而言，并非专指穷苦无告，无法免税的人们。不然的话，如果它不涉及那些有办法不纳税的人，那么这个命令就是毫无用处的了，而说这样的话就是亵渎宗教的行为。

① 世纪初的罗马皇帝。——译者

第　三　章

根据富者多缴、贫者少缴的原则而提出的公平配征达依税的方法。一切土地所有者和佃耕者都有责任向其所属稽征区书记室去登记他们的产业的面积和收入。教区用以核查无产贫民的人丁册。稽征区官员在各教区间和各纳税人间分配负担达依税的实数。工业人口达依税的税率应按照纳税者认为可行的方法在城市和大镇征收。在没有采用这种方法的地区,必须预先按照职业分类,以便量入为出地向个人收取税金。对于农村短工的达依税,税则上须有下限和上限的规定。负责普征达依税的配征委员的职权。将名册送到教区。保证在一月内向达依税收税官缴纳个人摊派总数,就可以解除征收员职务的方法。给予达依税金库的特权。评税和收税手续费的分配。所有这些整顿方案的良好效果

假设国王愿意并且同意今后达依税应作公平摊派,这就是说,为了国王陛下的利益、也为了那些免税者本人的利益,做到富者多缴、贫者少缴,那么执行起来便再容易不过的了。这只要在分配税额前大约三四个月的时间,通令征收达依税区域的一切不论免税或不免税的人们,向所在稽征区的书记室准确呈报他们作为地主或者作为佃耕者的全部产业;这些产业的价值,和一份亲笔签名的、若有不实便予以没收的契约副本;还有那些没有出租而自己经营的土地和财产,则参照邻近的土地和财产进行估价。同时要教区的司库或理事员也准备一份居住陋屋、毫无财产、全靠双手劳动谋生的人的名册;上面注明他们的职业、年龄、同居的儿童人数及

其年龄，以及对他们征收达依税的依据。这一切交到书记室之后，便按各教区归类集中，并在所有的契约上注明每一农场经营者应缴达依税的数目；这一切都签注在那份各稽征区书记室保存有副本的年册上的每个税额的旁边。之后，稽征区的官员们从裁判长到检查官、就来分理各该稽征区内各教区的税务，根据各稽征区内教区的数目，每人掌管二十或三十个教区不等；官阶最低者负责划分教区，其余的官员依照其官阶等级自行选择。在每人所掌管的稽征分区中，该官员的或其关系最近的亲戚所在的教区必须不包括在内，否则就有必要同其他分区的其他教区进行对调。每个官员这样选定了他负责的分区之后，首先对区内没有享受特权的地产占有者所经营的一切进行估产，不论是佃耕者或是地主都一视同仁。在地产上按比例估出收入数额之后，究竟一利弗尔抽税一个半苏、两个苏或者更多一些，还没定下来。于是同一稽征区的全体负责官员们开会讨论，对各分区税率进行平衡。假使彼此不平衡，就要进行第二次的估产，看每分区为了减轻别区的捐税负担，必须分担多少，以使税率平等，他们对此也要作出决定并注明在每份簿册上面，然后根据这一决定，按照整个稽征区的税率对每一个土地占有者纳税人进行分配负担，并在同一簿册上注明各人的税额。这同样的方法，可以用于对工业人口的达依税的征收上，但这只限于对城市和大镇的达依税的征收对象，因为在一般乡村里面，没有重要的大商人，故不会向简单的工业征收大量的达依税。但在一些大地区，情况不是这样，因而就须另作处理。首先前面说过，在一些征收达依税的地区，曾经获准按照纳税者认为可行的税率缴纳捐税，这对他们和对国王陛下均有好处，所以但凡请求者均

予批准，可使国王陛下大大得益，虽然这种特许属于国民的权利，因为允许债务者以他认为方便的方式还清债似乎是再正确公平不过的事，可是为了这一特许，他们仍然要付出一大笔钱。但是在这些手续办妥之前，由于在征收达依税的大地区中除了它们城圈以内的居民外，没有乡村和耕种的情况很少见，所以对于那些农民和土地所有者，就可以按照在一般乡村所使用的方法来处理；至于那些靠技术或劳力谋生的手艺工人们，可以按照职业等级来分级，而他们的等级大家都相当清楚，或者甚至也可以按照新规定的手工业方面赋税分担的级别来划分，然后在每一纳税册上，通过在同职业的人们中平均分派的办法，注明每人应缴纳达依税的份额。而这种办法只有在城市和大镇才可以同样施行。对于乡间的短工，也可以规定一个不低于一个埃居、不高于六个利弗尔的简单的总数，依照他们的职业性质和年龄按比例配征，对不论在乡间或城市与大镇超过七十岁者，不管他有无职业，还除去负担的十分之一，这样就可以让他们有完全的自由到他们认为待遇最好的农地上去操作而不致引起混乱。每个稽征员对其稽征区的征税事务作了这样安排之后，就可以将情况上报给达依税分配委员，分配委员只需对各稽征员所制定的、各教区的征税率进行核实，按照同一的配征方式，按比例地对稽征区或者说对税区可能存在的高低不等现象加以增减便行了。这样决定下来的名册，就将送到各个教区去，因为税率既然已经确定，就可以省掉好些时间和劳力。旧的征收员奉命向司库或教区理事办公室交上一份从当年起按照年期届满次序逐年排列的征收员名单，这些征收员将留任一个月；在这一个时期内，一切缴纳达依税的人们，可以去查阅他们配征的总数，如有和事实不符之处，例如对他们**职业**的按比例配征上比教区其他人多，他们只要在他们负担的**税额**旁边亲笔或者由别人代笔写上**抗议**二字并加签名就可以表示抗议，要求稽征员或者那些按照假呈报纳税的人作出答复，当年虽不阻止他们照付，但在以后可以通过加重他们的负担来补偿他们少缴的数目。在这同一个月内，一切今后不愿意担任征收员也不愿意充当迟缴税款保证人的人，同样可以在他们所负担的课税的旁边作出声明，并注明他们愿意在这一个月内将他们年度应缴的税金交到达依税收税官处；这样收税官就必须有一份更大的簿册，在那上面可以给每一个教区多留下一些空白，使每个个人的姓名都能够写上去。一月期满，那些在本月内未能依照自己的诺言缴纳年度税金的人们中的第一人，便不得不在和他一样没有履行诺言的人们的担保下进行征收任务；由于他在所花费用和预付税款上不能要求什么报酬，因此在每一利弗尔上将得到两个苏。但是这种情况肯定不会发生，因为农民和一般的人们，只要稍为有点办法的，都会在这一个月内交清，以免于对征收税款作担保和免缴每一利弗尔两个苏的手续费[①]。至于一般短工，虽然必须命令他们在支付一切债务、负担甚至房租之前，先要缴清每年度的达依税，但是没有人不会设法借一小笔钱来纳税，因为消费已经恢复，他们之中就没有人不会充分地就业；而过去使他们生活无告的是找不到工作，倒不是那每年三十个苏左右的达依税，因为这平均每天负担还不到一个德尼，这就是说，等

① 这每一利弗尔的两个苏是达依税征收员的手续费，自然不能加在那些提前缴清税款的人们身上。——德尔

于没有负担什么。总之,如前已指出,达依税的最大的混乱,从来根本不在于它的税额,而在于它的悲惨的后果,亦即不稳定的税率及其征收的方式。因此,毫无疑问上述规定的好处,将大大超过人们所能提出的种种异议;同时,由于达依税已作了公平分配,故只有乞丐纳不起税。自然,由于事情比想象要复杂得多,我们并不怀疑在本文的呈报范例规定范围之外的特殊情况下,可能出现某种偶然事件,但是当遇到这种情况时,稽征员或者分配委员都可以容易地按同样方式予以补救。一切有关捐税的评断工作由稽征员负责,达依税的逐个收税由达依税收税官负责。由于纸张、笔墨、缮写等费用是由管理新机构的书记官供应的,所以他们将从通常征收达依税而拨出的办公费中每一利弗尔平分六个德尼,这是很合理的。

我们相信,按照这种方法进行,消费将有起色。国王和个人也将从中得益匪浅;而在向那些最高贵、最明理的人们咨询之后,大家将会同意这样的处理可以令人得到幸福和安宁,如果像今天这样反其道而行之,则会引起贫困和混乱,此外还会产生杀人害命,这种刻骨的仇恨将会持续到第三代。对消费的限制这个使法国收入减少的第一个原因,在一个两三页的呈报单中已经得到解决,丝毫不会打破事物的现状;现在需要转到收入减少的第二个原因上来,这就是我们将在下一章指出的,不可能进行消费的这种现象也很容易制止,而不会引起更多的波动。但须具备这样的前提,便是,为了履行余下的酒税、过境税和出口税的全部契约,在一切征收上述各税的地区,按契约价格很公平地包定下来之后,将用达依税的收税官来代替为一般的和个别的包税人安置的稽查员,这种办法是那些包税人只要有可能在任何时候都会来用的，他们从这上面可以省去办公费、稽查员和侦查的费用，而一般人民就可以从一种可怕的苛税盘剥中解脱出来①。

第 四 章

上述一切混乱造成税款总数比法兰西所能支付的数目低得多。取消酒税、各省间的关税以及大城市的收入税后出现赤字的弥补办法。对这一问题的计算和考虑。关于烟囱税

一般说来，国王从法国所征收的捐税大大低于法国所能提供的数目，因为基于上述原因，其力量减少了一半以上。事实上，还有什么比目睹往日很值钱的葡萄园地全部荒废更令人惊愕的吗？我们要加以制止的正是这种混乱；而为了达到目的，就须估量在发生这些原因的情况下能给国王多少收入，同时看看是否不可能使这各种收入顿然改观。酒税、大城市出入税、过境税，包括一部分的领地税，所有这些现在每年只不过三千一百万利弗尔，其中必须除去大约六七百万的领地税，这是不能动的；于是剩下两千四百万，再除去博尔多大法官管辖区的出入境税，大约五百万，于是就剩下一千九百万。对于王国的进口税，没有任何变动，只不过作出

① 下诺曼底享有制造白盐的权利，足以抵挡向盐税包税人的缴纳的人们称为四分之一羹汤的捐税，即包税人所设置的监制人称为检查员。他们对盐场进行检查，就像今天检查小酒店、啤酒厂、蒸馏水厂以及甜菜制糖厂那样。这上面开销很大，检查手段令人作呕，布阿吉尔贝尔所暗示的就是这一切。——德尔

某些规定以减轻商人的麻烦，这就要除去二百多万：于是剩下一千七百万，这就造成了上述一切混乱，因此必须对这种收入采取另一种方式征收。而对于这种混乱局面必须加以扭转。可以肯定，把达依税恢复到一千二百万利弗尔，这只不过是恢复到四十年以前的情况，而当时所有的地价是今天的两倍，而工业的收入，由于必然的结果，境况亦同。由此可得出肯定的结论是，捐税的如此改变，一定会受到人民无穷的感谢，因为恢复他们土地的价值，就给他们带来了生命。但直到这时，我们都可以说，为了这样大的一份好处，并不需要在国内引起什么波动；对于有人对我们预期的成效总不放心，抱反对的态度，我们可以说国王的日常收入不会冒什么风险；而这种改变并不需要等到战争结束后进行，因为这和王国内部发生的事故毫无共同之处。因此，就只剩下替一千七百万中余下的五百万寻找来源的问题了，而要采取另一种方式征收的正是这笔税额，因为导致消费成为不可能，就是说导致每年减少了两亿五千万的原因，不是由于这份税额，而是由于它的征收方法，这对于国家是个纯损失。所以，为了给这五百万税额寻找来源，还有一切免征达依税的城市如巴黎、鲁昂等可以想办法；前已指出，对这些城市要征收巨额的酒税，从而导致多数人的完全破产，而将来可以免除这种税。余下来还有征收酒税地区的教士、贵族和乡间享受特权的人们，他们根本不纳达依税，大部分达依税都转嫁给别人，对于取消酒税和关税也不分担什么费用。但在法律上，他们却同样是征税的对象，他们将会愿意接受支出极少的代价，公平地换取一份如此巨大的利益。然而，他们中任何人都还不可能抛弃个人对纳税的犹豫，而这却是造成上述混乱的主要原因，同时又是极不得人心的。因此，在假定两个必然的结论的前提下，更公平正确的做法是对城市和乡村的房屋征税：第一，是人就要吃喝；第二，人愈富，他的仆从就愈多；仆从愈多，其住房就愈大，而房屋愈大，它就会有更多的烟囱。按照这样对烟囱征税，是一切国家曾经举办的捐税中人民所选择的最方便的一种，同时也是最公平的，遇到征税渎职时很难不被人们立即发觉的一种捐税。如像在巴黎，为了清除垃圾、救济贫民和设置夜间照明等，曾经对房屋征税，虽然税额高达八十万利弗尔，却没有造成丝毫的混乱，也没有发生什么讼案。由于这种捐税使税款从纳税者之手直接交到收税者手中，所以任何人都不可能在这样亿万的捐税中发财致富。而这种私人中饱却是征收捐税中可能遇到的最大障碍。我们主张对巴黎及其近郊，每一烟囱征税一个比斯脱，对免征达依税的城市，每一烟囱征收半个比斯脱；对所有乡间的、领有地产的贵族和特权者的每一烟囱同样也征收半个比斯脱，对除了征收达依税还征收入境税的城市，每一烟囱征收四十个苏，对同样缴纳入境税的城镇，每一烟囱征收二十个苏；同样，纳税者除了免除了一切苛扰之外，只要支付从前负担的一半；而国王的收入则增加得多得多。因为我们相信，通过这五百万的税收，收入会到达一千二百万以上。每一个稽征员在他所辖区域内，也像我们关于达依税征收办法时所说的那样行事；他将该区所有的房屋和烟囱造成一份表册；捐税在房屋出租之前优先征收，纳税人在第一个月内将税款送到达依税收税官办事处者，可以免交每一利弗尔两个苏的手续费，否则就应照章缴纳，这种手续费是给负责征收者的津贴，由纳税人认缴，或者由稽征员代为认缴。但是完全可以肯定，每个人都乐意承担这个义务。

这样一来，国王陛下和人民的收入得到增加、人民财产安稳和人心安定。此外国王陛下还能在一个月内提前收齐过去都要十五个月才能征收到的税金。还应补充指出，达依税的收税官和稽征员也会得到同样的偿金，从一利弗尔得到六个德尼中双方各半，这是不会引起任何恶果的。

第 五 章

公民的各个阶级都休戚相关。与拟议的革新有关的四类人：农民、手艺工人、中产阶级和贵族。这种革新有利于全体人民和国家的证据

为了弄明白，如上所述，将酒税的一部分加到达依税上去，其余部分放在房屋和烟囱税上去，征收起来并不困难，不能够只是考察事物的一般的情况，这样必然引起混乱；还必须深入到具体的个别情况，这样势必要考察缴纳这种捐税的个人，个人一经确定，就可证明其余。国王的一切收入，总数不论多少，只不过是由形形色色的个人所缴纳的许多数额的总和，所有这些形形色色的个人只有一个同一的利益，即每人都尽可能宣扬突出其职业。所以在某个人身上所证实的东西，就将成为所有其他人的确定不移的信念。有四种人跟我们所提出的情况有关，就是农民、手艺工人或者那些靠他们的工业生活的人们、免税城市中的中产阶级以及征收酒税地区的乡间贵族及享受特权的人。毫无疑问，所有这四种人都将在这革新中得到好处，而那些反对这篇论文所提出的做法的人，肯

定不能代表这四种人的利益。先从农民来说，因为他们人数最多，先假定所有的租地彼此收入都是一千利弗尔，在这种情况下多一些或者少一些并没有什么不同，因为一切都要依照财产的价值按比例计算。从来这些土地全都是为了收获谷物而耕种，为了制造饮料而种植葡萄或者培育幼苗，为了出售家畜而饲养牲口。然而，无可怀疑，而且本文的第一部分已作充分说明的，便是，这一切在价格和数量上只是三十年前的一半；以至于今天一块出租一千利弗尔的田地，常常还收不齐地租，而佃耕者还会被迫破产，而从前租金却为二千利弗尔。然而，在本文的第二部分已经指出，如此巨大灾难的原因，我们可以使这个佃耕者和他的地主同时加以消除。他们要付出多大代价呢？至多是三四十法郎。因为按达依税的一利弗尔两个苏的比例，在达依税上加上大约三分之一用来缴纳或者整个预付酒税、出口税、过境税，也不过达到这个价格；而为了一份如此小的预付税款，佃耕者就可以加倍的价格出售他的商品；并且为了向地主缴纳一千利弗尔的地租，农民就必须有两千利弗尔以上的准备，用来维持他自己和他家庭的生活以及经营耕植的费用，于是在这同一块的租地上就将增加二千利弗尔以上的收入，其中也会有国王的一份，因为其臣民财富的增长就是他收入增加的来源，从国王查理七世直至1660年就是这样。那些反对本文所建议的做法的人们，他们要照顾的，肯定不是地主和农民的利益，而是其他的利益，这我们已经指出，用不着再作更多的说明。关于短工，这是最穷苦的人，所以考虑其他人的情况必须以他们为准。众所周知，他们的利益和地主与农民的利益相一致，因为这些人给他们工作做，或者不如说让他们得以挣钱维持生活，因为他们几乎全

部都要负担一百个苏或者六个利弗尔的达依税；而他们的破产则是由于我们在上面所指出的那些原因使他们找不到工作；此外，因为小酒店的凋敝，他们只能以极贵的价格购买饮料，甚至时常还买不到；而且，这种人又是一无储备的。然而，他们通过每年缴纳四五十个苏，也就是说平均每天一个德尼多一点，而这一切，那些习惯于招雇他们的人可以很容易地替他们垫付，于是这种混乱也将同样停止下来。至于大城市的中产阶级，我们不能说要课以达依税：相反，他们至少将比缴纳那再可怕不过的酒税的总数少一半，且不说城市居民根据乡村土地的价值而得到的利益了，因为他们在农村几乎都有土地，因此他不应拒绝对恢复土地的生产作出贡献。然而我们认为除掉这个理由以外，他们还将在这上面赚得一倍。因为，我们看一看巴黎的一个有一座价值七到八百利弗尔房屋的商人，他大约只住四间，有着四个烟囱。可是他的家属一般总是由八九口组成，包括孩子或店员在内；以每人负担五个苏、每年平均消费半“矛”酒[①]来计算，每天所消费的还不到两个半个色梯[②]的酒，但他却要支付八十法郎的酒税[③]，并且，要是他将他在农村的不管什么产品运到城市来的话，还要遇到百般刁难，冒着各种危

① 巴黎每“矛”的酒，包含二百八十八品脱，等于二百六十八点二一四四公升。——德尔

② 巴黎每品脱包含两个色梯或者肖宾勒，每一肖宾勒分为四个布瓦松，一个布瓦松分为两个路季尔，等于零点九三一三公升。——德尔

③ 从这个数字上可以看出，在1697年前后，为了运进巴黎二百六十八公斤或者一“矛”的酒，就要缴纳二十利弗尔或者三十法郎左右的税。

在1842年，一百公升的酒，桶装者缴税十九法郎五十生丁；瓶装者缴付二十六法郎，十一税不在内。——德尔

险，以及蒙受奔走办事处和城门口的时间上的损失。但是就像世界上一切国家已经执行并仍在执行的那样，由于以烟囱税来减轻赋税，这个商人就只要很轻松地负担四十法郎，而且还可以提前缴付给国王。剩下来就是征收酒税地区的乡间绅士和享受特权的人们，我们也同样可以比照达依税来推论，因为他们全是土地所有者，所以消费的凋敝对于他们同样有害；但是除了这一般性的理由之外，考虑到从他们口袋里拿出来的钱数，他们在这上面也赚了一倍，因为他们中没有人不要购买或者出售饮料，因此不管是买者还是卖者，都不可能每年不要负担四五十法郎的税，但是，通过烟囱税来减轻赋税，把税收置于与酒税的钱额相同的消费的基础上进行，则税款只有二十五至三十法郎。因此，不管从哪一方面都很容易看出，那些反对我们这些建议的人，绝不能代表与此有关的人即纳税人说话；也不能说必须等待和平实现才能采取这种革新。因为想使能够造成人民的普遍幸福和增加国王的财富的事情落空的企图，必定会失败，而这事情对于别的某些人来说，远远不会产生同样的效果，这些人的人数还不到由于改革而致富的人数的千分之一；所以，用不着因考虑这些人的意见，而放弃这如此巨大的收入，这还不算国王的利益，它不管在哪种情况下都会翻一番的。因为在一个由于达依税的不确定以及酒税和关税的混乱而倾家荡产的佃耕者看来，只要能够用很低的价格从包工合同中赎买出来，从而消除使他破产的原因，那么，和平或者战争都是无所谓的。当某些旅店主人要求酒税的包税人包定或者议定每年的确数，以免受稽查员每天到他们的酒窖骚扰之苦时，包税人们为了同意旅店主人的请求，也绝对不会考虑当前是和平呢或是战争，甚至如果他们

这样去考虑反而会被人耻笑,在这方面可以肯定的,在另一方面也可以加以肯定。人们还可能提出一种反对意见,便是在计算那成为破产的原因的收入减少的数额时可能发生错误,甚至由此而产生的指责或许比我们所指出的还要强烈。但是我们可以这样回答:因为造成公众贫穷的原因,并不在于缴纳给国王的钱数的多少,而完全在于这些钱的征收方法,因此即使计算上会有五六百万的错误,国王从第一年开始便会有所得益;而既然人们认为其中丝毫没有错误,那就会多出六七百万[①]。同样根据这一点,以单独一个农场或者单独一个人为例,就可以容易地对这种税收办法加以支持,因为对于一个农场来说,从前一份租金收入二千利弗尔,现在却只能勉强收入一半的地产的地主,为了使他恢复往日的富裕,那么原来要缴一百四十利弗尔的,现在至多也不过付出一百四十五或者一百五十利弗尔而已;其他一切人,甚至某些并不经营土地的人也是如此。对国王陛下来说,将会从中取得巨大无比的利益,因为他的收入的最大部分完完全全是和他的臣民们的收入关联着的,这一些人收入提高了,那一些人必然收入也同样增加;于是国王将有两亿的进款,因为以前以一千利弗尔租出的土地,今后将租二千。它们之所以能有如此的增加,是由于人们不遗余力地来进行耕种,使土地生产出它们所能产生的一切;因为土地生长的产品,如今又可以并且又有可能加以消费了,从而没有任何东西无用,相反都将造福于国王和公众;这在以前是远远做不到的,就是这,而不是捐税,是使人民破产的唯一原因;因为地上的君王们没

① 参阅上章末段。——德尔

有一个不是用合理的方法从他的各级臣民那里征收最多的收入的。

第　六　章

从这篇论文中所得出的第一个结论:统治者的贤明或无能对于国家财富的影响,不亚于土地的肥沃程度和自然气候的条件。破坏经济秩序规律一定要受到惩罚。人为的财政紊乱所带来的灾难性的后果。普罗旺斯、诺曼底以及全国其余各地,是这一紊乱的受害者

我们可以说,从这篇论文所应总结出来的全部要旨就在于:无论一个国家气候条件或土地质量的好坏是多么重要,可是,西班牙和荷兰的事例明显表明,统治者的明智或失策对此所起的作用至少也同大自然一样大。因为,既然一切全仗肥沃地区食品的增长,而其生产又受着无数情况的影响,那么在这些情况之间保持协调就是绝对必要的;因此,要是一环脱节,那么由于它们间相互的联系,全部组织就会遭到破坏。人们在德意志所看到的银矿的情况正是这样。在发现印度之前,这些银矿曾供给全世界的需要,可是银子一旦变得比较普通而不罕见时,这些银矿自己就奄奄一息了,因为负担不起从欧洲地底深处采掘银子的费用。但是,在德意志所发生的这种不可避免的事情,在法国,在供应外国的,甚至国内消费的许多商品上,像在这篇论文中所一再揭露的那样,却由于失策也发生了。土地和工业方面每年收入减少五六亿,只不过是这样一种行为的后果而已。所以,如果我们看到一块以前精耕细作

的土地，而现在却全部荒废，这就是因为土地的产品还不足以支付某种新的赋税，只得放弃耕种；于是就破坏了一切靠它维生的人们的生活，因为全国没有一个行业不是靠土地的产品来维持生存的。因此，当某种对国王来说往往收入极微的新税开征时，要是世上一切行业都了解它们的利益所在，便会共同分摊这个新税，那么他们就能从中赢得百倍的好处，这对于国王也是如此。但是在留意商业经济比例失调的后果时，人们指出普罗旺斯有些产品几乎没有人肯费力从地上收拾起来，虽然这些产品在巴黎、诺曼底和其他较远的地区以极高的价格出售，但人们只是在万不得已的情况下，才去贩些过来。理由很明显：在这二百里的路程中，必须经过无数设卡的城市和地区，在那里，运货车辆必须按照关税和酒税条款在前文说过的检查站停下来，这就占了很多的时间，于是造成这样一种情况，如果没有这些耽搁，只要一个月多点或五个星期的旅程，如今却需要三个半月。由于运输时间长，运输费用负担不起，就使人们放弃了这种输入贸易，因此回头的生意也就没有了。诺曼底的货物也有类似的情况，如布匹，这在普罗旺斯极为罕见因而极为昂贵，但也就是因为同样的原因而无法进行运输。可是，人们几乎还不敢正视这种情况的后果，因为贸易的停止不仅对于货物相互出入的两地有关，而且由于消费和运输的密不可分，对于车辆所经过的一切地区都有利害关系，并且如上所述，接着又会影响到一切行业，结果整个社会由于这么一个原因而遭受不可估量的损害，（即使一切其他的经常收入没有影响）而国王却只不过从中得到极少的收入；这一点收入要是通过另一种途径分摊到有关的人们身上，每人负担还不到一个苏，可是当前的办法却常常导致他们的彻底破产。因此，尽管土地和气候，辅以人民的技巧，都适合于大自然生产最需要和最迫切的东西，也是枉然，因为受到间接的利益的蒙蔽，加上人们天真地相信着错误的建议，于是使比例失调的法令在一小时内所破坏的财富，比上述一切因素在若干年内所创造的财富还要多。结果，虽然这些人和这些土地是相互为用和互相吸引的，但由于这种比例失调，导致土地无人耕种而完全荒芜，人们由于土地无收而死于饥饿，如果让他们得以耕种的话，土地是会生长东西的。事实上，人们付出劳动，从土地取得小麦来养活自己，而土地则在人们劳动耕种之下，提供小麦；同样，全国的一切行业也是相互关联，彼此不可或缺的。可以说，歉年和丰年的关系也是如此，它们要在不间断的贸易中，彼此以有余补不足来相互满足需要。但是当贸易中断后，各种货物的比价全被破坏，结果三十年来总是这样，要么小麦和其他各种生活必需品的价格奇昂，而这在若干年前却根本不值钱，要么银价极高，以至于要用比平日更多的货物方才能换来那么多钱，这样就使国家始终病患缠绵，正如人们所说的那样，从那时起，国家丧失了一半的力量，对此也不足为奇了。同时，无论在这些歉收年成与丰收年成之间，或者在这些荒芜的土地与无所事事的和类似的人们之间，其所以缺乏相互协调，只是因为双方的交流运动没有能够及时地进行，相反却遇到无数居间的阻碍；只要一个方面发生混乱，根据上述理由，就必然会阻碍商品的运输，就像从普罗旺斯到诺曼底的贩运受到阻碍那样。结果如上所述，土地产品就不能以足够雇用工人进行耕种的价格出售，地主就不再雇用必需的工人来耕种其土地，于是既然在丰收的年成土地都种得较少，那就更谈不上救济歉收的年成了。除了这种比

例失调以外，还有一个重要性不亚于此因素，便是赋税负担的公平分配问题；由于法国的做法几乎一直与此相违背，赋税对国家的破坏就不是由于税额，而是由于分配的不公平，这一点在论述达依税那一节业已指明了。要不是由于设置大量的新官职，我们对此将不多加讨论了。在国王或人民——不管按某种相反的格言所形成的惯例迄今为止有着多么充分的根据，国王和人民只不过是两位一体的事物——赋予极大的利益而设置起官职之后（其中有的第一年的收入便足以弥补捐官所花的代价），每逢设置一种新官职时，毫无道理地总要写上一条一般性条款，规定凡行政监督官、财产管理官、征税官、兵营管理官以及有其他公职的都免纳捐税，甚至往往还免除达依税，而把一切都转嫁于其他人，好像是对付一个敌国那样。由于捐官职的都是一些最有钱的人，于是一切重担就都落在贫苦人民的身上。这样，由于人们之间都应当承担公共捐税的比例遭到破坏，于是就会产生这样一种结果，好像十万斤重量的装载，本来需要四十匹马从巴黎运到里昂去，现在却完全压在三匹马的身上：如果在第一天路程中这三匹马累死了，就继续换上另外三匹，像这样可以肯定，全部马匹都将在中途死亡；可是，从四十匹马的总数来看，人们并不能责怪负荷过重，而只怪这些牲口分担负荷的比例不当而已。

第　七　章

从这篇论文中引证出来的第二个结论：某些财政家的原则就是：为了君王的利益，把法国当成敌国，即使覆亡也在所不惜。为证明这一

学说的荒谬而提出的假定。用经常的或临时的手段聚敛银钱的狂妄行径

从这篇论文中必须得出的另一条普遍的箴言是:致使法国收入减少的第一的和主要的原因,在于人们用以给国王寻觅银钱的经常的和临时的手段。为了君王的利益,人们将法兰西当做敌国来看待,或者认为从此永别而不见面了,于是发生为了卖出二十个或三十个比斯脱的铅皮或木材而拆毁一所价值一万埃居的房屋之事,也就不足为奇了。因为这种所失百倍于所得的破坏行为只是与一个同人们毫无关系的国家有关,所以,这种本来应视为十分荒唐的行为,如今却成了一种巧妙的手段。但是在一个平静无事、完全忠心耿耿为君王服务的王国,要使类似情况不再出现还远远不能办到。由于人民只能以他们的地产上所生长的东西,同时是按照生产的比例来援助君主,所以君主对他的各级臣民只能这样看待,即一切土地都归他自己所有,如土耳其那样,而他的臣民就只不过是其普通的佃耕者,而不应有别的看法。可是,除了方才说过的理由,即人们只能用当地所生长的东西来缴纳外,在若干省份的许多地方,国王所抽取的赋税始终比地主收的租要多得多;而为了说明人们是如何地违背了一条对于他们如此有利的箴言,只需考察一下事情如何发生就行了,假使土地确实在事实上属于国王,那他就会像跟对待地主一样地来对待佃耕者了。我们先谈经常税如达依税、酒税和关税,然后再谈那些临时税。

假定整个鲁昂税区,像以前有很大一部分归过去的那些公爵来修建大修道院那样属于国王自己,并按契约租赁给一些人来耕

种，国王对于他们也不要求固定的地租，而只是对他们说："如果你们需要一'矛'的酒，你们必须到七八个分别设置的、只在一定的日子和一定的钟点开门的办事处去缴纳十七次税款；要是你们在这些办事处少缴一点点，纵然是由于你们到达时办事处关了门，而你们多耽搁就要多花许多费用，你们的商品、货车、马匹还是都要全部被办事处主任没收，即使你们不同意，他的证词就将证明你们犯了法。在贩运你们的货物通过某些地区时，同样必须在你们将通过的一切抽税区作出呈报，为了请求受理货物，你们必须待在那里，而办事员高兴叫你们等多久，你们就得等多久，哪怕你们不得不用四倍以上的时间来走这一趟。再者，如果你们愿意将商品出售给外国人，他们别无奢望，只要求以合理价格来购买，那么我得在那上面加上一份极高的捐税迫使外国人到别的地方去购买。这样，虽然这对于我没有丝毫进益，可你们的货物和你们为了盈利而投下的一切费用，就将成为纯损失，你们甚至会经常看到你们的商品，尤其是你们的饮料，腐烂变质而连一个德尼也得不到，虽然在离你们家至多不过一天距离的地方，那里的饮料价格却是贵得惊人；但是，如果你们敢于将货物运到那里去，你们会白白辛苦一番，而且还会失掉你们的商品，因为在那经过的路上，我已经将某些税收包给别人，为了缴税有许多极其难办的手续，而且在这种场合，有关系的人们既是审判员又是讼案一方；你们在那里只要略有疏忽便一切完蛋；虽然通过对你们和你们商品的损害我所得还不到十分之一，可是人们却要使我同意，事情如此进行，乃是从我的利益出发的。还有，你们每年还须向我缴纳一定数额或者数量的银钱，这笔钱并不是按照你们向我租用的土地按比例定出的，以至于虽然你们只不过使用五个阿尔班的地,可是经常要缴纳比同一教区的另一个经营三十个阿尔班土地的人还要多一倍的钱。但是你们还须买得那些普遍地和个别地进行分派税额的人们的保护,这些人在这种场合,是完全不顾任何公平正义的。不但如此,你们还必须按照规定恪守付款限期,因为既然我已将收税任务包了出去,包税人曾在收取税款上支付了费用,因而和他们的利益有关,要是不能按期缴款,他们就会使你们破产;这些费用虽然是一种不幸的负担,然而和那每年加租比较起来还算是少的,而这种增加又是和缴款是否容易分不开。你们还得将自己掩蔽起来,如果你们有钱的话,为了免受加租的损害,不要将银钱投到交易上,而要把它收藏起来或者埋在地下;甚至你们的地里还不要出现家畜,尽管这样可以增加肥料。至于消费方面,也必须这样,就是说,在开支上,不论你们自己还是你们家庭的吃或穿,也要装出十分穷苦的样子。总之,由于租金的分派很不合理而缴纳情况差,于是根据必要和派定,每隔四五年,你们就必须担任征收的职务,从而,如果你们不是完全破产(类似情况不计其数),也会被搞得狼狈不堪;因为不管是你还是你的同僚,即使放弃租种的田地和你们所有的一切财产也偿还不清,而且往往因为付不出过高的租金使你们瘐死狱中,与此同时你们还有些邻人连他们应缴的二十分之一的税金都没有缴纳出来。”

在当前的形势下,不管无数在社会上相当知名的人士有着多大的责任,然而为了给当前的情况作辩护,在下面所指出的二者之中,他们必须取其一:或者否认我们上面所说的,认为这不是当前的情况,或者他们就得明白承认那是经营君王自己产业的最好的

方法，而且如此行事完全为了君王的利益着想。但是，严肃地说，这两种说法中的任何一种都是不可能成立的，除非是企图颠倒一般的字义或者是欺骗公众的信仰，所以我们仍将对当前的情况继续稍加描绘，同时我们还要补充指出，如果一位君王竟是这样地利用他的各级人民，那么必然会得到很坏的效劳，同时他的臣民可以不无道理地对他说："陛下，虽然你所要求的不过是向你缴税、并收入尽可能多的钱，但是你所使用的方法则似乎正是为了在毁灭我们的同时也毁灭你自己而发明出来的；因为我们的和你的一切财富只能够从出售你土地上生长的收成得来，而你所提出的办法却将一切都毁了。但是陛下愿意怎么计算他的收入就怎么计算好了，只要我们有随意出售或消费的自由，我们就可以使陛下的收入翻上一番；而这我们将很容易做到，因为这样一来我们可以多卖两倍的东西。"不管这种叙述是多么可笑，然而确实无疑，这正是当前的情况；同时，虽然目前的做法对国王和对人民都极端有害，但是日复一日，人们却宁愿采取这种做法，其理由人们早已熟知。而且可怕的是，没有任何一件哪怕是最小的货物不遭受着同样的命运，即这些货物的消费完全遭到破坏；我们这里还远远没有描述得淋漓尽致，追根究源。为了彻底地指出混乱的实质，我们要使第一个受蒙骗的国王和首相先生们了解，根据一个不可能的假定，人们采取这样的一种行动来增加国王陛下的收入，即为使君王增加财富就必须使人民遭难，使他们的损失二十倍于君王金库的得益，这就是当前的实际情况，这通过以上所述已经看得很清楚了。为国王征课收入的方式在民间所造成的收入减少，对任何人都没有好处（否则我们就不会对此如此强烈的反对了，因为要是君王或者那些为君王办理征税的人们脑子里完全意识到他们所造成的收入减少,那么国家就不会有什么损失;只要财富存在着,不管是为何人占有和如何占有,这对于国家,同样对于国王来说,是无所谓的,因为在这种情况下,在紧急的时期,如像今天的情况,就时常能够从中得到支援的)。所以,通过把他的臣民的财产恢复一倍达到过去的水平,使国王增加一亿的收入,就不是什么创造奇迹的问题了;现在需要的只是让自然发挥作用,而停止由于某些间接的利益而不断地破坏自然的规律的做法,因为这些间接利益以无休止的混乱为掩护,掩盖了苦难的原因,并且还由于有高级人物的保护而堵塞了一切医治的途径。因此,虽然祸害一直存在,甚至还允许对此表示谴责,但是要想追究祸根,谈论祸源,却又犯了十恶不赦之罪,就像在土耳其对国家的宗教不容置疑一样。以上就是关于经常性收入的叙述。关于临时收入方面,可以说人们还保留着一种与认为整个法兰西都是属于国王这一原则相反的行为。因为,为了国王极小的一笔收入,人们竟允许一种新官职[①]的买主来向人民征取;这里,人民是国王的私有产业,他能从人民身上得到一分或一分二厘五的利息。然而,这人民既然是国王的资本,那么肯定无疑

① 1664年科尔贝曾统计了全部审判官和财务官的人数为四万五千七百八十人;福博纳认为,其中有四万人是多余的。

这四万五千七百八十个官员领到八百三十四万六千八百四十七个利弗尔的保证金;而他们全部官职的资本,按当时的时价是四亿一千七百六十三万零八百四十二个利弗尔,虽然按照非固定收入登记官署估计,总额不过是一亿八千七百二十七万六千九百七十八个利弗尔——包括王室的、军队的官员在内,这一法定的、人为的、无形的、随便怎么称呼的资本,接近于八亿利弗尔,而银子则每马尔克(半磅重)只有二十七利弗尔。——德尔

的，这种对待资本的方式，就像一个接受遗产的地主，对他的佃耕者指定了一分利的租金，然后就认为他对此没有任何责任了那样犯了同样的错误。如果将资本按照四分半的利息借出去，他收入还会更多，这是一定的。再者，不减少旧官职而设置新官职，那么本来就全由一切具有官职的人所组成的国家本体，它的负担又极度地加重了。以至于为了国王从新设置的官职上受益一万个埃居，就会产生三个后果：即：向人民征收捐税；由于一切新官职所赋有的特权，就将所负担的捐税转嫁到其余人身上，以及最后由此而使旧官职受到损害，因此，我们要说为了使国王像这样受益一万个埃居，王国上下就要减少十万埃居的收入。例如，达依税的征收，是由于我们所介绍的原因而造成的，它是一种沉重的负担，可是，一份新的官职在由富有者用较低的价格捐得以后，根据他的特权，就会将纳税的义务转嫁到某个贫民身上，使贫民完全沦于破产。然而，贫穷就像金刚钻那样坚不可摧。到了一定程度，任何新的增加负担对于负担者和对于国家都会起两三倍的作用。事实上，一个农民为了耕种以一千利弗尔租来的土地，他只有一百个埃居用以购买家畜，要是这一百埃居被夺去了，他就不可能不受损害，而他的地主、地主的债权人、债权人的债权人以至于无穷，都会同样地遭受损失，因为一块土地的一切生产都依靠施肥，一旦停止施肥，就不能收回生产的费用：因此，为了一次征税而夺走这个贫苦农民一百个埃居，对于整个国家就会造成五六千利弗尔的损失；而且，这不仅是一年如此，还会连续贻害若干年，因为即使这些混乱停止了，一块荒废了的土地还需要很长时间才能恢复，而且远远承担不起在混乱中天天发生的增税。要是这一百个埃居由一个富人来缴付，那么国内任何一点骚动也不会发生。可是，从新官职的设置上来看，今天的情况却是一定要使得捐税的分配充满着不平等，以至于我们可以得出结论：在国王通过经常的和临时的办法所收到的所有的银钱中，作为国王自己的财产的人民或者国家，按照国王从资本上所能得到的收入，提供了同样多的、通常更多一些的岁入，这一点是肯定无疑的；这种收入不管是不足还是超过，对任何人都没有好处，而只是像我们已经指出的那样，造成了整个的毁灭。

第　八　章

这篇论文的总结。为获得战争所要求的一切资金而提出的方案和确切方法。将方案付诸实施的法令可以在二十四小时内使人人富有并复兴公私信用。为什么在法国人们随时都听到反对捐税的呼声。不断地创设新官职给国王和人民造成的损害。用以低息借款的必要措施。公共财富的增长自然会使一切种类的捐税收入增加。理财的科学不过是对于农业和商业利益的深入认识；大臣们缺乏这种认识，而只知道牺牲君王和人民来满足税务官吏。我们提出的方案是无懈可击的，为了战争而决定延期实行是一种毫无意义的理由

最后，我们可以从这篇论文中总结出最重要的一条，便是在当前而且立即可以给国王提供为结束一场战争①所必需的全部银

① 指的是1697年底由于缔结里斯威克和约而结束的那次战争。——德尔

钱，他之所以从事这场战争仅仅是由于受到渴望光荣的吸引，而敌人则由于他们从王国所发生的困难详情的情报中，了解到我们为了从事战争而采取的临时征收方法所筹集的金额，不可能维持长的时间，所以他们才坚持着要打下去。事实上，国王所获得的利益屈指可数，然而由于这点利益却使人民收入减少，新官职的设置使旧官职得益下降，而这些官职由于得以免于纳税而引起的混乱，又把一切捐税都转嫁到穷人身上，结果使比例失调，这样，正如我们在以前各章所指出的，毁灭的财富远比国王可能得到的财富多得多。自然，国王陛下和他的国家是两位一体，不能说他收到一个德尼对于他的人民不是同样的有利，或者他从人民所得的收入，甚至会使人民的收入完全地被毁掉。像这样的失策只要有四分之一是真实的，就不可能继续存在下去。

现在再回到关于如何给国王提供现款的方法上来，我们确认执行这篇论文所提出的方案，确是一种十分可靠的方法。说实在的，为了使债务人还债，难道还有比使他获得收入或帮他清理一份麻烦的遗产权更为直接的途径吗？不应当说这种办法留待以后再考虑，也不能说，不管达依税的稳定以及货物得以完全自由运输会给人民带来什么好处，还是像三十五年前那样，把部分关税和酒税合在一起来征收，至于剩余部分就照世界上其他王国一样处理好了。如果这样那再快也要一年时间才能见效。因为我们正式表示只需二十四小时就会顿然改观，同时肯定，具有这样内容的法令一经公布，即：每个稽征员负责一定数目的教区，按各人的职业，不论是佃耕者还是地主，而不考虑各人的门第家世，依照整个稽征区所分派的税额来评定达依税的负担；以及凡能在第一个月就将税款按期交给收税官者，免除他办理征收的任务，就将起到如同人们对一些十分穷苦的人宣布说，他们刚刚承受了一份十分富足的不动产的继承权那样的效果，因为虽然只是在一年后才要支付租金，可是他们就在当时已经感到了负担，大家看出至多在一年期满后归还本利确有保证，所以每个人都十分情愿借钱给他们。同样由于这个法令，也解除了那种怕在仇人或嫉妒者前露富——这与经营商业与耕种土地又是分不开的——而受害的顾虑。这时候人们将看到一个佃耕者为了耕地需要家畜而向各方借款时，由于大家看到他不再会成为他的邻人转嫁达依税的对象，而自己的达依税也不会由于他大力经营土地而过分加重，所以都很愿意借款给他。有了贷款就有肥料，从而一定会带来一份好的收成，于是他就有可能跟那些曾经帮助过他的人共享丰收之利。那些以前不敢露面的工匠，也会马上拉着马去经商，一半靠赊货（他们都是这样），一半靠其他的办法，并不怕因此而背上达依税的重担，而这在以前则是常事；同时也不怕每隔四年就要担任征收员的工作，这工作耗费了他许多时间，同时还带来其他的苦难，榨尽了他前几年赚来的一切，结果不得不倾家荡产；可是，在上述法令公布后，他们中间不论谁人赚了钱后，就不再害怕按照自己的能力吃得好些和穿得好些了，因为这是极其自然的事情；这样一来，由于城市的商人和工匠能够赚钱，便使他们有可能消费由耕种而生产来的食物，从而恢复了这种使土地肥沃的省份得以维持存在的产品的流通；因为土地再肥沃，如果不可能或者被限制开发利用，那也是毫无用处的，人们认为今日在大半个法国的情况就是这样。法国贫穷的原因就在于此而并不是捐税，因为按比例而拿（正如我们已经说过的那样）

法国的捐税比欧洲任何一个国家都少。另外一个法令把出口关税和酒税归并到达依税上来征收,即命令缴纳六个利弗尔达依税的人要付出八个或者九个利弗尔,而支付一百个利弗尔的农民要缴纳一百四十个,这样一来,就使纳税者免除了以上两种赋税所造成的一切情况和所产生的一切后果,这些我们已经作了充分阐述。而这些后果使任何纳税人都要承当二十倍乃至于三十倍以上的负担,这些负担一经免除,就会立即使所有葡萄农及依附葡萄酿酒业的其他各种工匠,为了复兴葡萄园,从他们的破屋子里面走出来;并且他们将会得到一切的人,不管是地主还是其他人的支援,因为这些人确信到了收获时期,借款一定能够归还;因为道路已经自由畅通,可以将酒载运到那些不出产酒因而已经无酒可喝的地方,这些地方要是运酒进境不是全被禁止,向那里运送二十分之一的出产本来是可能的。地主们重新开始在他们的产业上像以前那样,以每一阿尔班的葡萄园一千利弗尔来计算,而不像当前这样竟分文不值,同时无论出售还是购买,也就以这个标准来订立合同。不到八天,十多方家酒店就将会出现,可是三十年来已经有两三倍的酒店倒闭了。由于一家酒店的出现就会随着引来十种或十二种的职业,如卖肉的、卖面包的以及其他,所以单是这一项就会使百万户以上的家庭有谋生之道,从而摆脱了贫困,同样地,一切其他的不动产以及依靠他们而生存的许多职业,也都将按比例地摆脱了贫困。于是在二十四小时内,大家都富有起来,所有的银钱都在流通了。剩下的问题就在于指出,国王如何同样迅速地参与其事,这是世界上最容易不过的事情,因为这是极其自然的,是这种初次尝试的必然结果。

由于不幸的惯例陈陈相因，即在分配公共捐税上毫不公平，所以在法国任何时候都有反对捐税的呼声，而且富人比穷人喊得更凶；这就使得纳税问题处于这样一种情况，为了豁免捐税而八仙过海，各显神通，愈是有钱有势的人纳税愈少，因为他更有办法豁免纳税。而由于用来取得这一特权的各种方法中，呼吁和诉怨是最有力的一种，所以富人比穷人口里更是叫苦连天，怨声不已，这样就使穷人总是承受捐税负担，而这又会反过来再落在富人身上（正如我们所指出的），最后彼此都受破坏。所以假使有人叫苦，宰相大臣不必十分为难，而只要注意抱怨的是否有理。然而，如果把一个人的财产全部夺走，我们可以说最近几年曾经发生这样的情况，如果通过撤销官职或者通过捐税剥夺了一个官吏光明正大地捐得的官职，从而抢走他的一切收入，然而并没有任何特殊情况使得人们应该对他另眼看待，因为人们对于所有那些官职高得多的人却根本没有任何要求，或者要求得很少，那么我们要说这个人完全有理由抱怨他的不幸，这是千古不易之理。因为由于国家的需要，要求人民在物力、人力上予以支援，但是绝不应当一些人贡献出他们一切的资产而同时另一些人却负担极少；这种评定税额分配中的怪现象，根据上述的理由，完全破坏了一个国家，对此，我们还可以补充一点，即捐官方面既然毫无定章，那么这些官职随时都有可能全部丧失；人们当然就惴惴不安，害怕这些官职遭到这种命运，这就大大降低了官职的捐价，结果国王也好，任何人也好，都毫无得益。当红衣主教黎塞留在十年中使国王的一切收入增加了一倍时，人们强烈地反对他；但是人们这样的抱怨是极不公平的，因为这种增加是王国一切收入都不只增加一倍的结果。在他任内，他使捐官

的价格达到从前的十倍。当前，人们怨声载道，再没有什么比这种当代的灾难更令人无论贫富都异口同声发出不满呼声的了；但是，这种不满是有根据的，因为三十年来，和红衣主教黎塞留时期的情况相反，且不说土地，就是某些官职的捐价也还不到 1660 年的十分之一。问题就这样提出了，人民的富有，就是国王陛下一份巨大的投资，因为，他可以从中得到资助。我们确认，通过简单地公布两三个法令，不必辞退包税人，也不必辞退收税官，只要使道路上往来自由和捐税分派公平，那么在二十四小时内人民就可以富有起来，这本来是神圣而天经地义的权利，是一切国家甚至那些最野蛮的国家都尊重的，然而世界上最文明的王国法兰西反而例外，就是这一点，在法国便成了我们所谴责的一切祸害之源。[①]

① 如果一个原则是荒谬的，它就会被截然相反的理由所击破，十七世纪末的官职的鬻买，给我们提供了一个关于这一真理的明证。我们看到了布阿吉尔贝尔反对设置新官职，因为这会贬低了旧官职的价值。但是其他的一些人却也不无根据地指出，捐官价格高昂，常会使那些最能胜任的人们不可能取得这些职位。这种看法至少似乎是由于 1665 年 12 月为此而发布的法令相当奇怪的绪言中产生的，那上面说："我们不能隐瞒裁判官职务价格过高给公众造成的显著的损害；我们的责任是要制止由此产生的无穷的混乱，而使那些才能足以胜任的人易于担任公职，而不要被无限制的价格摒于门外。我们已经决定按比例规定金额给他一个价格，金额如下，等等。"（法国古代法律汇编，伊桑贝尔先生及其合作者，1665。）——根据这个法令，巴黎高等法院戴帽法官职位定价三十五万利弗尔；审讯长职位十万利弗尔，诉状长官职位九万利弗尔；王宫查案官职位十五万利弗尔，等等。在计政院，第一主席职位的定价是四十万利弗尔；主席职位定价为二十万利弗尔；普通出纳师的职位十二万利弗尔；高等检查官职位二十五万利弗尔。无须一一列举，我们就知道各种原因都会使这些标准不起作用。因此，唯一会使官职价格降低的就是事物的本质，而布阿吉尔贝尔用一种惊人的观察力给我们说明了如何使官职价格降低。关于官职鬻买这个仍然现实存在的问题，还需要参考罗西先生在他的政治经济学教程（第一卷第十六课）中所提出的确有道理的意见。——德尔

关于取得所有这些资助的方法问题，要是除了迄今为止所使用的那些极不符合国家利益的设置官职或其他类似手段之外并无其他方法的话，那么可以肯定地说，做到使人民有力量来捐官，这已经是取得很大的进步了。因为，使人民重新掌握他那差不多已经丧失了的财富，其结果很自然地便是要购买那使他愉快的东西，其中购买官爵就占了第一位。然而，因为虚荣心在这里比别的都更起作用，要想加以满足也只能量力而为，就是说，要视收入的多少和产生其他一切财富的地产价值大小而定，这样才使人有力量捐官职①；自从设立了常年官爵世袭税②使捐官费按照一切地产收入稳定下来以来，目前这种情况则使得捐官费有高低贵贱的波动。

但是人们愿意使用的却不是这些方法；任何本身对国家有利的方法，人们一概不愿使用，以至于人民在按要求纳税以后，会觉得比以前处境更好；而这种情况一直发展到经常收入足以支付今日的一切临时开支的水平，这我们认为在两三年内就会实现，因为这些经常的收入，是在人民的收入的基础上得到的，两百年以来直

① 这一句使人清楚地看到作者只是把官职作为想象的、而不是作为真实的资本来考虑；总之，他并不把那种作为国民财富的代表的东西和这个财富的不可分割的部分混同起来。（参阅第一部分第五章的附注。）——德尔

② 这是在亨利四世治下，根据 1604 年 9 月 12 日的一个法令，才许可官职世袭的。纯粹由于财政上的关系才决定作出这一特许，为了享受这一特许，任职者每年必须向临时收入财务官纳税，税额为其职位定价现金的六十分之一。然而，这个世袭的特许只不过是暂时的，而且可以废止。1615 年由于三级会议的要求，它甚至曾被取消。在 1641 年 10 月又曾颁布一条内容相同的法令，而关于这个问题的整个立法手续证明，虽然官职世袭办法在事实上占优势，但古代君主政体在法律上从未予以承认。——“小波勒特”（财政官和司法官应向国王缴纳的常年税——译者）之名称是由查尔斯·波勒特而来的，他曾经向絮利提出设置这种捐税的意见。这种税后来变为常年税。——德尔

到 1660 年,它们都随着人民收入的提高而提高。

但是回头看一看今天的一些临时措施,在所有使整个法国收入锐减的原因中,除了那些我们已经指出的达依税的不确定以及酒税和关税所造成的骚扰——这些捐税的征收方式已经说过——而外,还有一些造成灾难不亚于上述情况的特殊原因,这些人民可以用现金甘心情愿地予以补救而几乎不会引起任何的波动,以至于他们刚刚缴纳一个比斯脱的税,就会给他们带来两三个比斯脱的收入,这样,为了收这些税,就用不着像对待别人那样对他们采取强制执行或处以监禁了。例如在那些征课达依税的城市,工业必须负担一部分的捐税,但因为捐税的粗估完全由那些摊派达依税的人的独断独行或报复行为来决定,所以便造成骇人听闻的混乱:这一行为使一切都先后受到破坏,因此,为了摆脱这种骚扰,这些城市什么都可以拿出来,它们通过使用其他办法取得一个确定的款项从而得到耕种的允许。而那些通过承揽工程而获得允许的城市,由于从公共工程上取得的收入大大超过他们所缴纳的达依税,因此完全摆脱了贫困苦难。只要答应那些愿意按照税率纳税的城市居民的要求和接受他们为了取得批准而答应提供的东西,那么我们可以肯定,只要酒税仲裁所和达依税的收税官不要出来干预,这一城市居民就将捐献出一笔巨额款项;因为干预的后果,便是产生上面所指出的那一切的骚扰,从而使人民受到几乎百倍的损害。而这一条款的规定将会产生一百多万的收入。自然,从当前的需要来说,人们都同意它还算不得什么,但是它会使这些地区富裕起来,并且能够立刻提供其他方面资助;这里,我们并不举出具体的款额,而只是作为一个例子而已;同时,这是为了说明有

可能使人民在纳税之后,处于一个比以前更好的地位,这种地位的改善是从土地的宝藏中取得的,可是这土地的宝藏过去却由于我们反复说过的错误而受到破坏,这些错误是如此严重,以至于人们常愿以百分之一的代价来出脱这遭受破坏的土地,正如人们不得不承认的那样。然而,由于这些同样的原因,法国的收入自从四十年以来减少了五亿多,因此将达依税这一款项作为唯一的收入来源就远远不够了;因此,对于国王来说,可以有许多的款项收入,以构成一份如此巨大并如此有利于人民的回收资本。再者,还有无数对国王来说几乎一无所得的捐税,它们对于商业造成极其严重的祸害,而商人们即使出了很高的利息来买得免税,依然能够赚钱;对此,我们要指出,只要愿意停止那使一切家庭陷入穷途末路的新官职的设置,那么在不到六个月时间内就能获得四千万的税款;由于捐官费已在国内构成一份重大的财产,而这财产是通过新设官职从商业之外获得的;这样做就损害了一切已经授职的人们,于是他们不得不将他们的官职出售,而他们的债权人也照样地做,以至于无穷。

总之,在这一切财源之外,为什么国王在他需要的时候不和世上所有的人一样地使用某些筹款的方法呢?他可以尽可能低的利息来借钱。关于我们多次谈到的那两个法令一旦公布,就会使一切人都热心于向国王提供钱款;因为,这不仅是人民财富巨大增长所必然带来的结果,同时也是由于国王收入的稳定的增长,就将使人们思想上感到其资本和欠款的尾数有了保证。假定直至战争结束,国王每年还要有五千万的临时需要,而这一切又不得不都从公债上取得,——我们认为不可能如此——,那么即使战争再延续四年，他的负债也只不过是一千万的年利，而人民或国家则根本没有负什么债[①]，这里还没把人民财富的恢复算在内。然而，人们要问，自从战争开始四年以来，收入的情况是否就是这样的。可以十分肯定，国王或者国家耗费了一亿以上的年利。但在这些法令公布的第二天，货物由于恢复了以前的价格，便又构成收入，而从收入中便得到了提取年金的资本。同时新官职的设置将会停止，这样一方面使商人免于以二分半利息借钱，因为收税者正是以这样的利息把钱借出(这种借贷导致日常价格降低从而反过来对国王发生不利影响)；另一方面，使一切官职重新按通常的价格捐官，从而使事物恢复了往常的轨道，使人民热心于向国王提供公债。但是，为了维护这个交易，同样是为了国王陛下的利益，必须对此保持诚意，在还本的时候，最高当局在这上面不能像以前那样对法律作出任何奇特的解释，这种情况即使在两个私人之间，也是不能接受的；军队内也是这样，要是希望军队能够生存，那就完全必须按照通行的标准赋予给养；因为虽然一次无代价地取得钱款是再方便不过的事，但是采取这样的方式，供应者就不肯再加贷款，于是就使得一切都毁于一旦。为了偿还这类的公债，还需设置一个专门的办事处，在公债到期三个月之前就替国王赎回：这种办法使人们看到在愿意收回本利时确有保证，而且毫无危险，从而使法国的一切储蓄以及一般小民的钱都被吸引到购买公债上来。这一类的公债，不对以后负责，不能作为抵押，也不能作为银钱本身，所以绝

① 这里作者的灵活使他惯有的洞察力产生了错误，因为他经常而且不无理由地反复强调国王的收入没有别的来源，只能来自于人民或国家的收入。——德尔

对不会由于债务转移而被扣押查封,作出这种规定是适当的。这样,不论是对于还本还是付息在第一份证书上所作的和背署的一切支付,都是可靠的和有价值的,除非在成为盗卖的赃物或者被偷窃的情况下,经事先声明作废的不在此列。可以肯定,人们所提供的会比需要的更多;而国王从第一年开始,通过公布和执行我们说过的法令,收入的增加将比支付五千万利息需要的还多;在第二年,可以支付一亿以上的利息;而在第三年,他的经常收入将达到一亿五千万;这种增长即使在战争①时期,也会继续发展直至翻一番。而这一切,则是由于运输的自由和畅通,达依税分配的固定和公平,因而使消费又名正言顺地得到许可和可能,一个一千利弗尔收入的农场,由于在这一年只要向国王陛下缴纳一百个利弗尔的达依税和用四十个利弗尔作为赎买酒税及出口税与过境税,因此它又有了以往有的二千利弗尔的价值;于是在这一基础上,就可以征收二百八十个利弗尔的捐税,而地主对于这一增加也毫无怨言,因为这只不过是他的财富增加的结果而已。所以,单是这一项,每年就能增加收入五千多万利弗尔,而盐税和领地税也是国家的财富。它们也会得到同样的增加,因为穷人是盐税的最大承担者,而尤其是在穷人中,生活富裕的最重要影响之一便是用于食品的费用的增加,因此这种支出情况的改变是必然会在盐税上反映出来

① 这几行显示出对信贷事业上的高度的智慧,与此同时,在这以前的一切叙述表明了作者对于这种手段只是当做下策来看,只是无可奈何时才向它求援。这里还需要将布阿吉尔贝尔的意见和发表在《王室什一税》上的关于这同一问题的意见进行比较。见原书(指《十八世纪财政经济学家》一书,1843 年一版。——译者)第 77 页及以下。——德尔

的。

谈到领地税，公文纸和对照簿[①]在这里占着重要的地位；领地税将随地产的价值而增加，而这地产价值在必要时，将根据其开发经营的情况，上诉法庭断理，而不是像过去那样，大多数地产通常根本没有导致有关财产的诉讼，几乎全部放弃了。如果国王收入会达到过去所未有过的一亿年金，这是因为他的臣民将有五亿收入之故，这样的收入他们目前根本达不到，过去他们有过，但却被剥夺了，然而没有任何人从中得到好处。他们之所以被剥夺，只是由于人们舍弃了一切古代和近代的国家替国王征收捐税的通用方法，而采取了一些十分特别的而全世界的人都莫名其妙的方法，在这上面，叙述这些方法以及这些方法的后果都会使人毛骨悚然；这绝不是别的就是要在一个世界上土地最肥美的国家，在一个从来没有过的最贤明的君王统治之下，使一个十分勤劳的人民死于饥饿和困苦。更令人惊异的是，这些不幸的后果，却是由那些十分能干十分清正的大臣们所造成。因为在财政方面，一个国家的政府只不过是王国对内对外贸易以及农业方面的一个税务局，以便从中为君主征收捐税而已，而这只有对于详细情况了如指掌才有可

① 今天是指印花票和登录税。——可以说，没有一种财政上的发明不是在路易十四统治下设想出来或加以改进的。公文纸是在 1673 年 7 月 2 日的一项声明中设置的，而对照簿手续则由于 1693 年 3 月的法令而普遍采用。然而必须指出，在 1694 年曼特侬夫人的公证人卡尔诺夫人曾经为她的同业、巴黎的公证人们获准在公共记录上免用对照簿，这种豁免一直保持到十八世纪末。但是因为一桩善举，甚至国王一个恩典从来不会没有报答，巴黎的律师们很快地以百分之五的利息给国王贷款一百万，而这是通过他们每次处理财产拍卖增加四十苏的条款进行的。——根据这一切，可以说公共利益在登录税的设立中起主要作用！——德尔

能进行;但是,却有无数的情况大臣们不可能亲自了解到。因此,他们所能采取的一切措施,就全是以某些个别事实为依据,如果他们所接触的只是一些十分错误无根据的事实,那么在这种情况下,我们就可以得出一切必要的结论了。因为这种弊端就其原则来说,远不是那么有害,故比较易于为人接受,所以便不费难地引进于税政之中,结果积弊很久,如今它已经如此根深蒂固,并且有了许多得其好处受其庇荫的人,因而,人人每天都竞相活动于宰相大臣周围,以便增加这些弊端,同时反对加以制止。因为我们始终认为并且已经充分指出捐税已经建立起来,但是它们给国王造成的损害四倍于使他得到的好处,而他们给整个人民所带来的损失则百倍于使承包者得到的利益。可是,一种如此普遍的破坏,却是由于如此少数人的私利所造成,不承认这一点,几乎是不可能的;这是因为人们对私人的利益比对公众的利益总是更加关心得多,因此也更注意加以照顾。人们使用一切办法来维护自己的利益,并使得无人替人民说话,他们的巧妙办法就在于掩盖可以使人们明确地认识到他们的得益正是损害国王和人民的原因这种观点,于是一位宰相大臣的可怜的处境就是这样:他看到所有的人都在奔走,所有的办法都施展出来,不仅是要欺骗他,而且是要使他不得不为了某些个人的利益而牺牲国王和人民,却只是根据他受骗的程度,才受到那些自认为世界只是由他们组成的人们的赞许:他甚至稍微改弦易辙也不能不被我们方才说过的那些人所掣肘,因为,沿着老路走,不管会有什么不法行为随之产生,他都不负任何责任;那伴随着他的地位而来的、对此他很自然要表示关切的所有的乐趣,不管发生什么样的混乱情况,对他和他的亲朋好友们,都不

会发生什么危险;他根本不作任何最小的革新,因为那样一来所有那些我们刚才说过的人都会群起而攻之,一切事故的责任都会算在他的账上,而这些事故他是很难以预见到或者加以避免的,因为,在这个情况下,如果对于整个王国的详情没有一个完全的认识,就寸步难行,而没有经历过一切职业和各种身份的人,就不可能有那样的认识,可是从来没有任何大臣身上能够具有这种经验的,由于他自己没有这种经验,根据我们刚才说过的那些理由,这就迫使他同样地不肯相信任何人。

这篇论文之所以成功有望,是由于它诚恳地公开了当前法兰西的详情,而对于详情的彻底了解是如此地有利于国王和公众,因此人们千方百计地对那些能够制止这个混乱局面的人加以隐瞒。——但医治混乱的第一步,就是要使人了解——我们就是这样做的——如根本不需要什么特殊的变动,也不用冒任何风险,只要允许人民富有,允许他们去耕种和经商,同时把其所得的一部分交给国王,而国王也并不需要别的什么,只要制止那些为了个人私利而破坏一切的人,同时迫使国王陛下的那些包税人从达依税的收税官员们那里,不附带任何费用地一次收回他们的包价,以及国王所同意给予的利润就行了。由于这笔包价,包税人过去尽管百般压榨人民,最后往往还不得不自行宣告破产。或者不如说,由于包税人们自称收入减少并不是所有的包税都能够缴纳包价,所以为了改变所包下的捐税的性质,并不需要有什么变动。这同时也可以用来回答那些主张必须等到和平之后才能进行改革的人的反对意见。

因此,为了使国王具有支付一切经常的和临时的开支所必需

的银钱，为人民的利益着想，就只需要从一无所有中创造出三十年来遭到破坏的一切财富。因为，我们认为，从那时起国王增加一个比斯脱的收入，就会给人民造成十九个比斯脱的纯粹损失，如今我们要在二十四小时内重新弥补回来的就是这十九个比斯脱；如果当国王或者在巴黎市政厅发行公债，或者从设置新官职上来取得收入时，他并不怀疑他能够从那些要得到公债或官职的人们那里收到银钱。因此他完全有理由希望通过给予他的人民五亿多的进款，从而收回多得多的钱；但是仍然有着这样的区别，即在第一种情况下，目前这种状态的资本，总是在这同样的人民身上创造出来的，而且经常会有上面所说的那种错误的发生，也就是说，对银钱本身的需求，会同时带来资本的减少，可是根据我们所建议的另一种方式，结果却正是相反；这是因为如前所述在以往人民对临时的税收缴纳的钱愈多，他们的破产就愈严重，那样子就好像是在出钱购买他们自己的毁灭；但是根据这篇论文所建议的方式，国王今后每收到一笔钱款，都是人民贫困程度减轻的结果；因为在前一种情况下，贫困的原因不断增加，而在后一种情况下，则已被消除。关于课征在这同一种资本上人们能够预付给国王钱款，这在从前，蹂躏了全国各处，因为所索取的这些钱款，在人民中破坏了产生银钱的来源，因而人民就无法缴付。完全相反，按照我们的建议，所索取的银钱，将会在同是这个人民中打开曾经枯竭了的财源。于是为了预付经常的税收，就比以前容易得多，它使一个拥有一块值一个利弗尔的土地，土地上的动产、果实或收获，通常值三到四千利弗尔的佃耕者或地主更容易地在到期八个月之前，预先缴纳大约一百个利弗尔的税款。而比较起来，一个收税官在他的财力之外

要作几次的预付，却没有这么容易了。

为了结束和总结这篇论文，人们一致认为在征税办法原封不动的情况下，提出国王能够取得比现在征收的款多一倍的说法，那是可笑的；但是，一块从前价值一百利弗尔租金、而现在却废弃的一个阿尔班的葡萄田，当破产的原因一旦消除，而地主从这块地上将收到比国王自己更多的实利的时候，如果否认他会愿意或者能够向国王缴纳一个乃至两个比斯脱的话，那同样也是违反事实。因此，如果要否认本文所包含的内容，即：法兰西的收入，三十年来减少了一半以上而没有任何人从中得到好处；这原因远非由于国王收入的增加，因为国王的收入从1660年以来，比起两百年来在同样长短的时间内其增加要少得多；这一增加使人民付出的代价是国王收入的十倍，这种情况是史无前例的；世上任何君主按其臣民的比例来说，所抽的税都要多得多，而同时任何一国的人民缴付给君王的税款，按比例来说，都只有法国人民所缴付的四分之一；最后，国王能够在十五天内，使自己和他的臣民处于和他的一切邻国并驾齐驱的地位，这就是说，通过使他的臣民收入增加一倍而使自己的收入翻一番。必须指出，如果要否认这一切事物，或者不如说这一切事实，就必须坚持说：关于商业和耕作方面，法国的耕作和开发已经尽善尽美，或者已经达到曾经达到的最好情况，或者坚持说即使法国可以耕耘和开发得更好，人民，因此也就是说国王也不会因而更加富有。然而，坚持前一种说法，就是欺骗全世界的人，而坚持后一种说法就是抛弃了理性。论及改革的时间问题，这是目前这种如此有损于国王和人民的境况的辩护者们，或者毋宁说得益的幸运儿们的挡箭牌，借口时间还不适合于改革。然而只

有不顾常识的人才会说一个眼看着因为找不到买酒顾客，就要饿死在满窖美酒旁边的人，必须等到实现和平时才能够将酒运到离家十二或十五里的地方高价出卖，然后再把一些当地卖不掉从而使那地方的人们深以为苦的商品捎带回来。至于达依税，除了使人遵守法令，就是说禁止渎职而外，无需乎有其他的措施。然而人们从来没有说过为了能够给以公平待遇必须首先实现和平；所以，这种种的理由只不过是那些与维持这一混乱局面有利害关系的人们所提出的托词罢了。

第　九　章

这篇论文的二十五点撮要

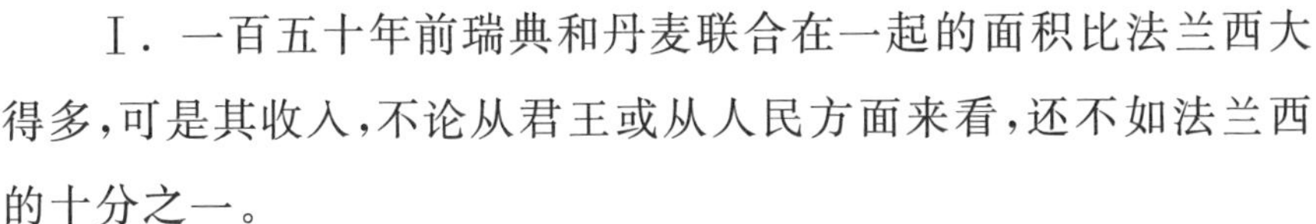

Ⅰ. 一百五十年前瑞典和丹麦联合在一起的面积比法兰西大得多，可是其收入，不论从君王或从人民方面来看，还不如法兰西的十分之一。

Ⅱ. 这一差别的原因便是法兰西的土地适宜于生产生活必需品，而瑞典、丹麦的土地则一钱不值。

Ⅲ. 不论土地如何肥美，如没有耕种，那么对于地主和君王来说，等于一钱不值。

Ⅳ. 法国一半以上的土地或者一片荒芜或者耕作粗放，就是说，比可能出现的境况糟糕得多，甚至不如以前，这是一件不可否认的事实，而且比这些土地完全弃耕损失还要大，因为收入不能补偿耕种的费用。

Ⅴ. 这种减少可以有一个估计和一个确定的价格，这是肯定的，因为世界上一切的收入没有什么人们不能加以估价。

Ⅵ. 经过缜密的研究我们发现，这一减少每年为五亿以上，这一点不需要其他的标志，只要知道一切不动产彼此都还不及往日价格的一半，就足以说明问题。

Ⅶ. 一个富饶的王国，既没有鼠疫流行，又没有发生地震，也没有内战和对外战争，或者其他足以破坏君主国家的重大变故，在三十年或四十年间竟失掉了它的财富的一半，这样一个世界上史无前例的并如此巨大的混乱局面，可以肯定这绝非偶然的结果，它自有一个原因，这也是毫无疑问的。

Ⅷ. 不容置疑的是，假使能找到这个原因并将它公之于人民的话，那么世界上便没有能使国王和他的臣民获得更多的利益的交易了。

Ⅸ. 无论他们拿出什么，只要支出低于收入的钱数，这一定就是一个对人民有利的法令，因为他们得以掌握他们未曾有过而对于他们十分有利的东西，而国王的收入也得到了保证。

Ⅹ. 同样毫无疑问的是，荒废地产者比遗产被查封者所受的打击还要严重得多，但是通过通知解除查封财产，只需要一刻钟的时间，便能使后者重新占有遗产。而同样，使前者得以重新耕种土地，也并不需要更多的时间。

Ⅺ. 因此整个问题便在于找出这种弃耕的原因，以便在二十四小时内，使国王和他的臣民变得十分富有。

Ⅻ. 使人无法耕种其土地的原因只能有两种，或者因为必须有一定的钱而他自己没有，也借不到，因此无法筹集这笔钱；或者由于耕种之后，不能像以前那样卖掉产品，结果他丧失了所有垫支的经营费用，从而使他处于不得不让土地荒废的不幸境地。

Ⅻ. 造成第一个原因的是任意规定的达依税，因为拥有一份巨额进款的人一点也不缴纳达依税（或者缴得极少），可是一个只靠双手为自己和他的家属谋生的穷人，却受到重税的盘剥，这是极其常见之事。而他的负担之所以不再加重是因为如果对他课税再重些，他就缴纳不出了。因此，要是他对荒废的土地进行耕种，收获就不会为他所得，同时，他还会失掉一笔相当大的生产费用。

ⅩⅣ. 至于第二个原因，即耕种之后货物卖不掉，所以索性不种，是由于酒税、出口关税、王国内部的过境税等是商品所能承担的四倍，于是造成这样一种情况，即人们所消费的只达三十年或四十年前的四分之一；所以，看到某个地区所有的人只能喝白水，而同时在邻近地区却将葡萄树和树木拔去，就不足为奇了；而国王的捐税远远没有增加，自从 1660 年以来就没有成倍地增长过，不像从 1447 年至 1660 年间那样，每三十年就增加一倍。

ⅩⅤ. 补救这一切的办法是很容易的，在国税的征收上。只要按照国王和人民的利益来进行就行了。必须看清楚，是不是有人不是直接把钱从人民手中交到国王之手，此外还须有按职业有比例的明确的规则和标准，以使贫者少出，富者多出；对于这个规定，没有任何裁判官和行政官可以改变；如果向这些人求援，那么所花的代价和时间，比用来完税还要多一倍。

ⅩⅥ. 在关于人头税的法令中，本来有纠正这一切混乱的打算，但是可以说却只做到了一点，便是使银钱能直接交到国王之手而不经过收税人的转手。但是第一，那土地弃耕的原因仍然没有消除；第二，根本不是在一切地方实行按个人的力量有比例纳税的规定，因此在所有的等级中，一个有价值十万埃居的职务、并且有着同样比例的收入的人，却跟另一个只有值五百利弗尔职务的人缴纳同样的税款。于是，为了使他们都缴纳同样多的税款，既然不可能再将那些无力者的负担提高，势必就要将有权势者的负担降低，以至于国王在向他的臣民抽税时，对于某些人并没有按其能力征收，而对另一些人，则使其受到苛税的沉重负担。这就是这一新发明的后果之所以不能实现人们预期目的之原因。

XVII. 因此，为了回到这篇论文的第一个问题上来，为了满足国家的一切需要，同时使全体人民恢复往日的富有，并不需要出现什么奇迹，而只要停止继续不断地违反自然规律，仿效我们的邻国和我们的祖先就行了。他们从来就只知道两种课税的方式，即烟火税，也就是烟囱税和土地的什一税，后者还曾经是法兰西历代国王第一项的定期收入，直到由于不能那样做而把这捐税赠给教会后，才失去了这项收入。

XVIII. 按照这个办法，就可以补足人头税法令所缺少的一切，有多少的等级就有多少种不同的富有程度，而这是毫无争议的；商业和消费也不会因此受到丝毫的损害；任何地方，只要人民能够选择最方便的捐税，他们就会坚持这样做。

XIX 为了少引起波动而不采用什一税的话，那么就只需以法令规定达依税的负担将按职业来评断，一个手艺工人只要缴纳三至六个利弗尔：这样，就是说每一利弗尔缴纳两个苏，这就能收到比今天更多的税额，因为在征收达依税的城市，最大部分的税款都由工业来负担，将会允许他们按税率缴款，而这是他们大家都热烈要求的。关于那些破坏消费的酒税、关税以及其他的过境税，可像以前那样，重新放在达依税上来征收，最高到达依税的三分之一，其余的则以烟囱税弥补。这样人民所负担的只不过今日的六分之一，而国王的收入却将比今天增长一倍，因为达依税，加上一部分的酒税，它们的税率是按照不动产的价值来规定的，而这些不动产将恢复它们以前的价格，即是今日价格的一倍，于是，达依税也就将同样地加倍，而土地所有者丝毫不会叫苦，因为国王收入的增加只是地主的财富增加的结果。

XX. 要实现上述这些，并不一定需要多少时间，因为在允许商品出售，同时有人能够购买商品和将商品售出之间，只要有二十四小时的间隔就够了；在售出商品和使商品所有者比以前更加富有之间，并没有任何时间的间隔；在比以前更加富有和花费更多的钱，或者用来购买地产，或者用于改良耕作之间，同样没有什么间隔；在进行这些活动和将银钱用到人民中间去之间，也不需要多少时间。一旦人民手中有了银钱，他们就能消费由他们的劳动所生产出来的果实，同时也就能按比例地向国王纳税。因此，一切都取决于耕种土地的情况，而如果农民没有能力垫支耕种所需要的生产费用和土地所生长的产品卖不出去的话，耕种土地是无法进行的。

XXI. 讲到在新官职的设置中所发生的重大的谬误，人们认为，像这样使土地的耕种受到如此严重破坏的情况还未曾有过；因为几乎全部新官职都免除了公共捐税，而得到这些官职的又都是那些有势力的人，于是，他们就将他们应该负担的捐税都转嫁到无数穷人身上，使这些人完全没有能力去耕种土地。此外，这些新官

职还破坏了无数善意捐得的旧官职，而这些职务构成了许多家庭几乎全部的收入。于是这就证明了原则上说任何一个官职将来都不可能算作一种可靠的收入，因为这些官职随时都有可能受到破坏，于是对于一切捐官者或者那些为此而出借捐款的人们来说，就始终存在着钱财落空的危险。以至于国王通过这些新官职的设置所失十倍于所得。同时还造成了银钱不能像往日那样流通转手，因为人们根本说不上有什么收入是可靠的，而把个人财产所构成的资本来供应国王的需要就成为再危险不过的事了。同时，由于加于官员们身上的课税，其中许多超过他们的负担能力，收税者前来强制执行，结果就使那些旧官员彻底破产，而国王从中并没有任何得益。

XXII. 对于收税者决不能希望他们能提出什么别的办法，因为他们的意图就在于获得巨额回扣，而巨额的回扣，他们只能寄望于从收税困难中来取得，这必然引起破坏性的后果，他们利益的大小是和对人民危害的程度成正比的；因为催征所得的好处是在催税吏和他的助手之间来分配的，而这些人则从税金上给收税者以巨额的回扣。

XXIII. 那些收税者和他们的保护者人数大大超过我们的估计，他们会矢口否认这一切事实，然而各省在公务中或者在商业中稍有声望的人们则会加以证实。但是，要是只偏听那些醉心于毁掉一切的人们的意见，那么人们就不会听从那些愿意拯救一切的人们的意见，甚至如果后者过于强烈地要求人们听取其意见，本身就会遭到危险的话，那么这又有什么用？

XXIV. 我们将这篇论文总结为若干条，是为了使那些打算否认这上述各条的后果的人的不良意图更加昭然若揭。因为否认上述任何一条就不可能不暴露他们缺乏智慧或者没有善意；他们必须同意，不管他们怎样反对，当国王不愿意再忍受某些人为了自己发财而损害他和他的臣民的利益时，他就能够在十五天内使他自己和他的臣民都富有起来；结果就可以征收到当前战争所需要的全部的钱，而并不至于使人民陷于可以说当前每天都遇到的那种绝望境地，即为了缴纳十倍于他的财产的税款，他的一切产业被没收拍卖，从而使他和他的家庭沦于靠布施过活，而并没有给国王一个德尼的收入。——这一切除了执行达依税原来的规定，按照各人的能力来确定达依税的负担，并在这上面加上一部分的酒税，像三十年前人们进行市场交易那样而外，不需要任何更大的变动，因为这种做法比起实行人头税来，所要求的变动只是人头税的四分之一而已。

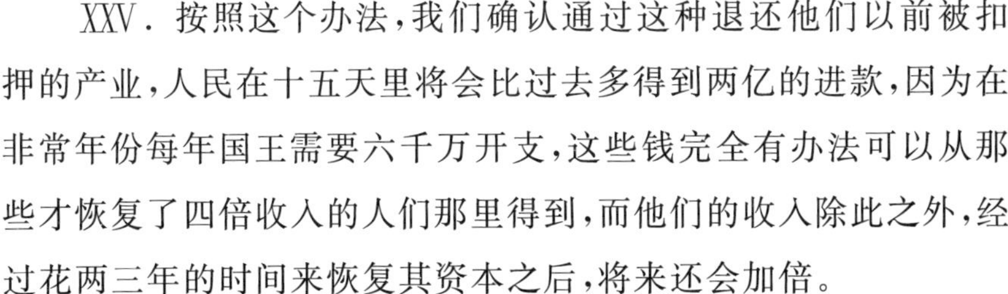

XXV. 按照这个办法，我们确认通过这种退还他们以前被扣押的产业，人民在十五天里将会比过去多得到两亿的进款，因为在非常年份每年国王需要六千万开支，这些钱完全有办法可以从那些才恢复了四倍收入的人们那里得到，而他们的收入除此之外，经过花两三年的时间来恢复其资本之后，将来还会加倍。

第　十　章

比前面更简略的另一撮要

法国今天已经沦于这样一个境况，即只能用监禁和出售全部产业来向国王提供所需要的款项，这种境况的产生并不是由于他们绰有剩余，而是由于三十年内人民的一切财产均被查封，人民对其财产毫无支配权利所造成的。

事实上，任意专横的达依税迫使商人收藏起他的银钱，使农民任其土地荒废；因为，如果一个要经商，另一个要耕地，那么他们二人全都会被那些有权势可以不纳税或纳税极少的人们用达依税来压垮。

同时酒税、关税以及过境税、出口税等税额之重是商品所能负担的四倍，这就使人眼看着满窖的饮料却要饿死，而同时在邻近的地区这些商品却又价格奇昂，致使王国收入减少了五亿多。

既然人们认为国王收入一个比斯脱就要使他的王国遭受十个比斯脱的纯损失，而损失又是在日益增加，要是国王真心愿意将造成这个损失的原因消除掉，那么在二十四小时内，他就会有十万个商人马上给他纳税，同时，立即变为比以前更为富有；因为相反的原因造成相反的后果，这就是说，但愿国王愿意将人民对产业的享有权再卖给他的人民，而无需辞去包税者及收税者。

法国详情补篇[①]

令人惊奇的是，在当前国家极其需要临时资助时，通过作出一些让步妥协，人们就愿意在眼下提供这些资助，这些妥协并不要打乱任何东西，只不过要求那些在位的人们采取一个简单的坚强行动而已，这样同时就可使这些人民由于也得到好处而对此表示满意；但，必须指出，同样令人惊奇的是，虽然这是唯一争取最有利的和平的方法，而人们却只愿意在和平签订后才肯接受这些建议。以至于在一种迄今闻所未闻的命运的支配下，那些负担缴纳税款甘心情愿按照规定纳税的人，并不要求展期，倒是那些除了收税外没有其他职务的人们，却要求一个很不确定的期限和延期来收税。除了这个奇怪的情况而外，可以肯定，对外战争的负担，还不抵王国内部为维持战争费用从地产征收税款的方法造成混乱的十分之一或二十分之一；这种情况可以说是在法国全境放火，因此和停止对外战争比较起来，当然先灭火更为要紧。这再次说明，要缔结有利的和平条约，完全取决于这个内部的安定，这种安定不要一个月的时间便可以实现。因此，把对外战争作为恢复国内普遍幸福的障碍的说法，就跟一所房屋四角已经着火，还坚持着说由于对这所

① 本篇在《法国的辩护书》之后不久发表，同是在1707年。——译者

房屋的产权的诉讼案正在远处法庭审理尚未判决下来，所以不应当将火熄灭的主张是同样的错误，这一点通过逐条地对这场内部斗争，或者说对王国内部的大火灾的简短介绍，将会使人看得更加清楚。

由于小麦价格低贱不能补偿生产费用，造成大部分土地荒芜，而其余的土地又没有很好施肥，从而使法兰西每年小麦减产五十万“矛”和人民收入丧失五亿，并且由于这一首要产品停止流通，结果使一切休戚相关工业职业也随之而停顿；在这种情况下，难道必须等到和平才能在一切省份让人们耕种土地吗？

另一方面，上述情况造成的一个结果，便是：由于没有一个人有任何收益，或者他不从商店购买任何东西，或者不能归还以前的借款，商人们都被迫宣告破产；在这种情况下，难道必须等到和平才能使那些经营土地的人们向地主交租吗？

由于对酒类课征的可怕的捐税是商品价格的四五倍，致使拔掉葡萄树成为每天司空见惯之事，而与此同时四分之三的人民却只能喝白开水，难道必须等到实现和平才能够去结束这种行为吗？而当产品遭受到如此的破坏之时，人民愿意以另一种方式向国王缴纳双倍的捐税，而他们方面也将会得到四倍的利益，难道人们不能接受他们的意见，相反而应当把这推到以后解决，主张必须要等到所有的葡萄树都拔光后才能够允许人民去耕种吗？这种做法是毫无用处的，并不比找医生来替死人治病高明多少。

当一个只靠双手挣钱养活自己和家属的穷人，在卖去了他那些可怜的家具或他赖以谋生的工具以后，由于人们是按照缴纳达依税的情况来处理其用具的，于是为了缴纳超过他的能力四倍的捐税的不足部分，看到他的房屋的门窗和床垫都被拿走了，难道必须等到实现和平才能命令将达依税的负担在整个王国内部作公平的分配而不使那些有巨额收入的人们毫不承担或者承担极少吗？絮利先生曾使法兰西复兴，当时他所看到的情况和今天也相仿佛，他并不相信为了战争就不能进行任何改革，因而他在1597年下令公平分配达依税和制止一切其他的混乱，而这些混乱，他果然在两场战争中加以制止了，一场国内战争，一场对外战争，它们对王国内外造成了极其残酷的破坏，这不是今天的光景能够比拟的；但是一切改革是如此准确地执行了，就使得国王和人民从他们以前很不幸的处境而变为十分富有了。

每年至少有二三十万人死于贫困，尤其是婴儿，由于母亲的营养缺乏或者劳动过度，所以奶水不够，能够长到自食其力的年纪的还不到一半；等到年龄稍大时，也只能有点面包和水，没有床、没有衣服，生了病连一点药也没有，没有足够的力气干活，而干活则是他们收入的唯一来源，他们甚至还没到中年就死了；在这种情况下，难道必须等到和平实现才能去拯救这些人的性命吗？

按照各个纳税人能力的大小来负担捐税的办法，当前在英国、荷兰以及世界各国都在实行，甚至在法国也曾实行过一千一百多年；这样，人们将不再攻击任何东西，尤其是无数人都加以攻击的官职的设置，因为这要花掉一个人的全部资本，使他沦于靠布施生活的境地，同时还使其他具有类似产业的人也等待着同样的命运，结果，几乎全部受到损害，国王却没有得到什么。既然贷款只有在借款者能够偿还的条件下才能进行，而这种偿还的可能性却因借款者地产价格的猛跌而消失了，这样，事实上不是使他们告贷无门了吗？就像在一个受着炮击威胁的城市里，虽然房屋在事实上还没有蒙受什么损害，但是它们的价值却只有平常的十分之一，而一旦威胁消除，它们又会立即恢复了原来的价值。因此人们可以在很短时间内通过建立内部协调价格，使一切不动产的价格提高一倍或者两倍，结果信贷也就跟着恢复，再一次达到收入的一半了。在这种情况下，本来只要国王宣布今后采用按每个纳税者量力而为缴纳国税的办法，就可以在很短时间内做到不侵犯不动产的，难道必须等到实现和平才能够进行这一工作吗？

为了使国王在规定的时间给军官们发饷，从而使他们能够及早地、在适当的时候招募新兵，难道这必须等到和平才行吗？

为了不要从苦役船甚至绞刑架上把犯人捆绑着送到军队里来当兵，根据絮利先生的笔记所述，这样做只会使其他的兵士丧失斗志，并使军队和国家的名誉遭受破坏，因为所有这些人一有机会就要开小差或因忧郁而死，难道还要等到实现和平才能给国王以足够的资助，以便有许多志愿人员大量参军吗？

为了停止以国王名义组成国家，使得战后付还公债利息时所给人民造成的负担超过维持战争的费用，以至于人民必须担负一场没完没了的战争，难道必须等到和平实现才能进行吗？

由于钞票给商业造成紊乱，它每年所需要的数量是钞票发行全部总数的价值的四倍，就是说是对外战争费用的四倍。在这种情况下，难道必须等到和平实现才可以从国家中肃清这些钞票吗？王国可以在个人和社团间按人数重新公平地分配捐税负担。人们在钞票背面的签署，保证四年内分四次付款并带有利息，这样就会使钞票在商业中流通而不发生转移上的任何损失；同时因为消费的复兴，只要停止对自然规律的极大破坏，在三小时以内就可以实现;所以这种所谓的新负担,就将给一切在钞票背后签字者以四倍的补偿,同时也可以增加供应国王的需要。

在号召捐官时曾答应捐官者可以安心地享有官职,而那些贷款给人捐官的人也可得到特殊的利益,然而过了一些时间之后,又将这新的官职再卖给别人,而对于第一个捐官者以及贷款捐官的人却毫无赔偿;这便失去了信用,而信用却是交易的灵魂,这样一来破坏了君王和臣民之间的一切交易,造成唯有银钱才能够避免这样的骚乱,于是银钱就被看做唯一的财产,既然是唯一的财产,所以就严密地收藏在人们不能寻到的最隐秘的地方,同时使各种消费全部停止,而其实,银钱只不过是消费的极其谦卑的仆人而已。在这种情况下,为了停止每天出售不动产,特别是鬻卖官职,难道必须等到和平实现吗?离开消费的破坏而去寻找银钱短缺的其他原因,这是一个极大的谬误,同样,通过恢复消费,——消费可在很短的时间内恢复,——银钱就会像往常一样普遍出现。如果否认这一点,也是极大的谬误。然而在一个很长时间,人们却只在那促使银钱流通的唯一原因,再说一遍,即在消费的破坏中去寻找银钱短缺的原因。

有史以来目光最为短浅、头脑最为愚昧的人,也不可能盲目到会产生这样的主张:即只有求助于问人的良心了;因为,根据《圣经》上的例证,当人心一旦变坏,即使专程由天堂回来的圣人也改变不了。因此,虽然我们将要指出,通过大臣先生们三小时的工作和人民自己一个月的实践,既不会扰乱任何事物,也不会使从前的任何设施有什么危险,人民可以为了国王当前的需要而给国王增加一亿的收入,而人民自己也能获得四倍的利益,而且我们所说的

这一例证，就好像天使从天上带来的那样可靠，这同样也是肯定无疑的；可是，尽管这样，我们并不打算使那些良心败坏的人，就是说那些把破坏公共的幸福作为个人大发其财的原则的人中任何一个回心转意，我们只是向那些由于受思想堕落的人的影响可能误入歧途，因此在这样的问题上有从中牟利的嫌疑的人们表达我们的意见而已。

我们是这样地提出这一证据的；这永远是真实的，即使天堂的一切圣者都来作证也不会比它更可靠，同时这是必然发生的，犹如塞纳河必然经过巴黎那样，如像天使们会来给予证明那样不容置疑。

还有第二件无可争议的事，即一切事实，既然许多人事先彼此并没有商定而大家都加以同意，那么这也就像我们自己亲眼看到那样的确实无疑。

一切有理性的人，虽然从来没有去过罗马，却愿意将他们的全部财产赌一个三十个苏的银币，确认在世界上确实存在着一个名叫罗马的城市，因为许多人谈到过它和写到过它，而这并没有事先约定而共同撒谎；甚至，要是有人想要反对这一事实，人们会将他视为一个疯子和荒诞无稽之徒。

然而，我们认为人民方面增加一亿的负担，而他们自己也获得四倍的利益，这有可能在三小时的工作和一个月的实践中实现，这种情况就和上面所说的罗马的例子一样可靠。因为所有没有嫌疑的人民随时都会按所说的条件来接受这个建议，同时我们还认为，要是国王命令某人用书面提出这样的征收不可能实现的理由，那他将不但不知道从什么地方开始和结束，而且他同时还会受到上帝和人们的憎恶。那种提出延期到和平之后实行改革的要求，其实就是无条件地供认事情极其容易办到或者说不可能加以反对，因为和平或者对外战争跟王国内部关于贡税如何征收问题并没有什么关系，因此这种要求就是大体地表明，因为他们不能否认所采取的征税方式在法国四处点起大火，于是只好等到和平后才去把火熄灭；不，再说一遍，和平和这些混乱没有任何关系，而是因为既然他们从混乱中可以取得利益，因而他们就希望以和平为借口得到延期，也就是使大火能够继续焚烧下去，于是这些人就成了纵火分子一类的人物，他们由于这种营生而得到了很高的酬劳。

如此残酷的打算和类似这样的说法，出自于那些收税者这并不应令人诧异，因为正是借助于这样的政策，他们才获得了巨额的财富而使国家受到破坏；自从 1689 年以来，他们自己就掠取了二亿，还不计算那在他们脚下生长起来的、他们的手下人所取得的部分，这个部分则又超过了国王的和他们从一个如此不幸的渠道所得到的十倍到二十倍；这样的反对意见，出自于 1661 年前的大臣们嘴中，这也不会令人惊异，因为或者他们自己就是收税者，或者正如最高法院曾经在原告与被告双方在场的情况下自相矛盾地加以证实的那样，他们分享了这一切好处；当絮利先生就任财政大臣时，情况也就是这样。但他对国王亨利四世说，收税者是一个国家的破坏者，只是为了渎职，大臣们才发明了这种职务，要是在贡税上规定税款直接由人民交到君王之手，如像世界上一切国家所实施的那样，他们就不可能有任何中饱，而不会像目前这样；由于这些包税人成为众人财富的绝对的主人，只要他们高兴，他们能使一个富者穷跷路旁，也能使一个最穷苦的人腰缠万贯；至于他们个

人，不管什么钱，除非他们自愿拒绝，他们可以予取予夺，因而除了指望他们自我节制而外，对他们没有别的限制办法；——必须指出，这就是 1661 年前大臣们的境况，提出推迟改变这些可悲的状态的要求，并不使人惊异，因为为了维持这种虽然对于国王和人民是如此地不幸，但对他们却是如此惬意的境况，他们就将这展期的要求当做暂停追究赦书来看待；——但是今天和从 1661 年以来，全部清廉人士已经一下子继任了政府的职务，对于一种极端的渎职行为，没有任何妥协和交易，因此人们只是由于三次看到包税人比以前令人讨厌地多了四倍，以及王国四处起火，而目前却提出展期救火的要求，再加上在君主十分需要的时候，拒绝接受向国王提供一切的需要，才会感到惊讶不已。因为人们竟然把制止这种从未有过的极其违反自然规律的最大的混乱叫做对国家的颠覆，其实这种混乱是可以一下子制止住的，而且比 1695 年战争中设置人头税时带来的纠纷更少得多。

至于这个人头税，当时曾许诺从此停止临时性的征收，可是由于那些人在分配税额上欺骗大臣先生们，使得这个税收除了落得荒谬可笑而外并没有别的结果，因此也不足以满足国王的需要，但我们所建议的办法，并不怕发生这样的问题，因为它将收入一亿以上，并且将给那些纳税为以前的六倍的人们带来四倍的利益，而这只要简单地注意以下四项就能办到，即：小麦和饮料，公平分配达依税和停止临时征收；而这只要求国王和大臣们简单地表示一下意志，就可以结束对自然规律的极大的破坏了。虽然内阁中都是清廉之士，但由于忽略了对于上面所说的那些情况的注意，计算下来，就造成了 1661 年以来王国每年损失十五亿的收入，而即便以前的渎职也还没有产生如此不幸的后果;但是相反地,在 1661 年,一切产业,连同国王的在内,其价格却比三十年前增加了一倍。

要是这十五亿的数目惊人,我们就将用另一种方式来说明这一点。我们认为在王国内部大约四万个城市、大镇和村庄中,平均说来,没有一个在地产上和工业上不是损失了五万利弗尔的收入,或者不如说是国王从各种捐税征收所得的十倍和二十倍,把这数字拿到反对派愿意选择的地方来检验,我们认为也不能埋怨硬币的缺乏,因为根据进口和出口确切地计算下来,今天法兰西所有的硬币比 1661 年所具有的十五亿增加了一倍。但是现在的银钱变得瘫痪了,这和以前那时候银钱长着飞毛腿的情况正相反,而银钱的迅速流通却是人民财富的唯一本源,因此也就是供应国王需要的唯一本源。因为贡税,就像各种定期收入那样,它们的超额或者不足的情况,不是根据人们所要求的款项的绝对数额来确定,而是根据人们所据以要求的地产的价值来确定,至于地产的效果,不过是按照它们所产生的货物的售卖比例来定夺;由此可见,因为这个出产可以在短时间内增加一倍,所以也就不需要更多的时间,就可以使硬币如同由于把在斜坡边缘堵截水流的堤防撤去,而出现的一股急流那样的速度流通。一些人认为尽管阻碍消费增进的严重的原因不拘何时都可以很快消除,但要看到消费的增进,还必须等到这场战争结束。这就如同说在撤除堤岸之后,水也只有在对外战争结束后才能流向山谷中去这样的反对意见是同样的荒唐。

当我们说国王的收入立刻可增加一亿,这并不是说增加了一亿在秘鲁新铸的硬币,是指它有一亿的面包、酒、肉或其他的货物,它们是生命的唯一支柱,同样也是军队的唯一支柱,而这一切只要

一千万，甚至还要少些就可以给以供应，这些货币将从人民手中到国王手中作十次的往返，从而产生货物的交付，在这过程中，每天都要消耗十倍的已经生产和需要生产的货物；同时，另一方面，这一千万由于只是按消费命令进行流动，因此它们会整整若干年都放在贮藏地点，世上一切东西都不能将它们吸引出来；不仅如此，人们所采取的一切方法，只有使它们隐藏得更深，却不能使它们和一切其余的货币一道立刻投入流通；我们为了给人民担保而提供的办法比收税者的保证更有价值，因为这些收税人中没有任何人不跟混乱的原因有着关系，而这种办法则是为了使人们准确无误地把多余的收入付给他，才愉快而有效地支出他的收入的十分之一，这种情况在当前还远不是如此，而通过我们所建议的制度，则必然会做到，它较之迄今为止所采用的一切办法更适合于支援战争的需要。

论财富、货币和赋税的性质

伍纯武 译

目　录

我们发现社会上盛行对于这三个问题的错误见解

第一章

概论

一切人都想望富有，大部分人只是为了发财致富而夜以继日地工作；但是为要达到目的，人们惯常采取错误的途径。

在要想真正获得可能成为永久的财富一事上，人们首先犯的一个错误，便是对于富裕的概念，如同对于货币的概念那样，产生了误解。

人们认为这是不能过度地捞取的东西，不管人们处于什么情况，也决不能占有或者取得过多；关心他人的利益，不过是一种纯然的空想或者是宗教的见解，算不上学说、理论。但是，这里要指出，有人设想一些人如此奇特地，醉心于占有一切土地和土地的财富，一点也不放过，一点也不减少，但是，如果他们不能自由支配别人的劳动，他们不是就成为最不幸的人了吗？在人类社会中，他们不是更喜欢一个乞丐似的处境吗？这种设想的错误是严重的。因为首先，在上述情况下，他们自己必须成为自己需要的一切物品的制造者，但远说不上能够满足他们肉体的欲望，如果由于本身继续不断的劳动，他们能够取得所需的生活资料，那将会是一桩了不起的事；而且，一旦害了一点小的疾病，就无人为助而难免于死亡，或者陷于绝望的境地。

即使不把事情设想到这样绝，只是极少数的人占有着很大的土地，如像翻船遇难者有时在荒岛上遇到的那样，他们不是也同样的不幸，更谈不上国君的尊贵吗？拿西班牙人发现新大陆的事件来说，这种不幸是千真万确的；在那里，他们虽然是第一批的征服者，虽然是用烟桶[①]量金装银的国土的绝对主人，但在许多年间他们却度过了这样困苦的生活，以致除了许多人饿死以外，差不多全部人员只靠自然中最劣的和最使人厌恶的食品来保全他们的生命。

因此，给一个人确凿无疑地带来富裕和丰足的不是他所占有的土地的幅员，也不是他所拥有的金银——财迷心窍的人所竖立的偶像——的数量：正如我们刚才所举的例子那样，广大土地和大量金银只不过造成困苦；在采矿地方的日常生活情况同样可以证明，那里每人一天花费五十个埃居（古银币约合三利弗尔）的生活，没有在匈牙利花费八个或十个苏（十个苏等于半个法郎）一天的生活过得惬意，而在匈牙利则八个到十个苏一天已经几乎能使人们丰盛地享受一切生活必需品并且过得舒服。这个不可置辩的现实可以使人看到，如果土地没有耕种，金钱不能交换目前生活必需品，如食品、衣服等不能缺少的东西，则虽拥有广阔的领地和大量的贵金属，也只能使他们的所有者悲惨地死亡。所以，只有衣食等物品，才应当称为财富；这是造物主在创造大地之后，安

① 这里烟桶一词是指容量二千七百公升的大桶。——德尔

排了第一个占有土地的人的时候所给的名称;因此,不是金子或者银子够得上财富的称号;因为金银只是在很久以后才被使用,而在原始淳朴社会时期,至少是按照自然规律来说,财富已经存在于世界居民之中了,违反这一规律的阶段,曾是普遍贫困增加的阶段。再说一遍,人们把这些金属当做一种偶像来膜拜,而把原来在商业交易中求助于金银的目的和意图置诸脑后;这就是说,这些金属在商业中之所以被采用的目的,是为了使它们在商品的交换和流通中起保证作用,这又是由于商品种类繁多,不再能进行直接交换的缘故;可是,人们几乎离开了贵金属的媒介作用,而将它当做神明来看待了,他们为了这些神明已经有所牺牲,而且经常还在牺牲着更多的财物和宝贵的需用的东西,甚至还牺牲了人;而对于这个在最大部分人民的迷信和宗教中这样长期地形成了的假神,就是古代蒙昧的人也决没有作出过这样多的牺牲。因此,专为金银写下一章倒是可取的,在这一章里,我们将要指出从什么地方把这种混乱带进人类社会中去,尤其是在最近,造成了这样巨大的祸害,甚至一些历史学者关于古代最野蛮的民族遭受到最严重的洪水泛滥时的惊人的描述,也不能与之相比。我们希望在找到了祸害的根源之后,挽救的途径将会缩短;这将能够使人们从盲目无知中回转过来,因为他们经常都在毁灭无数的财物,土地的果实和生活上的便利设施,而这些东西则是足以维持人的生存的唯一的东西;同时,还要还它贵金属的本来面目,这种商品的本身完全没有什么用处,它的被用来为人类服务,像我们已经说过的那样,只是为了便利交换和贸易。我们希望把这个不可置辩的事实加以检验之后,我们就明

确人民的困苦只是将原是奴仆的当做主人甚至当做暴君看待的结果；我们将改掉这个错误，恢复事物的自然状态，这种反常状态的结束，也将消除公众的祸殃[①]。

第　二　章

作为货币的金钱的真实职能。——在这方面，社会中广为传播的不正确的概念。——货币使财富流通但并不生产财富。——不一定需要金属充当货币材料。——人们怎样可以不用金银也行，在今天甚至信用又如何代替了金银。——里昂集市和商业交易只借助于纸券

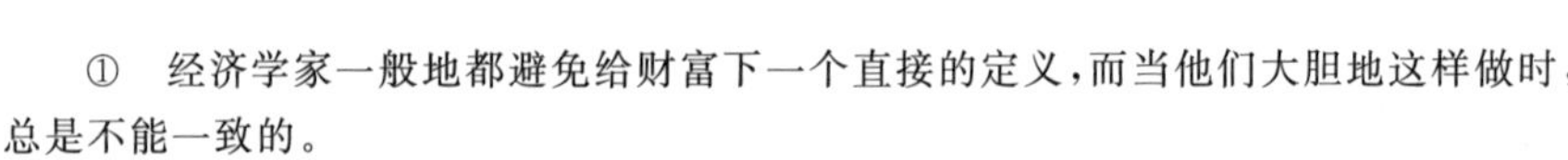

① 经济学家一般地都避免给财富下一个直接的定义，而当他们大胆地这样做时，总是不能一致的。

亚当·斯密说过："一个人的富有或贫穷，是按照他拥有较多或较少的提供必需品、舒适品和娱乐品的手段来确定的。"

这个见解，已包含在我们刚才念过的概论之中，但它对于财富的性质和它作为提供必需品、舒适品和娱乐品的手段一点上，还没有明确地表达出来。然而，谁要是细心地读过斯密的书，则对于这个杰出的学者心目中的财富主要地是指物质财富这一点上，是不会有任何怀疑的。

马尔萨斯表示同样的意见。按照他的说法，财富是"对人类必需的、有用的和惬意的物质的东西的富足。"

在迄今人们所写的优秀的政治经济学的基本论述中，德鲁日先生袭用了同样的学说，他说："财富是一切为人类的需要服务的物质财产。当这类财物是十分多的时候，国家就是富有的了。"

让·巴蒂斯特·萨伊在将一切财物分为自然财富或者是不易据有的，和社会财富或者是易于据有的之后，满足于这样的说法：财富就是所有物，它由人所占有的物品的价值构成。

最后罗西先生宣称，"一切可供满足人的需要的物品就是财富。"在下了这一定义之后，和萨伊同样，他承认非物质产品的财富性质。

不论这最后两位权威学者怎样令人尊敬，我们同斯密、马尔萨斯和德鲁日先生一起坚定地认为财富不是看不见的、触觉不到的和没有实体的东西。——德尔

人们对于金钱所应有的正确概念和对财迷心窍的人在社会中所建立的、几乎普遍地被接受了的概念之间的距离，比天和地之间的距离还要大些；好不容易正确的概念刚被认识，而由于对它的疏忽，可能就造成这样严重的腐败堕落，以致国家沦于破产，甚至带来比最强大的外敌入侵的蹂躏更大的祸殃。

如人们曾经指出过的，又是众所周知、不容否认的，人们日夜当做偶像来膜拜的金钱，实际上本身完全没有任何用处，既不能吃，也不能穿；然而在那些对金钱贪得无厌的人，和为了发财而不分好歹的人中，却没有哪个因为丰衣足食、可以维持生活而在对金钱的追求中迅即停下来。

然而无论现在或过去，金钱至多只是领取商品的一种手段，这种手段只有在事先出卖商品才能获得，无论是收受金钱或付出金钱的人，都是普遍地怀着这个意图（领取商品）的，因此，如果全部生活所需，像在原始社会那样，减少到三种或四种，那么交易就会变为直接的以物易物，即在当前若干国家中，还仍然在进行着这种交易，这样，今天认为如此宝贵的金属，就变为没有什么用处了。

任何一种可供人类食用的商品，即使是品质低劣，不管上市的数量有多少，也为人所喜爱；如果它被完全禁止或者有钱人买不到它，那么有钱人就会马上陷入像神话中的米达斯（Midas）[①]那样的绝境。

① 米达斯是神话中的人物，也是小亚细亚腓尼基的国王，他曾经从罗马酒神巴修斯（Bacchus）得到点物成金的法术，但在还没有满足他的黄金欲时，他的食品、衣服等物由于他的接触而都变为金子，这就使他不能生活下去，他只好求神解除他的这种点物成金的法力了。——译者

腐败习俗和繁文缛节促使生活需要的增长，于是从人类原始社会需要的三种或四种的物品，增加到今天所需要的二百种以上的货物；因而就再没有办法来进行像原始社会那样的物物交换；同时，一种商品的卖者，不可能经常同他实际上所需要的商品所有者相交换，而为了取得他所需要的商品，他就必须售出他所掌握的商品，这里金钱就出来帮忙；他从买者收到的金钱，就是有保证的购取权，这能够使他的意图，在找到他所要交换的商人的地方，按照和他所售出的商品具有一定比例的价格，得到落实，所以在社会中使用金钱，至多只是作为交易和相互让渡的保证，这就是金钱的唯一职能。每一步背离这个职能并为人们所容忍，就是对国家幸福的损害，更不要说像今天那样走到可怕的极端了。

实际上，只要金钱保持这种职能，不仅是丝毫没有损害，而且不致为了收回它而必须经常牺牲这样多的受害者；它的倔犟不驯行为即使是如此的少，如果人们相互了解，也会容易将它弃置不用；虽然人们没有注意，每时每刻都会发生这样的景况。

所以，至多只是如像刚才说过的那样，在人们出售所拥有的商品时，没有立刻收到他们所需要的货物，于是就要使用金钱作为将来交付商品的一种保证；可是一旦不必经过金钱的中介就能取得货物时，这就会使它收敛起它的骄横气焰而全然处于无用的和静止的状态。

人们将黄铜和青铜铸造了大量的货币，不是就代替了金银货币了吗？在某一时期，人们不是曾经常用皮革，打上国王的印记，使发挥金钱同样的效能，甚至更大的效能，因为它的本身虽然不值什么，但在提供生活所需物品的作用上，不是秘鲁和新大陆的大量银子所不能做到的吗？

在马尔代夫(Maldiues)群岛的居民并不是野蛮人，从他们相互的关系看来，他们甚至生活得豪华而文雅，在那里，用小口袋装着的某些贝壳，就有着同在别处流通着的金银同样的效能，可以保证人们得到现在或将来所想得到的货物；尽管这些岛屿甚至到今天还没有解除贝壳这种职能，但不断使用着另一些与贝壳同样低微的物质充当货币，让贝壳安静地忍受着竞争。

美洲的一些岛屿虽然盛产银子，但长期以来不知道在日常交易中使用，甚至定居在那里的欧洲各国人民，为了满足他们的生活需要，或者就地取材来制造，或者依靠由旧大陆运来丰富的物资，而他们也不知道银子的用处。

单单是烟草就尽到了金钱的功能，无论是在大批交易或零星交易中，烟草都可以充任媒介：如果人们要想得到一个苏的面包甚至更少一点，只要付给一定数量的这种土地产物就行了，这种产物有着固定的和明确的价格，其无可争辩之处，正如流通于任何国家的货币一样，手头有了它，一切的必需品、舒适品和奢侈品，就同在其他地方一样，不愁缺少了。

但是，我们认为，将金银当做财富和幸福生活的唯一的源泉是一个严重错误的学说，是不是还需要找出更多的例子来证实呢？

在欧洲，为了使金属的使用在这方面明智一些，这就是说：摧毁它所篡夺的权力，将它限制在名副其实的范围内，也就是说金银只是商业交易的仆役和奴隶，而不是商业交易专横的暴君，为此，人们甚至经常采用一种更加便宜而廉价的办法；为了代替金属在商业中的作用，不是像前头所提到的地方那样用铜、用贝壳或用烟草，因为取得这些东西，也要花点力气和劳动；而现在只需要使用仅仅一张纸券，它不值什么，可是它能够代替金钱和履行金钱的一切职能；代表的币值可以达到百万以上，并且可以无数次地流通，其转手次数之多，正如金属还没有脱离它们的自然状态，而是根据一定的准则被世人拿来派用场时的情况一样。

所以我们要向那个深受流行的格言影响的文明民族（指法国——译者）提出一个问题——这个民族完全漠视今天使一切人得以生存的商业交易的实践和习惯，甚至由于恐惧而绝不愿意知道承认自己的错误是没有什么害处的——这个问题就是：在欧洲有着很多例子说明一个以确实富裕著称的商人，建立起昭著的信用之后，他的票据不是和现金有同样的价值以至更胜一筹吗？如果这些票据具有着现款全部的功能和效验，它们不是比金属具有着特别的优点，如像便于保存和转移，不怕被暴力夺取等等有利条件吗？

还不止此，只要这些票据是掌握在贤明、忠厚的人们手中，它们就不用兑现，因为无论从以往或当前来看，这些人只想谨慎地使用票据，他们都不会轻易让度他们的财物，尤其是一个巨额的财物，除非用来置备等价的不动产或动产，如果他是商人而不是只有日常开支的消费者的话，这种日常开支（不管已经付的或者将要付的）是用不着使用票据的唯一的场合；否则，经过无数次的转手之后，它将使大家都发财致富；在保证了现场交付不了的货物将来交付之后，票据将回到它的原先出票人的手里，或者只需贴现就行。

这种情况不就是一个普遍的富裕吗？这就是说，没有动用即使少量的金钱，即有惊人大量财物的消费和享受。这样，那些拜金主义的说教者的猜想，未免差得太远了，他们将金银奉为监护生活的神，认为人们的幸福与不幸，只是按照他们狂热地追求的贵金属拥有多寡来决定。

里昂的定期市集每年都证明那些持有与我们相反的意见的人的错误，市集有时兴旺，有时不佳，绝不能归因于金钱的丰足或缺乏，因为在一年合计达八千万法郎以上的交易中，不论出售或再出售，人们都没有使用一个苏的现金；一切交易都是用票据进行；正如已经说过的那样，在无数次的转手之后，票据终于回到第一个出票人的手里。

这里只需要指出，特别是在一个充满生活必需品和舒适品的国家，金银数量的多寡，对于居民能否过丰裕生活一事是不相干的；但只当金属仍停留在它们的自然状态的范围内，才是如此，因为，如果一旦贵金属越出这个范围，正如人们在好些地方所屡见不鲜的那样，它就会变为必需的了，因为它已僭居了暴君的地位，独占了财富的名称而不容许别的东西有这个称号；这就是我们将在下面一章要看到的，在那里，我们将指出金钱背离了它的职能的两条路线，其中之一是野心、奢侈、贪吝、游手好闲和懒惰，另一条是明确的犯罪，有些犯罪行为是被法律所惩罚的，另一种是经常由于愚昧透顶所造成的。

第 三 章

从经济观点划分人类。——文化使金钱获得的重要性，以及由此而产生的严重弊病。——在什么情况下它使真实财富的价值降低，李扣格(Lycurgue)如何试行消除这个混乱。——在征收赋税上使用金钱的恶果

当人类的第一个人犯了原罪后，神对他所宣布的处分是，此后人类的生存和生活，只能靠他们自己出力和流汗来维持，而在原始社会中，这就是说，当社会中还没有任何的等级和身份的差别时，这个处分就已经严格地执行了；那里，每一个人既是自己的仆人也是自己的主人，按照他本身利用土地的能力的大小，相应地享受土地的宝藏和所生产的财富，什么奢望和豪华都谈不上，只限于食品和衣服的自给。世界上最初的两个劳动者，同时也是两个君王，他们分别从事两种职业：一个为了取得谷物而在土地上劳动，另一个为了自己的穿着和交换食品而牧养羊群，他们彼此相互地享受着劳动的果实。

但是，久而久之，犯罪或暴行出现了，那比别人强有力的人，自己一点也不愿意劳动，却只想享受比较弱者的劳动果实，这就全部违反了造物主的命令；这种腐败行为过度发展的结果是，今天人类完全被划分为两个阶级，一个阶级本身一点也不劳动，可是却享受着应有尽有的快乐，另一个阶级从早到晚地劳动着，却难得温饱，甚至时常被剥夺得一无所有。

就是在这个体制下，金钱走出了它背离它的自然用途的第一步；它的必须作为其他一切商品的等价物，并随时准备着为进行交换服务的自然用途，很快就受到了巨大的打击。一个贪图酒色耽于逸乐的人，在他的一生中，只勉强有足够的时间用来满足他的寻欢作乐的要求，对于他所拥有的房屋和充满粮食以及其他土地果实（它们是在一定的季节和时间按时价出卖的）的仓库，他是满不在乎的：在这方面的操心、期望和忧虑同他的那种生活是不相适应的；事实上他手头的现钱只要不到一半，甚至四分之一，就能使他的事业进行得很好，而他的寻欢作乐的目的也就会更秘密地和更迅速地得以达到。

在这些场合，这种对一切种类商品的掠夺行动，以一种可怕的方式扰乱了金银和一切种类物品之间必须有的平衡。为了取得前者人们狂热地追求，但对于后者则挥霍无度，把前者捧上了天，把后者打落深渊。这就是说，商业交易中的奴隶变成了暴君；但是那只是商业上使人恼火的事情的一小部分。金钱为一切罪恶行为服务所提供的方便，随着腐恶思想越来越迷住人的心窍，促使它要求增加对它的报酬；毫无疑义几乎一切罪恶行为都要为国家所禁绝，如果对这一要命的金属也能这样办的话，如像以前我们曾经指出过的那样，贵金属为商业服务的一点功劳，还抵不上它所造成的罪恶的百分之一。

窃贼和强盗更不用说了，他们在强夺别人的财物时，金钱成为他们唯一的主要对象；他们不是凭仗权力或名义，主要凭仗暴力，不单是能够强夺，甚至能够将赃物（贵金属）隐藏起来以避免追查。

如果财富的构成只限于生活必需品，强盗们就失去掠夺的两种便利；他们一次只能夺取财物的一小部分，甚至为了运走这一部分赃物，也需要有很多的马匹和车辆，而这些东西又是不能隐藏起来的，以致一切都会容易被认出来，结果也就容易破获。

古代的第一个立法者李扣格[①]对于货币所造成的这个混乱认

① 据传说，李扣格（Lycurgue）是古代斯巴达的立法者，他曾铸造价值低而体重的铁币，以限制人们对金钱的贪婪，消除对货币的收藏和积累的欲望。——译者

识得如此清楚，因而在他的共和国中他所铸造的货币，就是使用一种极其普通的金属，货币的体积又是如此的大，以致这个所谓的一切商品的“精华”，具有着几乎同它所代表的货物本身同样大的体积；因此，这样货币对于盗贼和破产赖债的商人以及一切需要在暗地里偷偷犯罪的人，就不能提供方便之门。

但是现在还没有到结束使用那造成罪行的金钱的时候；如果没有金钱这种不祥的代表，罪行的发生可能会被由于使用其他种类的财物所阻止。例如破产赖债的商人，完全搞乱了商业，致使人人心怀疑惧，这对于人们可能使用信用和票据进行交易一事，起着妨碍作用，如果不使用金钱，他们几乎再不能如像他们每天所做的那样，逍遥法外地去掠夺别人了。我们知道他们玩弄的赌博和花招，是为他们取得或好或坏的名声服务的；他们从一切方面，按照对方所定的这样那样的价格通过信用来购货，因为他们已经打定主意决不兑现；随后他们就在当场进行现款交易，转售一半或近三分之二的货物，并继续进行这种诈骗直至他们的票据到期；于是，借口那所谓的必须信以为真的亏损，他们就把剩下来的财物全部让渡出去；如果期望证明这是诈骗，则须进行一场旷日持久的诉讼，而那受害者为此而蒙受的损失，更有甚于破产商人本身。

从国家整体来说，这种欺诈行为的破坏程度还算是比较小的，但由于金钱使用的日益频繁，虽然它是被用于犯罪的勾当，金钱的价值更加抬高，正如我们所说过的那样，金钱被捧上了天，同时，天平另一端的货物的声价，则一落千丈；人们为了达到罪恶的企图而挥霍无度，这使得金钱取得了宝石一样的价格，而货物则不比草芥更值钱。虽然这种行为只是在某些个别人身上发现，但不能让整

体受到感染，因为一切财物，无论是动产或不动产都是息息相关的，其中一部分即使受到最小的感染，或好或坏，都会很快地影响到其余的部分。

在一个市场上，小麦价格不能大幅度地提高或降低，如果这种倾向还没有很快地达到邻近的地区的话；只要有三、四星期的继续涨价或跌价，行情的这种变化就会从王国（不管它的幅员多广）的这一端波及另一端，有时甚至更远。

打个比方，尽管人的四肢的一端长了恶疽，也能够很快置人于死，虽然在开始时，身体一切部分的情况并不坏，很健康，并且离患处很远；关于这点，我们将要在下一章作更进一步的说明。我们所要分析的将是财富问题，必须指出，为了使国家（尤其是在一个得天独厚的国家）变富裕，财富应当是什么性质的东西。

有关金钱为害的叙述证明只是由于它，在许多没有注意到应当将金钱限制在正确的范围内的国家，造成比史不绝书的各地野蛮民族进行种种暴行的破坏更大，现在结束这种论述还不是时候。

直到目前，由于金钱所造成的混乱，不管多么巨大，正如刚才我们所描述的那样，都是法律所禁止的罪行，当秉公处理时，法律会予以严惩；对这种巨大混乱的斥责或描述，只能在制止混乱的愿望得到实现时才能终止；可是，这些罪行中的某些种，如像那些赖债破产的商人之所为，他们却离题很远地提出他们的理由，说这些混乱是由于国家以前的失败不可避免地造成的，而不是掠夺或明火打劫的结果。这个不祥的、成为万恶之源的对金钱的偶像崇拜，如果只有顶礼的弟子，而在法律的严厉制裁下没有他的藏身之所，那么也就不会有挤满信徒的庙宇。

看,这里还有其他的拜金主义的随从,就是那些负责使人民向国王缴纳赋税的人们:公众意见暂且不说,他们在许多场合所作的严酷追究和谋求,极尽诽谤、猜疑和蛊惑人心的能事。相反地,这些人能够为国王作出最大的贡献,则是使人看到国王和官员们在忍受着欺骗,这就是说,他们凭仗权力,规定纳税宁要金钱不要任何实物,虽然也是出自好意,然而在国君看来,金钱或实物可能没有什么差别,如像他们所收的军饷不管是金钱或是实物看来也是相同那样,就军队看来尤其是如此,他们一领到饷银,马上就换成食品和其他生活必需品,因此像有许多地方所实行的那样,按照相等的价值把实物直接发给他们,而不必再借助于金钱作媒介了。

我们对于这个真理,将在专门的一章作进一步的阐述和探讨,那里,我们将指出,有这样的国王,对于他军队中的任何人,从来不发给一品脱(约合 0.93 公升)的酒;如果人们根据自愿决定,不论如何折价,要得到的是金钱而不是酒,那么,他们虽没有牺牲这个实物的数量,他们应得的二十个甚至一百个品脱的酒的给养就会取消;其余的给养也是一样。

那些弄权的人往往感到缴纳给国王的金钱只是在数额上关系重大,至于他们是采用什么方式方法向人民征收这些金钱,以为可以置而不论。同时,虽然国君征收税款只是为了供给他所要分配的人们以提供其生活之需的手段,但经征人却敢于主张说,在进行这种命运攸关的征收时,绝不用考虑到作为中介的金钱曾经不止二十次地糟蹋了或消灭了这些必需品,以致君王或领取军饷的人不能用金钱来取得由它提供的和由它给予分配的生活必需品。

这就是贵金属犯下的可怖的罪行。这种罪行,不要说会像强盗那样受到宪兵司令的法办，却反而经常得到荣誉、褒奖，尽管它对于人民干下不少可恨的坏事，它所造成的祸害，甚至超过了那些恶名昭著、肆无忌惮、穷凶极恶的强盗。

以前全部在耕种着的王国，今天却荒芜了，那最宝贵的土地果实不生长了，由于耕种结果不能补偿耕种费用全部土地被放弃使用了；尤其是在酒类上，当邻近国家没有酒只有水喝时，它们就会像购买生活上极端需要的物品那样不惜出过高的价格去买酒，可是酒的消费，还只占可供消费的东西的百分之一；这时那些用来和它对换的其他的主要物品和稀有货物，也就蒙受到同样的命运；这一切的物品，我认为，虽然都是不会说话的哑巴，却同样是活生生的见证，它表明人们宁愿听任这些金钱供应者制造罪恶和混乱，凌驾于各种各样的暴力和困扰之上，我们这样说，一点也没有夸张。

实际上，如果对于每种土地果实和每种商品的赋税的征收，如像过去长期采用的唯一的办法那样实行实物税制甚至今天在许多地方还是实行这种办法；既然一切税收最后只是为了达到征集商品的目的，而这个残酷的中介物——金钱，由于它的决定命运的职能，却糟蹋了如此大量的商品；我以为，如果赋税真个实行征收金钱，则对于它所招致的后果的憎恶将会完全阻止金钱的采用，或者至少经过第一次的实践，就会尽快予以抛弃。——是不是人们将会能够悍然颁布一个法令，规定：任何人在他的土地上收获三十色梯的小麦，就要纳四十色梯的税；而另外一个应纳二百色梯赋税的人，凭借他的信用，只要负担四个色梯，甚至更少？——像这样一种要求及其实施会呈现一种丑恶可怕的面目，这就需要予以掩盖，而金钱就是能够非凡地起这种掩饰作用的；它能够替那些采用这种措施的发号施令的高级官员遮丑；这样一来就只有着一种关于具体细节的混乱概念，而这只有从实践中才能发觉出来，这就是说，从私人生活中发觉出来，而这又同高官们的地位、身份隔得很远；他们完全不知道，无论是谁，除非出售他手头的商品，他将不能付出一个苏，充缴纳赋税或其他应付的款项之用；因此，对于金钱的要求，就须有严格的限度要按自然的规定办事，不能被违背而不产生可怕的祸殃。

实际上，如果认为赋税征收金钱不成功只是单纯由于纳税人拒绝缴纳，那么可以说，所浪费掉的不过是时间和纸张；但是事情远不是到此为止；道德方面和自然方面办不到的事，不能阻止那些担任强征税收的人却强迫自然使之屈服；应在纳税之前承受的遗产，各种需求，如像耕种用费，以至供耕种用的器具和工具，首先会被牺牲；结果一定会造成全部土地的荒废，这就是说为了一份利益而损失了一千份，捡了芝麻，丢了西瓜，可是对这一确凿的事实，那些只顾眼前利益的人，是不会予以任何考虑的；这可能是，或者他们为迫于形势的需要而干出这样的事，否则他们自己就会蒙受同样的损害，这是众所周知的了；或者是由于他们稀有的好机会只允许他们付出这样的代价，这也是同样地司空见惯的了；总之我认为，在这样或那样的情况下，这种不惜牺牲公众的福利、付出如此高价换来的眼前利益，把招来的一切恶果置之不顾，尽管这种恶果很多和很可怕，而后者又是和这种行为分不开的。其后，一切手段都用尽了，一个人不能做那不可能做的事，就是说，他不能拿出他所没有的东西，于是他就变成罪犯；人们将他带进监狱，在那里面整整关了好几个月，使财务的损失增加了，因为他的时间和他的劳

动是他收入的唯一来源，同时也是国家和国王收入的唯一来源。

看啊，在税收上金钱这个好家伙就是这样干的，如果它的为害不是超过强盗所用的家伙的话，它和后者也没有多大的差别；因为后者所抢劫的东西，仍然留在国内，它只是犯了法，而在前者的情况下，货物却化为乌有了。

国王和那些拥有二百色梯的收获而只纳税四个色梯的人们自己，让那些贫苦的人们，只有二十色梯收入而要负担三十色梯的赋税，这是完全自己害自己，对于国王和那些收入多的人没有什么好处，正如我们将要在专门论述真实财富的一章中会看到的那样，这是完全在为他们自己造成破产的后果，而在那一章里面我们将会指出，这些有权势的人物，如果愿意在上述的二百色梯的收获中拿出五十色梯来交税的话，他们是会得利的，甚至当他们愿意不使那些不幸的人们陷于绝境的话，他们还会得到很大的好处，因为维持这些人的生活，能使富有者更为富有（虽然这可能是他们理解得最差的地方）而那些不幸的人们不可能受到重大损害而不给整个国家带来共同的损失。

在某些对酒类抽税的国家，为了要使极其荒谬的行为至少也不暴露出来，金钱起着掩盖物的作用，在它的掩饰之下，人们无中生有，强征那不可能有的东西，而这种行为所招来的悲惨后果，却差不多从没有使这个坏透的措施的制定者醒悟过来。

人们在安静地考虑着酒税这个问题，往往以为在一个葡萄园或者在酒桶里金钱会增加起来，而不是只能够在售出货物时捞回这些金钱；以出售而论，它所带来的好处远不能与大自然产生的一切产品带来的好处相比，因为在它所取得的价格中，有一部分人们必须视为神圣不可侵犯，夺取这一部分不能不认为是清白无罪的，这就是说，价格必须能够收回成本，否则世界上任何人都不会再有什么。

就算是这样吧，再说一遍，人们却设想着这样的奇迹：当人们并不愿意对那明智的、慎重的和政策上尽善尽美的法律有所抵触时，却安静地在祈求着那只能生产三十矛酒的一块葡萄园地，提供四十矛酒的价值，又在只装二百品脱的酒桶里，产生三百品脱酒的价值；这样，葡萄园主即使罄其所有的货物，也不能还清所欠商人的债，于是就必须拿出他本人的私财和其他财物来偿还债务的余额，这类事例在欧洲国家中也不是罕见的；这是一件坏事，为了应付它，人们除了放弃耕种上头提到那个产物之外，就找不到其他补救的办法；因为放弃生产，就可以避免在这一财物上所受到的损失，在许多国家中，这种损失每年竟达到上亿（法郎）的数目；还不止此，由于彼此间休戚与共，坏事会在其他种类的财物中引起连锁反应，几乎使一切财物遭受到同样的命运；这就可以看出，是从什么地方开始造成了这严重的损失和这个可怕的遍及一切物品的缩减，而这个缩减，是使同一个国家的动产和不动产都会受到影响。这样，金钱以其一个极可怕的方式，越过它的自然界限；它曾取得凌驾于一切商品之上的优越的价格，它原来只应同这些货物进行竞赛，以保持国家的协调一致，也就是说，国家普遍的富裕；然而金钱所做的，远不是为贸易和生活必需品的交换提供便利，而是变作了企业家的暴君和吸血鬼，每天通过对财物的干脆的消灭，致使非常大量的东西白白牺牲掉；之所以如此，不过是为了要取得非常少量的贵金属，可是整个国家却要为此付出大的代价，至于企业家之

占有货币，比起海盗来罪过还大一些（尽管他们自己根本不这样想），因为这种占有造成的灾难，超过其他灾难（不论是多么巨大和惨重）达二十倍。

第　四　章

真正的财富由一些什么构成。——社会生活的各行各业相互为用。——一切卖者必须是买者，反之亦然；一切交易对于参与的双方都有利，从全体的利益看来这是必要的。——这个结果，如同工业的改进那样，也只能依靠生产者的竞争和自由来实现。——各种各样的商品，尤其是土地产物的市价按比例平衡的重要性。——这个平衡对货币需求的影响。——小麦价格低廉的灾难性后果

在这些论文[①]的开头，对于真正的财富由一些什么构成一问题，我们曾作了一般的论述，那就是说它包括人们全部的享受，不仅是生活必需品，也包括非必需品以及能够满足人们身体官能的快乐的一切物品，对于这些物品，生活腐化堕落的人们经常都有所发明创造和精益求精；然而这个全部的享受，在各种各样的情况下，当出现了超过必需的过剩时，就会使那些相差很远的缺少者有自给的能力。

人的富有只限于简单生活必需品的享受，这是在淳朴的原始社会中的情况，那里，只有三四种职业的分工；在很多国家，由于土

① 参看《法国详情》第十八章，《法国的辩护书》第四章和本论文的第一章概论。

地方面的或者智能方面的天赋很差，仍然存在这种情况。

但是今天在一些天赋较厚的国家，却已出现了奢侈品和满足官能快乐的物品过剩的现象，那里有二百种以上的职业，而天天在创设的新职业还没有计算在内。

所以在这些方面较为具体和详细一点谈谈是适当的，同时也要指出如果大量拥有必需品以外的、人的智能所能发现的种种东西就算做财富的话，那是一种最危险的情况，而且是最需要当心的；否则，本来是为享受奢侈品而从事的活动，当所采取的措施不善时，便只会导致生活必需品之被剥夺，从而使一个富裕的国家陷于极度困苦的境地。

今天有二百种职业出现于一个富裕而文明的国家中，从面包师到喜剧演员，其中的大部分，初时只是为了满足肉欲的需求而陆续出现的；但它们不是一下子即建立起来或扎下根的；不过，此后就成为一个国家实体的一部分，而不再能够被拆散或分开而不立即损及整体。它们就是全部，直至那人数最少的或需要最少的职业都是如此，正如奥古斯特(Auguste)大帝(古罗马皇帝，生于纪元前63年，死于纪元后14年)一样，人们曾极确切地说，他本不该生，也不该死。

为了证实这个论点，就必须同意一个原则，这便是一个国家的各种职业，无论是什么，都是相互为用和相互支持的，这不仅为了供应彼此的需要，甚至还为了保持彼此本身的生存。

没有人不是按照一种严格的条件——尽管这是心照不宣的——购买他邻人的货物或者他的劳动成果，这条件就是，卖者将进行和买者同样多的购买，这或者是直接地进行、如像有时会遇到的那样，或者要经过许多人的转手或经过居间的行业的流转，不过到头来总是一样；如其不然，他就会站不住脚，因为，流通的停顿，不仅会使货物化为乌有，甚至还会导致他本人财产的损失，使他处于无力买回他所需要的东西的境地，结果他被迫宣告破产而关店停业。

所以，即使要付出重大的代价，也必须使商业无间断地继续下去，然而，这可是人们理解得最少的地方，这就是说，售价必须使商人不受亏损，使他能够继续经营他的行业并能盈利，否则，就等于他一点也没有售出。正在毁灭中的商人的处境，正如两只连接在一起的船舶，其中一只被放上火药并点着了火，结果就是两条船一起炸毁。

可是，由于可怕的盲目无知，没有哪一个商人，不是竭力破坏这种协调合作；不论是售卖或购买，都只顾维护自己的利益，甚至不惜为此诉诸武力。对一切人提供粮食的公共财富，只是由于神的意旨而存在，神支持着它，如像神使土地结实丰产一般；没有一个时刻，也没有在哪一个市场上，不需要神的从中干预，因为没有一次的交易人们不对神进行斗争。

只要事态保持在这个均衡上，人们无论在任何情况下，就没有其他的致富之道，只有强使邻人白白地劳动和献出技能，不是为了促使邻人降低商品价格而欺骗他，而是为了在算计上超过他。

因为用别的方法来发财致富已经无望了，竞争好胜便成为一般人的心理；此时，各种技艺日趋完善，富裕达到可能的最高点。

在本章中我们暂将金钱放在一边不谈，它在这里还不是财富的绝对主宰，也没有像它在相反情况下那样成为一切商品的败坏者，它只不过是商业中十分谦卑的奴仆，差不多没有人愿意让它退出市场；当货币流通量一时间显得过多，只要商品——不论是动产或不动产——是适用的，就不用有什么忧虑，对于它人们不存在什么特别喜欢或不喜欢的问题。

当现场不能实行交货，同时在买者方面，由于缺乏口头的或票据的保证，不表现出足够的偿付能力时，人们就宁愿求助于金银，这样，货币就只是和只应当是未来交付的保证；由于一切货物本身价值的可靠，几乎没有人会有金钱作担保的需要，金银就不再成为必需品；这样，其无可置疑的结果将是几乎人人谢绝金银而不用。

因此，既然金银对商业交易完全没有用处，为了不至赋闲，它就被迫去向家庭用具或奢侈提供服务，于是又去求助于金银器细工和其他的工艺行业；这不过又发生一次小小的混乱，金银在等待着人们对它的需要，如果人们需要的话，它是随时准备大显身手的，但是，如果国家没有毛病，是不会向它求助的；而这种毛病是这样非常的不舒服，如果它拖得时间长，治疗的时间总会比较病期短些，因为通过寻找金银的困难及其价格昂贵，人们可以认识到它的处境是十分为难的。

在另一种情况下，即在富裕的情况下，金钱是商品中最卑下的一种：而在穷困的情况下，它不仅是第一流货物，甚至成为几乎唯一的一种，在前一场合只有赤贫的人追求它，对于他们，它是完全必需的，甚至成为唯一必需的，因为他们处在奴隶般的地位，感到灰心失望，并想尽一切努力要摆脱这种境地；在后一场合，最富有者手头的金钱也仅仅够用，于是就使其他等级的人沦于最困苦的境地。

这一动向，对一个国家来说是一种很危险的疾病，它全是由于商品价格失调所引起的；各种货物的价格必须始终保持一定的比例，只有这样的协调才能使各种货物一起生存，它们的生产才能经常彼此相互促进。

但是，正如它们之间的失调结果产生了贫困，这种现象在欧洲并不是完全陌生的，因此必须找出谁是首先破坏这种协调的以及从什么地方引起这种混乱的。

在这些论文中我们曾说过，在一个得天独厚的、最文明的国家，使它臻于完善的两百种职业，全都是由土地产物所派生的；土地或多或少地能够丰产，以供消费，否则多余之物就会变成无用甚至成为一种损失：这种情况引起这些职业的出现，从最需要的行业如面包师和裁缝开始，结尾则是喜剧演员，它是最后一种奢侈性行业，也是多余和无用的顶峰，因为喜剧所表演的，只不过是一些悦耳的言辞，通过一种人们一听便知的、绝不是实事而是虚构的故事的简单朗诵，使人心旷神怡；在这种场合，甚至使人们忘掉了对衣食无着的忧虑，而愉快地出钱去听撒谎打诨的表演。

因之，当相反的情况出现，即贫困来临并取代繁荣的景象时，人们的改革就首先从这个职业开刀，因为作为多余的、奢侈性行业，它曾经是名列最后的。

可是，这是不会得到喜剧界的同意的，因为这个行业的解雇，就使舞台上的王牌演员本人陷于窘境；而这种紧缩不会只以那些演员为限，它会一天天逐步发展、波及其他方面去；根据我们曾经指出过的那些理由，喜剧行业的紧缩，不可能会实现而不搅乱整个地区以至一切行业。

就喜剧演员以至其他身份的人来说，因为他们受了牵累，同样被搅乱和折磨，难免抱怨叫苦；再一次指出，这是一种专业，有如奥古斯特大帝那样，他绝不应当拥立，也用不着罢免；奢侈品工人从给他挣钱谋生的人那里购买他的生活必需品，从而维持着农民产品的价格，只有这样才使农民能够向地主纳租，于是又使地主有能力向工人购买货物。

但是如果由于某些原因减少了人们可能对他们的同情，或者不如说为了展开有关他们被解雇原因的讨论，那么，我们可以肯定地说，其原因就是他们自作自受，自掘坟墓。

我们曾经说过（这是一条真理）土地的产物，主要是小麦，为各行各业的建立准备了条件；可是小麦的生产既不是侥幸得到的，也不是大自然的无偿赐予；它是继续劳动的结果，是用金钱购买的生产资料投入耕种的结果；这个最初的必需的天降之粮（玛哪），只是视乎人们慷慨地投入生产劳动和生产资料的多少而提供不同程度的丰收，而对那些不支付任何代价的人则完全靳而不予。

可是有一点值得注意，就是地主们虽然表现出拥有大量的财富，像是一切生存手段的绝对主人，但事实上相反，他们只不过是其他一切职业（包括喜剧演员在内）的经纪人、代理人；从管事到地主，天天都在为他们的生活打算；如果一个鞋匠没有面包不能维持生活，而在那不是他所有的土地上他是不能收获粮食的，那么，一个土地所有者也不能够不穿鞋子走路不买鞋子，由此类推。

我认为地主们时刻应当保证对耕种土地的费用账单的支付，从而使工业各种行业得到维持和给养；如果小麦价格能够偿付经营者的生产费用和应得的酬报，他们开销便有着落，家庭经济便能继续维持下去，那么每人都各安生业，不管是谁，也不会打算把别人解雇。

但是，如果不幸而遇到相反的情况，谷物的价格下降了（这在欧洲目前不是陌生的），以致抵偿不了耕种成本，而耕种费用一经定下来，就绝对不会像小麦价格那样突然降低，因而麦价一降低，就不能补偿小麦供给者已经用去的开支，也无法偿付他的报酬；同时，他也不再能够继续担负供养人民的任务；而城市的面包商，又被逼在面包价格低于小麦价格的情况下维持他的营业。

看啊，这就是混乱的原因和不协调的根源，它像雪球那样或像溃疡病那样，久而久之会扩展起来，以致在普遍富饶的环境中，造成极大的苦难。

一个喜剧演员，如像其他行业的充业员那样，只要花一个苏就能够买得足供全天吃用的食物时，他就认为面包价钱十分便宜，以蒙受上天特别恩赐而感到欣慰；如果需要两个苏的话，他就不会那么高兴了。

但是他没有看到他是一个不幸者，正如我们曾经说过的那样，他是在自掘坟墓；因为地主和佃农的利益是一致的，在粮食价格低贱的情况下，经租人和地主不能从佃户那里得到他的各种费用和报酬，于是势必紧缩开支，并从奢侈享乐方面开始削减，而喜剧演员便首当其冲；因为他愿意并每天在面包的开支上减少一个苏，从此每天连一个埃居也赚不着了。

令人惊奇的是，此后喜剧演员和顾客都装作自己是受害者，彼此最迅速地相互进行破坏，而且彼此都以为这样自己得救了；由于财富不是一下子就会增长起来的，他们的享受也是如此，一切都要一步一步地来，可以说，他们衰落下去时是这样，恢复时也同样是渐次前进的。

以前在富裕的时候，地主们每天都能上喜剧院看戏，这就是因为他们的佃户通过将货物售给如像喜剧演员等人而能按期向他们交租，现在则由于某种变故，发现收入减少了，这正如我们在前面所指出的那样，便是由于原来能够当场给企业者挣得金钱的货物，大大受到破坏；于是，因为经历着这种逆境，为了量入为出，紧缩开支，他们就自动地减少每周去喜剧院的次数到三次。

喜剧演员方面也遭遇到同样的亏损，也作了相应的紧缩，如果以前他们经常吃肉甚至鸡鸭，现在也同样地缩减着日常的膳食，并把吃得好的时间减少到以前的一半；同时，除了谷物价格降低以外，地主的佃户同时又是家禽商人，也感到向地主交租的困难增加了，而地主则是维持喜剧演员生活的大主顾；可是有人却大发谬论，竟将这个不协调的情况归咎于现金缺乏，好像人们是在秘鲁那样，那里人们一开始就单纯依靠银子过活。

这个把戏一直继续下去直到他们彼此全都互相分手，结果便是国家和君王的完全破产，其情况比什么都要严重。关于这些，我们将在后面君王的利益那章加以阐明。

这个论点也适用于一切其他职业，它们都是由于同样的行为和同样的环境而遭受苦难。

但是使人更加惊奇的则是谷物价格的低贱，尽管它确是造成公众苦难的主要原因，却被人看做普遍利益的维护者。

只有置身于完全相反的境地，人们才相信能够避免饥荒的恐怖，而饥荒对于国家的损害并不较小，因为一切极端，或者更精确地说，一切过火，虽然常是截然相反，却同样是有害的，这是永恒不易之理。

事实上，向往着谷物的价格低落到这样的地步，以致耕种者不能收回耕种费用，也不能向地主交租，并使他处于不能给仅靠劳动维持生活的工人以工作的境地，就好像人们因为曾经看到很多的人喝酒那样多，以致丧失了理性甚至还往往丧失了生命，便绝对禁止喝酒，甚至体力衰弱的人也不许饮酒健身一样。

但是，这里对于财富问题已有足够的说明；现在必须回头来论述贫困，虽则是对于其中一方的阐释，同时也是在替另一方写照。

第　五　章

关于贫困及其原因。——个人财富和公众幸福的密切关联。——社会地位是人的第一需要，劳动是社会生存的必要条件，得出的结论是：一切劳动者在一个不违反自然规律的社会中应当能够惬意地生活。——对于这些规律的尊重或工业的自由，是使旨在破坏社会协调的利己主义之继续发展不起作用的唯一方法。——什么是卖者与买者间的不可缺少的联系。——不认识这些关系的危险，尤其是当涉及农业生产的时候。——爱金钱甚于爱自然财富的结果。——这种金属怎样交替地成为社会的奴仆或暴君。——信用的崩溃和高利贷的出现。——国王和老百姓是不良社会组织中最吃苦头的人

大家都知道什么是贫困，每个人从早到晚地劳动着，无非是要避免这个境遇，或者如果他不幸已经处于这种境地的话，就要从贫

困中摆脱出来，除非是被情欲迷住心窍了。

所以，在对个人的问题上，大家都有这种倾向，但是竟没有人将眼光放宽一些，从整个社会来看，虽然包括国王和其他的人，除非在公众富裕的条件下，是绝不可能长期富有的；无论是谁，如果国内没有丰足的产物，也绝对不可能舒适地、长期地享受面包、酒、肉、衣服和极其充裕的奢侈品；否则他的地产将化为乌有，而他的金钱也将一去不返。

一般说来，没有一个人是自己能够制造他所需要的一切物品的人；同样地，也没有一个人无论如何富有，能够拥有足够广大的土地，在它上面可以生产差不多一切产品。

同样地，不论是谁，尽管拥有从价值上来说是很贵重的那种特别的和独有的货物，如果他不能将多余之物换得他所缺少的东西，那么他也将会是十分困苦的，并且还牵连到那些和他打交道的人，使他们同样困扰地被迫必须消费十倍以上他们所不需要的东西，并被迫丢弃一切其他的东西。

由于财富只是在人与人之间，行业与行业之间，地区与地区之间，甚至在国家与国家之间不断相互调剂、融合的结果；在商业的停顿以外去寻找贫困的原因，这是可怕的愚昧，而商业的停顿则由于价格比例的失调，可是商品按照一定比例的价格交换，对于一个国家的繁荣，对于它的生存的维持都是同等重要的。

大家为了各自的利益，日夜维护着自己的财富，于是养成一种习惯无论在什么事情上，他们对公众利益考虑得最少；虽然这其中也有他们的一份儿，但他们经常总是关注着个人的实利。

在这么众多的人中间，必须设置公安人员维持公共秩序并监督法律的遵守，因为这些人总只是在想办法破坏秩序和法律的；同时他们从早到晚总是在自己欺骗自己和吓唬自己，他们老是热望着“以邻为壑”，在别人倾家荡产的废墟上创建他们的富裕的家业。但是，只有大自然能够安排这个秩序并维持和平；其他的权力，尽管是出于善意，如果要过问其事就会将全盘搞坏。大自然珍惜它自己的安排，当它一旦看到由于外来的干预，人们对它的光辉和它的安排的明智表示不信任时，它就会马上降下一场大乱来进行报复。大自然的第一个意愿，是使一切人们可以依靠自己的劳动，或者他们祖先的劳动，生活得惬意；一句话，它已定下一条原则，便是使每种行业都要能养活它的主人，否则就必须停业另寻其他职业；由于大自然对人类的爱不可能逊于对畜类的爱，对于畜类，它不让它们中的任何一个来到世间而不同时给它以食物的保证，在一切地方，在人和自然发生关系的一切场合，大自然对于人类，也是一视同仁。

因此，为使这种安排得以实现，就需要使每一个人无论是卖者或买者都同样地得到好处，就是说，使利润得以公平地分配于双方。然而，如像人们在各种各样的市场上所看到的那样，在收市之前，为了破坏这个公正的法则，人们总是斤斤计较，争论不休：每个商人，不论是批发商或零售商，总是力图使交易的利益完全归于自己，而不是按照应有的比例来分配，即使这会弄到他本国同胞的财产以至生命都受到损失，他也不放在心上。同样，如果交易使用不准确的虚假的度量衡来进行，任何人居然在良心上也绝不会感到难受，也不考虑到这会影响到国家的破产；虽然，人们很可以拿福音上的格言来针砭这种行为，那便是，“人用什么样的尺度来衡量别人，他自己也将会受到同样尺度的衡量”；根据我们刚才所指出的那些理由，因为他要损人利己，从他的邻人的亏损中得到商品；他也就势必以同样的条件交出他自己的商品，这样的后果是屡见不鲜的。

因此，只是大自然或者是神才能主持公道，无论谁人都不要干扰；这样，大自然自会履行职责。它首先会在一切交易中，在售卖与购买之间，建立起同样的需求，使买卖双方谋利的愿望，成为各种各样市场的灵魂；而在这个不偏不倚平衡的要求的帮助下，双方彼此就同样地被迫要讲道理并对之服从。

对此最低限度的背离，即使没有涉及两者中的任何一方，马上就会败坏一切；同时，只要一方面首先对此有所觉察，他就会马上使另一方面屈服，听任其支配；并且，如果他不会把别人的灵魂赶出窍，他还算是心怀善意；既然他对另一方面不提供他所不用的物品，那就像在长期被围的城市的困厄中，逼迫人们为了活命就用比平日高百倍的价钱去购买面包那样。

这样，我们仍然认为应该听任大自然，也不必害怕有这样的事情出现；而且，只是因为人们老是搅乱和干扰大自然的安排，才会有那不幸之事发生。

我们曾经说过，并且还要说，为了保持幸福的境界，就必须使一切事物、一切商品，继续不断地处于平衡状态，并保持一个在商品之间的、按照一定比例的价格，以及使这个价格能偿付生产商品的费用。可是，我们知道，像在一个天平上的平衡关系那样，当一端增加了虽然是极少的重量，却立刻就会使另一端升高上去，好像里面没有东西似的。

在各种各样的商业中也会出现同样的情况:一种商品可能做到的一切,便是进行抵御别的商品的压迫,即使对方不会有什么外来的援助;但是一旦这样的事件出现了(这是屡见不鲜之事)人们就会立刻预言,无论是那从别人的不幸中得利的人,或者是哪个遭遇到不幸的人,全都完蛋了。

人们从两个方面遭遇到这种命运,这便是当商人或者他的商品遭受到某种剧烈的和意料不到的打击时,会产生同样的结果。

看啊,事物就是这样进行着,当商人中无论是卖者或买者,为了保持成为普遍富裕的唯一维护者的均衡,买卖双方就必须经常处于平等的地位,并且要使双方都为此承担责任或承认它的必要性,否则一切都会落空。然而,如果一旦出现大量的买者或卖者,为了满足某种意外的需求,或者由于同样的理由自己必须紧缩开支,那么,势必就要少买一些或者必须卖得快一些;可是,或者由于缺少买者,或者需要首先抛出商品,这样一来,商品就会迅即变为废物;这就势必使商人破产,因为,这时一些和商人打交道的人对他们的对手常是幸灾乐祸的,他们以为,从别人的破产中可以找到他们发财致富的机会了;但是他们没有看到,正像我们曾经说过的那样,这是他们在自掘坟墓。这样的困厄只要在一部分地方出现,就会毒化其余的地方;因为发生紊乱的这一小部分,正像传染性的酵母那样,能使一个国家的整体败坏,因为正如我们所指出过的那样,一切事物彼此都是休戚相关的。

以前曾经获得包括商人利润在内的市价的商品,由于意外的原因,如像负担新税一类的事,以致商品本身受到特殊的损害,为

了使卖者不致受损失，似乎就有提高价格的必要；但在买者方面，仍是不愿意考虑卖者的处境的，卖者为了每天的生计必须将商品售出，势必为了眼前的利益而以将来的破产作为代价。买者方面，总是抱有这样的想法，认为一切卖者只不过是买者的经纪人，他和买者的关系，正如管事之于地主，又如雇员之于商人，老板同意给他以适当的开支费用，就是给他的劳动代价；否则就要使他花上更多的劳动，结果则为老板带来更多的利润。

这种属于自然法权的公道，在商品较少的零售商业中则必须维持，否则商品彼此间将会发生互相破坏作用；这在谷物和其他商品的交易中，更有不能或缺的义务，因为谷物派生了生活的一切需要，不管它们有多少种类，谷物对它们都一视同仁，不厚彼薄此，但是双方交易必须旗鼓相当；否则，根据以前指出的理由，一方很快就会压倒另一方，而这就等于双方都立即同归于尽，正如我们已经指出而为大家所熟知的那种情况。

可是，混乱的出现，最通常是由于可怕的灾祸的来临，尽管谷物这种物品所遇到的灾祸不如其他物品，后者几乎全是由人手制造出来的，因而更受人的规律所支配。

但是，在这里大自然起主要的作用，几乎起唯一的作用，具有预见性和智慧来进行分配是它唯一的任务，同时，如像我们曾经说过的那样，局外人的插手干预，不管来自何方，没有不坏事的。

大自然对人类一视同仁并同样地无区别地要使人们生存下去。然而正如玛哪（天降之粮）那样，大自然赐给的粮食并不是对每一个国家都经常同样慷慨；同时它又会毫不吝惜地大量赐给某个地区甚至一个国家，而在另一地区，它却几乎完全靳而不予，它认为在互相的支援下，可以使彼此在用粮上得到调剂；通过谷物价格的极端高昂和极端低贱这两极端的调和交错，结果会形成一个全面的富裕；这不是别的什么，不过是保持极度重要的均衡，这也可以说是财富唯一的源泉；但那些徒有空洞理论的人，对此却是一窍不通的。

大自然不问是哪个国家，哪个君王，也不管他们是朋友还是敌人，也不管他们是否在战争状态中，只要他们不向大自然宣战，大自然不会去自找麻烦地对他们加以区别的；可是，如果这些人违抗了大自然的规律，尽管是由于纯粹的无知，正如我们已经屡见不鲜的那样，大自然就会对违抗者施加惩罚不稍稽延。

确实如此，在罗马帝国时代，差不多一切已知的地方，只承认一个统治权，因之，尽管出现了形形色色的统治者，在关于谷物方面，没有任何一个国君在这所谓的生死攸关的问题上，敢于违抗大自然规律；自从近代以来，曾在欧洲出现过很多次与罗马时代截然相反的情况，以致人们不愿意提及这种差别，但在罗马哲学家塞内克(Sénèque)的著作中却确凿地予以证明了。他用郑重的词句指出，在他那个时候，同样也在古代(虽然他的年纪已经很老，他对于古代有极其丰富的知识)，大自然即使在暴怒的时候，为了人类的生存，也绝对不会拒绝供给人们以生活的必需品：如果塞内克生活在近代的话，他不会说得这样确定的。

在近几个世纪中，我们知道，甚至在当代我们也经常发现，一些野蛮民族除了受大自然的支配外，没有其他的规律，也没有什么经典可循，这就是这个真理的活生生的确实的见证。大自然，野蛮民族的指挥者，所给予他们的饭食，真的不像文明国家中某些人家那样的盛筵精馔，因而难以下咽；但是一般而论给予他们的也远不是完全粗的饭食，这样就使得一切得以弥补拉平，从全然匮乏到一切丰盛这两种安排之间，可说的还有的是呢。

我们在这个问题上之所以这样推论开去，是因为对于应当视为神圣的自然规律的违背，乃是大众贫困的首要原因，而对此应有的注意又多为人们所漠视。

各种商品之间的均衡——普遍富裕的唯一的维护者，受到了最严重的破坏，以致王国内虽充满着财物，而人民却缺少所需要的东西，这就不用到别处去寻找穷困的原因了；某一个人之所以遭殃，是由于他的地窖里放满了酒而他却缺少其他的一切；另一个人在谷物方面也有类似的情况；结果，其他依靠工业为生的人，也同样地陷于困境，不能用自己的劳动成果换取所需要的面包和饮料，而经营食物的盲人，也由于缺少所需要的物品，同样处于穷困的境地，因为他不能用一部分的食物去交换其他的必需品如衣服、鞋子以及其他。

如果像这些人中每一个人询问他们穷困的原因是什么，他们会很平静地回答说，这是由于除非他们宁愿亏本，就不能卖出他们的货物；他们总是提防着不使自己陷于这个不幸的境地，因为他们自己也曾向别人提出这样的苛求，但结果都没有被接受。

如果鞋子曾经一度卖到四个法郎一双，鞋匠总希望他的鞋子能够卖到这个价钱，他绝不肯让一个苏，除非这是为了宣告破产；可是，他又希望农民的小麦按照丰收时的价钱出售，他会和别人联合起来强行阻止谷物的外运，这就是说，至少不使他受到谷物高价的影响；一切其他的人也都是这样行事；而这个不幸的鞋匠，竟没有警惕到他是在制造自己的破产;因为这样农民就无力向地主交租,结果地主就无钱购买鞋匠的鞋子,这样一来,制鞋者为了要使他的一家在每天消费的面包上节省两三个苏,就会使自己和一家人陷于穷困的境地。

然而,要想使他能够懂得上面所说的道理,简直是过分的要求;应当向他指出,以前鞋价之所以定为四个法郎,是因为按照当时谷物价格的比例来决定的,这样可以使各方面的商人能够在交易中获得利润;但是今天,一方面的价格降低了,所以其他方面的价格也必须同样降低。

农民在一天的日子里,只有很少的售卖任务,由于税吏或地主的催迫,他对于物价比例的问题是不计较的,而他发愁的只是谷价的再度降低;他为此祈求上帝的祝福那是愚昧可笑的,上帝肯定不是这种局面的缔造者,因为上帝绝对不是不幸之原,他只是容许了不幸的存在;可是,这要归咎于那些由于无知而给他带来这种性命交关的"幸福"的人。

虽然有关谷物问题上的错误,已经足以破坏那物价的均衡——商业因而也是公共富裕的唯一维护者——而有余;可是,加上人们经常奇特地对人员以及商品造成的损害,更是给这种错误的后果火上添油;在商品中,某些地区的酒类所受到的影响最大,因为同别的方面比较起来,酒类的过剩和缺乏这两个极端,更暴烈地施展它们的淫威。

这样许多破坏性的因素便汇合起来形成一股巨大的势力,兴风作浪,虽然只要其中的一种因素,就是说,无论是有关谷物方面的错误或酒类方面的错误,或者是所指出的其他商品方面的错误,已经足够破坏整个的王国了;因此,当人们看到两种如此截然相反的东西,也就是说,一个是这样的富饶,另一个又是如此极端的贫乏,竟然共处在一起,是用不着惊奇的。

但是,好像上述这些还不足以使一切全都遭受灭顶之灾那样,又加上了苛捐杂税,它是最近实施的、在某种形式上甚至是不公平的产物,因为这是在赋税的分担上对于公正原则的不断违反。

一个富有的人在从他的富裕中取得了他应得的部分以外,他还要加重穷苦人的负担,他以为这样他就捞到好处了,但他却没有想到他正是自掘坟墓;这样等于宣告他想要做一个地球上唯一的居民,并且是一切土地和金钱的唯一所有者;随着这种行为取得了可怜的"成就",这就把自己陷于地面上最初的居民那样的境地,也就是说,他占有了一切,但他不能享受丝毫。

在这一点上需要加以注意而几乎无论是谁都未曾予以考虑的,就是,一个文明和宏伟的王国之所以富裕,在于保持王国内的各行各业的共存共荣,并使它们彼此相互依靠、相互推动如像一个时钟的部件那样;可是,各行各业远不是处在同样稳定的地位,并经受相似的打击的考验。

那些久已受到欢迎的职业和从业人员,没有由于突然袭来的、但还不是最激烈的暴风雨而感到手足完全无措。

某些人,甚至不少人发现以前积聚了一些财源在支援着现在甚至将来;但是其他许多许多人的光景就远不是如此,这就是说,那些不幸的人,感到贫困无异于一把尖刀持续地对准他们的咽喉,只由于他们日夜不停地劳动,才幸免于死亡;在他们的生存——甚至是十分俭朴的生存和全部毁灭之间,有一线之隔,同时,大家经常地都在围绕着一个埃居转，这一个埃居，在不断转手流通中，一年之内通常会给人们完成百倍的消费。如果由于意外的打击，它们被夺走了，那么全国的一百埃居的消费也就实现不了；这是许多许多人会遭遇到的情况，我们看到，损失还是落在群众身上，而唯独只有群众（虽然存在着富有者的错误）应当按照他们所完成的货物销售的多寡，取得他们的一份财富，在这个时候，那由强有力者掠夺去的埃居，无论从个别人来看或者从国家的整体来看，就绝不会仅仅是一个埃居。

在混乱丛生的国家，在物品丰足的环境中却发生或显出贫困，如像热带之鹤那样会在水中因渴而死，那是并不值得惊奇的。肯定地这不是大自然的过错，大自然所做的已经超过了它的职责；而是因为人们不仅没有配合大自然的安排，甚至反而对它攻击得不遗余力。人们看待大自然的赐予有如粪土；他们对于金钱的罪恶思想和用法则是混乱的根源；为此，人们在这不祥的金属上所作出的牺牲，百倍于在生活最必需的商品上付出的代价；可是，这种金属的被采用，如像我们曾经指出的那样，原只不过是为了商业和交易上的方便，然而它却成了一切物品的刽子手；这又是由于，没有什么东西像它那样，在取得或使用的过程中，能够为罪恶服务或者遮瞒。

这种贫困的处境，就使那处于相反的即富裕境况中的、原来只不过是奴仆身份的金钱，变成了上帝；必须看到，它是如何实行专制作威作福，以及人们在它的神权下表示的如何可耻的臣服。

首先必须对金钱的过去表示满意；必须了解它曾经受到竞争甚至人们的偏爱的损害，这是因为人们对一张纸片甚至一句简单的保证的喜爱曾经超过对如此宝贵的金属的喜爱,因而这张纸片就应当郑重地加以焚毁,对金钱的一切竞争者差不多都要扔掉,并承诺将来不再使用。这绝不是开玩笑,这是一切商人们所了解的确切的真理。

使这张代表金钱的票据或纸币具有生命力的,是由于了解出票人有偿付的能力,而这又只是凭借着出票人所拥有财产(动产或不动产)的时价而流通的;然而无论动产或不动产,随时都会由于遭受意外的打击而化为乌有,此时,不仅是比银币在商业中多流通了二十次或三十次的纸币必须改用铜币,甚至制造纸币的工厂都毁掉,于是到处需要这种金属本身出场,否则就难免遭殃。

人们可以设想,一个如此重大的职能突然落在以前几乎完全无用的物品身上,至少是为了人们正当的生存和生活的需要,必须将它安置在一个有相当价值的地位,而除非有确实可靠的人以外,不经过任何人的手。

这也就是说,无论什么都缺少不了金钱:以前,在自己的日常开支之外,没有人再需要金钱的服务,可是在当前,它的活动范围不仅较以前扩大两三倍,甚至常要包括人们的全部财产;虽然在以前的某些时候,仅有一套简单的银餐具就已经被认为应当十分感激的了。现在,工钱或者利息的过度提高,会导致一个国家的沦亡和破产,这正如对个人的关系那样,一点也没有什么区别,虽然没有人曾经考虑及此。

在富裕的时候,在人们想将金钱送出的地方,它就不会这样快地被吸收进来:金钱常常在一天之内,落脚一百次以上,这就是说,为消费而支出百倍于贫困的时候,同时收入也是一样增加,但这是不用奇怪的；还没有说到它的同伙，就是纸币和信用票据，它们的活动次数比现金多二十倍以上，一旦只有金钱存在，它们就失掉了效能；然而人们却不符实际地、盲目地宣传，再没有现金了。

但是在其他的情况下，金钱的流通是慢吞吞的，而事业的突如其来，只是使它走得更慢，因为它所到之处，都变成瘫痪了；于是就需要有非常的社会机构来促使金钱流通，而结果往往是白费力气和浪费时间。

以前，一个个理由中的最小的一个，也许就足够把金钱送走；可是，现在，为了要使金钱最小限度地流通一下，提出一千个理由，也往往没有什么用处；这和一般的宣告破产没有多大差别，这里，金钱都使那些靠它生活的人，经常要去取得延期偿付债务的文件。

有钱人特别地相信生命和他所保管的财物有密切不可分离的关系，这使他对于他的财物的守护，就像有人要刺杀他本人而起来自卫那样。人们将开支缩减到很低的水平，可是这是一种有害的储蓄，它加深贫困，从而使金钱更加缺乏。

于是我们知道，那最大的暴力行动甚至罪行都是可以原谅的，而人们就是这样做的；并且相信，在愤怒的时刻，为了守护金钱而这样干，权力机关也会当做是无辜而予以宽容的。

在一个本身富足的国家，它所有的金钱的全部的通常价值，估计起来，当然不会超过全国财产的千分之一，但在混乱失调的情况下，只有金钱是财富和被称为财富，其他的一切只是尘土罢了。

在古代人的心目中，只有很少的神不是真神，对于神明，人们一般地会用各种各样的物品致祭：对于有些神，人们宰杀牲口供献，对于另一些神，他们用酒和果品供献，而最愚昧的做法，甚至宰杀不幸的人作为祭品。但是金钱这个神所要用作牺牲的却更为残酷；人们在它的祭台前所继续不断地焚烧的，不是上述那些商品，因为对于这些货物，金钱是有点讨厌了，而它所要的则是不动产，如果人们要赢得它的欢心，就要向它献出可能会是那最美好的，最辽阔的土地：以前的十分高贵的爵位，甚至全部的国土，在金钱看来也不是太好的东西，或者可以说，这些对于它只不过刺激一下它的食欲罢了；从人类的受害情况来说，一切的天灾，在它们最集中、最暴烈的情况下所毁灭的生命财产，也没有这个金钱偶像所造成的牺牲那么多。因为第一，上天震怒留下的痕迹历时较短，而在灾难之后，人们又可以重建灾区，有时甚至建得比以前更好；但是这个特殊的神，绝不像天火焚毁财物那样只是接触到它的目标才遭殃。在金钱对财物的毁灭过程中，它所毁灭的第一批东西，使它的热力倍增，进而烧毁其余的东西，这个极可怖的财物毁灭，使那最富有的人会感到生活拮据，而这一损失的一部分又会转嫁到穷苦人身上，使他们无以为生，这是无论谁人都不可能被剥夺而不变成潦倒不堪的，这是人们已经司空见惯的了。在此以后，他们不是正像畜类、特别是像马那样的吗？在只给马以四分之一的必需的饲料而使它不停地工作时，不是就会看到它立即倒毙吗？可是一些必须继续不断地劳动的人，为了生计而流血流汗，他们在一个富足的国家中，除了面包和水之外没有其他的食物，能够希望他们活得长一些吗？毋宁是，他们才到中年就都会死去，而且这还没有计算那些由于父母的穷困而无法从童年养大成人的幼年人，这等于使他们在摇篮中窒息而死；

这个上帝，或者说金钱这个吸血鬼（高利贷者），不就是吞噬了不论什么年龄和不论什么身份的人了吗？

这里就是对贫困的成因和结果的描述。当贫困出现于一个根据大自然注定应当是富裕的国家的时候，如果人们不去干预而听任自然的发展，正像在人类原始时代那样，这个国家是会继续富裕的；大自然甚至是这样仁慈，只要社会中稍微有一点混乱的迹象出现，它就会自动地设法加以调整，但是，这只有在大自然的敌人，或者更正确地说人类的敌人，即金钱的虚伪的崇拜被抛弃的时候。

奴隶不应当成为主人，或者不如说成为暴君和偶像，这要由大自然出来根据它的好意来给它们区别开来，否则大自然就将引退而不过问，这就无异于发生一个普遍的纷乱和震撼；而那些甚至在处处明显地出现溃败纷乱的情况下自以为捞了一大把的人们，正如俗话所说的“浑水摸鱼”那样，可不要爬得太高了以免跌下来摔得过重。

许多事物都在大自然的眼前匆匆地走过，但如过眼云烟，似乎没有看见它们，不过最后在大自然的报复中，则又不会忘掉它们；大自然给一些人以信用，对他们将是值得珍惜的赊卖，因为当他们相信能够单靠自己的力量就变为富有时，他们却仍然只不过是些受苦的人。

一切人在这样一个处境中为了个人利益而奋斗，当他们发现为灾祸所包围时便力图摆脱，以君王来说，随着他们地位的提高，这种利益也相应地扩大了，但也只不过是完全按照他们的全体臣民的利益总和而决定的；这就是我们要在下一章论述的内容。

第 六 章

金钱凌驾于自然财富之上给国王或国家带来灾难性的后果。——实际上君主不是用金钱来维持陆军或海军以及支付公务人员的薪俸的。——有必要要求土地提供可能生产的一切产品，并不能拒绝向劳动者供应生计所需的手段，因为财富和随之而来的税收除土地和人类劳动之外，没有其他来源。——君主与理财者利益的对立。——善良的金钱与万恶的金钱。——恢复公正和理性的法律能够很快地重建社会的协调。——关于经济的秩序和混乱两个效果相反的画面。——本论文的结论

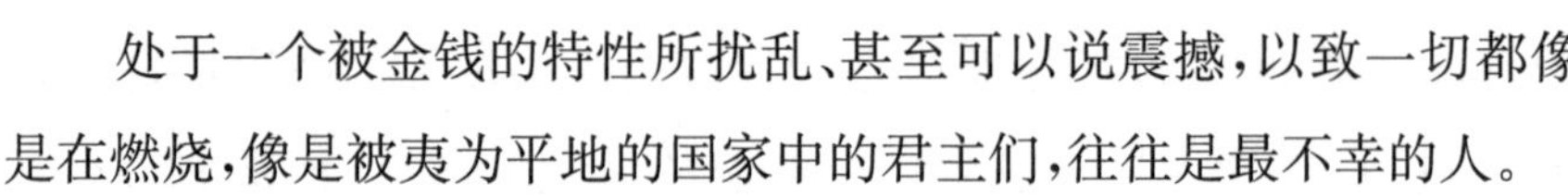

处于一个被金钱的特性所扰乱、甚至可以说震撼，以致一切都像是在燃烧，像是被夷为平地的国家中的君主们，往往是最不幸的人。

金钱的特性之能起作用和起作用，只有假手于那些对财物有间接利益而没有自然权利的人，有了钱，臣民们花很少力气就能够获得那种对国家整体价值很大、而通过合法途径绝不能得到的财物。

但是很有必要让人们设身处地替君王考虑一下：不但国王不用为了获得财物和生存而去犯罪，因为对国王的供养，本是他们的神圣的和符合人道的权利；但是甚至臣民们，更精确地说国家整体，为了提炼成这个罪恶的“糟粕”[①]而毁灭无数的财物，所蒙受的一切损失，又

① 正如人们所看到的那样，作者所提出的控诉他那个时代的财政制度的重大的罪状，在于谴责这种制度毁灭了许多真实财富，认为在货币的形式上，并没有使这些财富归入国库。同时作者又将理财者比诸化学家，说他们工作的结果，则是使作为他们实验基础的物体几乎化为乌有。所以他将应当课税的物品想象为通过蒸馏器而跑掉、蒸发掉的物质一般，因此，他形象化地称之为“糟粕”，这在现行的用语中就是指“渣滓”。我们看到这样的类比，确实是它既不有欠公允，也不软弱乏力，并且用清楚而鲜明的词语表达出来。——德尔

会回头落到君王的身上。

用哲学的语言来说，他们是一切土地最初的主人和显赫的所有者，他们的富裕和贫穷，视土地被利用和改进的程度而决定。

正是依赖土地的产物，他们能够保持他们的权威和维持他们的军队，而绝不是由于破坏这一切东西，可是人们在某些国土上，却不幸地正在从事着这样的破坏行动。

所以，在他们看来一个埃居的价值如像他们的军饷那样，只在于能够供应面包、酒或其他的货物；如果不是因为运输的不方便，他们倒是喜欢要这些财物本身，因为只是为了换取这些物品，他们才需要金钱，同时，他们同样地很了解，他们的臣民也只有迅速售出这些商品后，才能向他们纳税。

为了得到金钱，犯罪和毁灭产品，对他们是不必要的，也不需要为犯罪而使用金钱；在他们中间很有必要使金钱可能成为或者应当成为一种偶像，好像在那些为了结束穷困，除了犯罪之外就没有其他生财之道的人们中间那样；再说，当恐怖特别有助于他们发财致富的时候，他们对一般的恐怖是很无所谓的。

由于在某些地区农产品价格的低落，使土地荒芜而放弃最宝贵的产品，这既不符合君主的利益，也不是他们的意愿；同时其他地方则十分缺乏这种货物，而用来交换这种产物的某些其他个别商品，则遭遇到同样的命运，也患生产过剩；如果只有平民的利益和国王的利益需要妥善照顾，那么，通过相互的补充调剂，过剩与缺乏点的两个极端，也许会转变成两种恰到好处的情况。

但是人民只能从“糟粕”（残余的财源）中取得生活和致富的条件，而将一切财物放在蒸馏器中，使二十分之十九变为气体散去；

从这二十分之一中，他们拿出一部分向国王缴纳，他们不仅是认为已经很好地尽其应尽的义务，甚至竟会认为就是他们在维持国家的生存，如果没有这份宝贵的支援，便一切都完了。

人们用布带蒙住了眼睛设想着那些本身一无所有的人们，向那些拥有一切的人缴纳财物的保证或职责是必须的，不容或缺的，而这个残酷的职责，则是千金也难买到手的。

在上面的人又加重了这个职责(负担)，干出了玷污人类光荣的可耻的事；无疑地，国王之需要金钱，只是为了他要取得所需的商品，同样地，他的臣民只有在售出他们手头的货物之后才能向国王纳税，像我们曾经说过许多次的那样；可是人们却安静地忍受着，甚至用羡慕的眼光看待那达到这一目的的手段，而它所毁坏了的东西之多却二十倍于他们借以牟利的货物。

人们把我们刚才所指出的看做是一个空洞的幻想或神话，就是说，一个君王只能征收他的臣民已有的财物，不在臣民手中的东西，既不能消费，也不能出售，他们丝毫不能向国王缴纳，因为大自然禁止将人们所没有的东西用作供应手段的，这或者是由于这些物品是被毁坏了，或者是如像那些售不掉的全部货物那样地被销毁了，或者是要商人亏本才能售出的货物。

由于谷物价格能够补偿生产费用和各种开支，土地耕种面积扩大到一定的数量，使人们收获很多的小麦，于是国王肯定地就会得到军队所需要的大量的面包供应。酒类，衣服，肉类，马匹，缆绳，木工用的木料，制造一切种类武器的金属，以及建立和维持陆军和海军各兵种所需的各种物品也是如此，它们的来源，限度，能用多长时间等等，完全取决于国内生产它们，以至消费它们的能力的大小，因为这些物品是唯一的从土地深处提取的财物，平民们必要的消费通常比君王所需要的超过十倍，如果要想使这份向国王缴纳的赋税持续下去，就必须考虑国民的消费问题；如果国王需要一定数量的产品，如像那些建造船只和海军军备的物资，超过了老百姓消费的比例，以致国王之所需多于人民日常需要之外的部分就要改用其他的物品来代替，结果国王就会收进很多他所不需要的产品；例如，他会取得一个工人的全部铸造物，而这个工人只能替国王工作，因为只有国王借助于用不了的其他产品的税收能够偿付工人的一切开支：这正如一个平民只有小麦而且数量相当的多，于是除了他自己必需的部分外，就用以交换其他的生活所需或他所想望的东西那样。

要之，以向国王缴纳的赋税一事而论，要做到稍微公道一点，要在人民取得或者使他们取得满足生活需要的手段之前，就不能要他们纳清赋税；同时应当使生活需要的满足比起其他一切种类的支付居于优先地位，这是上帝给人类所宣布的、从人类到畜类都应当有的第一条公正的法律。

马车主人在从马的服役中取得好处之前，必须将马喂饱，否则他将蒙受损失；在出现这种不可避免的失败时，没有人会为他鸣不平，也不会对他的懊丧原因有所怀疑，这是他自己的不谨慎所带来的后果。

作为一个国家主人的国王，当这个国家在自然条件方面是肥沃多产的，人民是勤劳的，同时他也不缺少什么，这样，他就应该实施上述那样的原则。

相反的设想或实践，是蔑视宗教、人道、正义，是违反政策和背离最平凡的理性的。

那么，为什么在一个得天独厚的国家，人们却看到君王没有相当数量的军队，军队也没有很好的、符合愿望的给养，同时君王自己所需要的东西也似乎是缺乏的呢？这是因为他没有足够的面包、酒类、肉类以及其余的一切物品拿来分配的缘故。

为什么会出现这样的缺陷？这是因为王国内部大量生产这一切产品的土地被荒废了，同时耕种又是十分差劲。

为什么终于出现了这种混乱？这是因为人们违反了神圣的训诫，把在土地上劳动的牲畜和人的嘴巴拴住了。

人们拒绝提供劳动者以生活和生存的资料，后者便放弃了劳动。

谁干出这样的好事呢？就是金钱这一偶像的祭司和神甫们。

在国王看来，金钱对于其他的商品的关系，只应作为这些商品的奴仆或作为在将来交易转让中保证取得商品的持票者，对于国王和平民都如此，他们两者的利害是一致的；但是很有必要使奉祀这个偶像的神甫们具有同一的看法。

陆军和海军的给养、或者更精确地说保持公共富裕的资源，只不过是在这个偶像祭台前日夜焚化着的牺牲品；人们还不以这些产品为满足，土地必须走上相似的道路，成为这个神前的牺牲品，这在欧洲某些国家中已经是众所周知的事。

然而在社会中也有善良的金钱，它忠于自己的职守，对它不需要施加丝毫的压力，只要人们不将它搅乱，它就会随时准备着为商业服务；同时，它必须走在消费之后，如像仆人追随着主人那样，人们不要它走在消费之前，或者更精确地说不要它变成一个吸血鬼将消费全部吞噬掉。

只要金钱不越出这个限度，它不唯不会搅乱消费，甚至可以刺激消费而使之欣欣向荣；那时人们不会拒绝求助于金钱，而且总是感到它的援助的不足，同时金钱的流通非常迅速，人们可以看到在一个短短的时间内，它就跑遍许多不同的地方；如果这还不够的话，它会安静地忍受着别种货币的竞争，甚至忍受人们用一张纸片或羊皮纸来代替它，于是几乎就没有任何商品不可以用来代替金钱，只要它们具有体现同等的价值的价格就行了。

但是，除善良的金钱之外，还有万恶的金钱，因为它不甘于屈居奴仆的地位，而要做一个神明，而在它向平民、不如说向全部人类宣战之后，最终它又向国王宣战了，它只给予国王以比其余人们多过四分之一的东西，而拒绝提供国王一部分的需要，可是却经常导致非常大量的产品只有化为尘土的一途。[①]

它的凶残还表现于，当人们因为愚昧无知而屈从和忍受它的暴政时，它就更加拼命阻止人们消除这种混乱、在弊病日益深重的情况下寻求防治它所造成的弊病的途径的各种努力。

这个万恶的金钱，或者更确切地说它的教唆犯，还大胆无耻地进行辩解，说什么当它们唯一的功绩，即对公共的破坏达到了顶点的时候，现金就已经绝迹于国内而都逃到外国去了。

但是事实正相反，如果人们不像这篇论文所描述的那样，在金

---

① 在写下这几行的时候，布阿吉尔贝尔远没有想到在十二年之后，会看到金钱降低了它的骄横气焰，它对法定纸币的比价，贬低百分之十，而且那些曾经将这类金属视为神圣而对之膜拜的人们，由于全部最真实的价值，变成了东印度公司的有价证券的价值，现在却把贵金属当做牺牲品了。——德尔

钱的使用上腐化堕落的话，金钱会是很多的；减少了也可能在顷刻之间就恢复原状，人们将不会看到有如今天这样的情况。如果某些人不是这样的穷奢极欲，其余的一切人也就不会这样穷困；同时，由于公平的相互调剂、补充，人们一般地将是二十倍的富裕，结果国王也是同样，这个时候，人们不会处于与国王继续对立和与之斗争的地位。

相信防治祸害的方法或者可能来自肇祸者本人，那是严重的错误。人心的败坏，绝不允许人们在清白无辜的穷困和罪恶的富裕之间的选择摇摆不定，特别是当它们彼此间相互损害已达到这样高度的时候；同时这一类的财富是远远不会害怕那些使人生畏的家伙的任何迫害的；最后，人们总是喜欢物价的降低；因此，人们可以设想，在这种场合会有什么事情发生。

每当谈到补救的方法时，人们所散播的理由和言论，总是说要使它达到完善的地步和顶点；当人们提到要看一看有没有办法使这前所未有的最大的纷乱停下来时，人们不免要大谈特谈彻底推翻这个国家。

在邻国人民极度缺少农产品的情况下，人们却不知羞耻，伤天害理，支持这样的论点，说什么直至离开二百留地方进行的对外战争结束之时，人们不可能不继续让王国中的土地荒废，产品荡然无存；虽然，恰恰相反，这个王国命运，或好或坏，要完全视乎人们在国内所一致采取的措施的正确或错误而定：然而，当由于灾祸而出现了上述的措施，并且敌人又采用了与之全然相反的，也是世界各国所采取的措施时，则从上述措施可以期待的成就，是容易判断的。

此外，人们所销毁的一切物品，就是战争所依靠的唯一的资源；在由于碰上幸运而获得的丰富的供应中，战争通常占去主要的部分；支持军队的唯一的富源，在相互敌对的国家间能够维持的时间的长短，这在敌对方面是可能会有充分的了解的，对于双方军粮贮备的这种了解，是可以把交战双方导向和平的唯一道路；而和平应当是一切战争的目标，无论是多么神圣正义的战争都是如此。

为了把这篇论文中所描述的金钱恶果的悲惨局面，一下子转变成一个十分幸福的境界，只需要一个短暂的时间。

这不是要行动的问题，成为必要的只是停止对大自然采取十分粗暴的行动，因为大自然总是走向自由和趋于完善的。

正如这些混乱只是突然而来的那样，在国王和他们的大臣方面，因为他们往往怀有好意，只要他们的念头一转，就能消除一切的不幸，而一个普遍的富裕就会来临，结果君王也会同样富裕。

每一个平民可能本身就是国王的佃户，当他的收入不能超过租佃契约所规定的佃租之数，其结果是可想而知的，佃户就只能采取逃走一途而让土地荒废，国王因此所受的损失至少是和佃户一样，而对这些亏损他们只有忍受。

在一个灾难性的“蒸馏器”蒸发了非常大量的财物和产品之后，剩下的可以提供给国王的要命的“糟粕”为数很少，国王在财物被毁灭的情况下收不到赋税，如果认为这份赋税也许会由造成这一衰落境况的人们来补交，这是很不现实的，而且甚至不是他们力所能及的；正相反，既然他们甚至不肯缴纳他们留在手中的财物本身应当付出的一份公平的赋税。按照不良的习惯做法，一定数量的资产要留下来作为向国王纳税的保证，除了那些被认为应当加重负担的人们外，这些资产又是不应当被强索或用来付税的。

由此可见，这种行为给君王带来非常巨大的损失；但还不止此，不如说这只是他所遭受的祸害的最小部分；为了加以证实，就必须回忆一下以前我们所说过的情况，这便是，在一个穷人或者小商人手头的一个埃居，由于在一个只有极少款项的人手中，它每日继续不断地转手，比在一个富有者手中能够产生百倍以上的效果，或者可以说比在富有者手中能省百倍以上的收入①；但在富有者方面却不会发生这同样的事情，因为在他的钱柜中存有大量的金钱，或者是由于财迷心窍贪得无厌，或者是在等待着更大的买卖，这些金钱成年累月地闲置着，结果是毫无用处。

可是金钱这样储藏，国王和国家都无从派用场，这等于对穷人和富有者同样进行盗窃。

但是一笔一个个埃居的钱，如果分配给一个个老百姓，就将会在一个短时间内，通过十万人之手，这些埃居就不会闲置在富有者的钱柜中，结果就能做到有十万个埃居作消费之用；而在国王方面，就可能会从中收到十分之一，就是说他可能收到一万埃居的价值；但是，由于人们搅乱了这笔款项的用途，国王就连一个得尼尔也得不到，而人们却经常调唆并对国王虚伪地劝说，好像人们是为

---

① 一个埃居对于穷人和对于有钱人并没有多于也没有少于一个埃居本身的价值；同时，当这份价值在收入的名义下进入这两个公民中的某一个或另一个的钱袋时，它不会高一些也不会低一些。作者的意思是否说穷人手头的埃居比有钱人所掌握的埃居能给国家带来更多的东西，因为在穷人手中它永远是收入，而在有钱人手中却往往是资本？这样说仍是一个错误，因为成为资本的埃居，它的价值能够维持社会中的生产性劳动，而没有生产性劳动，世界上就会只有土地的天然产物，而没有其他财富了。——德尔

了国王个人的特殊利益而弄到国王和他的人民都破产似的①。

所以如果富有者了解他们的利益所在，他们就会免除穷苦人民的全部赋税，这就会当场形成同样多的有钱人；但是消费如果没有巨大的增加，这是不可能的；如果消费的增加普及到国内一切的群众，那么对于富有者原先的预支，将有三倍的补偿；这也和地主借种子给佃农在土地上播种一事有同样的意义，否则在土地上就不能有所收获；可是以往的实践却正相反，那些权势人物将一切赋税转嫁在穷人身上而自以为捞得了便宜，实际上是付出了六倍的代价。

因此，人们能够从全篇论文中看到，有一种什么力量在欺骗国

① 布阿吉尔贝尔把货币的流通或交换活动当做创造价值的行为来看，这是一个错误，而在当代，这种看法倒是极其普遍的。这是倒果为因，甚至必须注意到，在某些情况下，频繁的交换活动与公共财富的衰败巧合地同时发生也不是不可能的，虽然在一般的理论上应当恰恰相反。经常是，交换并不创造财富，它只是导致那些已经生产出来的财物的转移或变换。所以一个个埃居在一定的时间内，流通于十万人的手中，并不像作者所似乎设想的那样，能够产生十万埃居的价值；在交换这个关系上，它甚至一个生丁也不能产生，而这一流通的效果是等于零的，或者纯粹是消极的。这一千个埃居之数，作为进行交换的媒介使用，它的价值合计起来，可高达三十万法郎之多，这完全是一种现象；但是它并没有产生这份价值，价值的来源和它的存在的理由，是来自土地和劳动的，而不是来自交换。如果国王收到一万埃居的税，并不是由于一千埃居的价值在货币的形式下曾被分配到穷苦小民手中的缘故，而是由于人们已经生产了三十万法郎的财富，而在这一数量的货币帮助下进行流通之所致。布阿吉尔贝尔没有觉察到，如果事物发展变化与上述的有不同之处，那倒必须有奇迹的出现。——由于一个同样性质的错误，他曾经被导致成上述的错误，那个错误则想要说明消费是生产的动力，可是正相反，消费只是生产的结果。因此，他对富有者将自己收入化为资本进行谴责，并设想金钱只是在流入穷人手内的境况中，社会就可以从中得到好处。可是实际上，在第一种情况下，他对储蓄责难，但储蓄却是一件好事，在另一种情况下，他又庆幸，使一切勤劳人民的收入都是作为消费基金而使用，换句话说，就是为了自寻快乐，以致贫困不容许他们有所节约。（参阅前面的注释和有关的本文。）——德尔

王，使他误认为他的利益在于维持一些在国王和人民之间的征收赋税的中间人，可是这些中间人却将一切财物都放在“蒸馏器”中化为乌有而炼成了罪恶的“糟粕”；但是，尽管对大自然来说这是它从未受到过的一种最严重的冒犯，在那些发生纷乱的国家中，补救的办法也是同样容易找到的，这里还要再强调一次，问题不是采取行动以获得巨大的财富，而恰恰相反，只要停止行动就行了，这是立刻就能够做到的。

这样一来，大自然就很快获得自由并恢复它的一切权力，此时，商业和在一切商品中的价格比例将重新建立起来；通过连续不断交替、推移，就会使各种产品彼此间继续相互促进和相互支持，这就会形成人民大众的共同富裕，这里每人将按比例从他的劳动中，从他的地产中领取他应得的一份；并且利益又会不断地增加，以致从土地中汲取一切的资源，直至土地不能再有更多的供应为止，此时人们可以设想，财富是多么丰足呀！同时，人们将会看到无论是土地或其他资源，都同样地在被经营改进，这样就有可能使大自然在这上面发挥作用；如果人们收到土地产品的价格可以保证那不可缺少的生产费用得到补偿，就不会再有不开垦的不毛之地，于是就不会像某些人所设想的那样，认为要想十分富足是颇不容易的了。但是，如果许多许多人由于赤贫的关系，几乎不能消费什么，粮食、衣服都买不起，那么，富裕的境界，就甚至完全没有实现的希望；反之，要是这些贫穷的人，被安排在一种地位，使他们能够丰衣足食，甚至还自给有余，那么，十足的富裕就不是难以实现的了。

人们甚至可以说，赤贫的人和自然条件很差的土地结合在一

起，相互支援的事例在欧洲不是没有的；穷人和劣地的“结盟”是有一些困难甚至是太困难的；开始时常是使人十分失望的；因此必须长期地进行极度辛勤的劳动和节约，终于彼此在一切方面获得成就，并往往超过那些得天独厚的国家和人民所能创造的财富：例如山居的加尔文派教徒在阿尔卑斯山的岩石间舒适地生活着；而在西班牙，尽管是一个十分肥沃、富于生产力的国家，却几乎什么都缺乏，就是因为那里许多地方的土地是最经常地荒废着的。

但是，因为这是大自然的杰作，所以必须尽善尽美地完成如此的事业，这就是说，为了产生同样完美的工作成绩，它必须完全自由地行事；人们在一方面带来一定程度的损害，就是说给自由以限制，就会立即在另一方面受到同样程度的低产的惩罚。

所以人们在本论文的结束时可以看到，对于大自然这位女神的慷慨或谨慎予以蔑视，是一种严重的错误，而女神乃是能够供应巨量财富的，她在那贫瘠的国家，能赐给那些愿意和她打交道的人的劳动以丰盛的果实，而同时，她却让那些开始时她曾给予上等好的自然条件，接着却忘恩负义，而只想使她降为奴隶的人们，处于最穷困的境地；他们从此绝不会有所成就，而只是使自己沦落到比奴隶更加不幸的境地。

可是，大自然是那么的仁慈，对于人类又是如此的热爱，以致只要有人开始悔改，她就会忘掉他过去一切的卑鄙行为，同时还会立刻广施恩泽，正如我们已经说过的那样。

这里只是给大自然以自由的问题，但这并不需要比古罗马解放奴隶所需要的更长的时间，就是说，只需要顷刻之间就行了，于是，一切物品会立即重新取得它们的价格比例，而这对于消费是完全必要的，也就是说，出现了普遍的富裕，结果则将积累成一份巨大的财富。

农民和种葡萄的人在亏本的情况下将不会再耕种土地，听任土地的荒芜，对此他们是没有责任的；由于他们彼此都是一切人们的养活者，他们并不认为有必要向大部分的人有所表白，如像当前在欧洲某些国家所做的那样，说他们的面包和酒都不再能够自给了，因为他们已经不能支付日常的费用，给那些经纪人了，或者因为突然发生意外了；在他们将要相继饿死的时候，绝不能再期待他们还是过去那样慷慨和谨慎。这就证明，一切只对一种产品收的单一税，是对整个国家的致命打击，因为各种产品都是息息相关的，在一切其他的产品应当分担重税的情况下，却将全部重担加在一种产品身上，当这种产品被毁了，由于反响的引起，其他一切产品也都会受到破坏，这是缺乏见识的结果。对于人的征税，按照每一臣民的一般的财力在全体民众中分配，对于维持公共生活所绝对必需的每种商品的征税，也要公平地按比例恰如其分地分担。绝不应当听从期待只图互相毁灭的个别人的谨慎和理智，尤其是在这样一个地方，在那里人们要发大财而招来普遍的破坏。

拿金钱来说，由于无数的竞争对手——甚至这里头还有价值重行稳定了的各种商品——的突然出现，金钱就将被迫退回到它的自然限界之内，一度的暴君和主人，将再次变成奴隶，甚至它的服务也往往被认为没有什么用处；这个极度活跃的奇迹，是随同消费的一两个或者更多的循环一起突然出现的，在国王那里无形中也会出现一个同样迅速的循环，其中自会带来一份双倍的税收，而这些税收，远不会打扰人民，而只是人民富裕的结果；一切种类的

定期缴纳的赋税，是在不同程度上从他们的富余或中等的财产中抽取的，不是从他们唯一的和全部分配额中挤出来的，它只是根据那些缴款人的能力而缴纳的；而这样频频现形的金钱，在以前却是躲藏起来或者瘫痪了的，而对这种情况，那些曾经宣称当代穷困是由于缺乏现金所造成的无知之辈，不得不承认金钱是多得很的事实。

在一些发生纷扰的国家，只要那具有严重破坏性的习俗（虽然还有人竟认为这些习俗值得大树特树）不再存在，上述这些情况就可能出现；不难了解，这些习俗并不是值得夸奖的事，也不是高深学识的产物。在我们看来恰恰相反，国王和他的老百姓所以这样极端穷困，应当怪它们，这个起因（它和大自然只有极微弱的牵连）一旦消除，上述的贫困处境就将同样迅速地终结。

但是，硬说这同《圣经》所引证的死人复活是一回事，从意志方面说，尤其从勇气方面说，尸体尽管已经一旦腐朽也不会有所改变，那就很牵强了。

为了除金钱之外不承认其他的神，也不承认其他的财物，有人竟说如果停止对动产和不动产的不断破坏，就不可能不冒着颠覆一个国家的危险，这个辩解的论点是可怜的；而在一个充满着可以满足生活上一切需要的商品的王国，金钱还不占财物的千分之一；它只是在秘鲁成为财富的来源，因为在那里银子是国家单一的产品，而它远不是值得羡慕的东西，那里的居民只能在银子堆中过着穷苦的生活；可是在银子稀有的国家，生活上需要的东西却不缺少什么；要懂得，是自由或者不如说是大自然在进行分配礼物的工作，因为生产向来就是大自然的功绩。

因为这篇论文的目的是对罪恶的"糟粕"进行斗争，为论文作出一个有益的摘要，我们可以肯定地说，在一个富饶的国家，国王和他的臣民一同享受的普遍的富裕，是一个广泛的和永久的综合体，其中每一个人应当不停地工作，经常地对群众有一份贡献，同时从社会中领回一份相同的报酬；如果有一方面减少了就会产生同样的危险；如果大家严格地遵守着这个原则，结果就会有一个完善的社会结构，由于人们提供了所需要的一切，他们也能得到所需要的一切。但是，一旦有人违反了这个公平的规则，想要取得比他应得的一份多而比他应提供的贡献少，那么疑忌和不信任就会发生，同时价格的比例也就会被搅乱，社会就会腐化堕落下去，一些平民无以为生，往往被迫铤而走险，这些人是极其可悲的，几乎常常是罪恶的，或者更精确地说两者兼而有之的。

正如我们曾经指出过的那样，由于某种商品的过剩和其他种商品的奇缺，每个人都吃亏，结果一切人交替地陷于贫困的境地，而当这两个极端能够相互补充调剂时，就能给人们很大的幸福。

这些极端的情况，好像某个国王在滥用他的权威时发生的情况一样（这在初期的教会的迫害中不是没有例子的）；我认为，这正如一个君王使用一种离奇的方式来把一些人折磨致死那样，他用链条将十个或十二个人连锁在一起，彼此相隔百步左右，虽然天气严寒，其中之一却赤身裸体，可是有大量的肉类和面包放在他的身边，他在快要冻死之前，有十多次要吃也不能下咽，因为除食物之外，他缺少一切其他的东西，特别是缺少饮料，在他伸手所及之处，一滴水也没有；——相隔百步的地方，另一个在被链条锁着的人，周围有二十件以上的衣服，能够供他穿上许多年，但是他身边没有任何食物，并被禁止供应；——而在同样距离的地方锁着第三个人，在他周围有着许多的饮料，但没有半件衣服，也没有食物；可以肯定地说，经过这样的折磨、摧残，如果这种残暴手段继续到底，那么，无可避免的，这些受害者因为缺少饮料、面包、肉类和衣服，将由于饥饿、寒冷、干渴而全部死亡；可是也可以十分肯定，如果将这些食物、衣服放在一起，就不仅使他们不会缺吃、缺穿，而且他们甚至不必多花气力，就能够丰衣足食。

如果在他们的苦难中有某个坚强的人在他们全部死亡之前，请求国王施恩将他们释放，并能顷刻实现，那么，由于相互间的交换（当场并不缺乏条件），就能给他们以幸福，但国王会立刻反驳说，为什么他们不等待、拖延片刻呢，或者会由那些官方发言人出来说，释放的适当时机还没有到来呢，而且这时释放可能还会带来很大的损失；无论如何，必须等待离国境二百留以外的一个地方争执结束以后才能处理；可是国内这些不幸的人仍然在吃苦受刑；人们从这种情况不是马上就会看到，统治者除了残酷迫害之外还蓄意对受害者加以凌辱和嘲笑吗？

在地球上可能有这样一些国家，它们的所作所为和这个例子不是差不多，而是远远超过，同时为了袒护它，人们也会引证那同样的论点来加以支持，或者当谈到对国家的紊乱情况采取补救办法时，也会有人主张拖延，虽然这种办法，同样是可以在一瞬间就能实现的。

但是，使人惊讶的是，这样的戏仍然可以在今天的舞台上演出，而舞台上主角们并没有怀有恶意；人们肯定地希望这种局面能够结束，那么当场就能带来三倍公共的富裕，在这里面，国王是不可能不分享他的一份的;但是不可以设想,在那相反的惨遭破坏的境况下,从现实和可能方面来看,却不会导致国王收入的锐减。

如果不是说两小时的工作和十五天的实施就能见效的话,那就是一种如像我们刚才借用那些行使暴力的肇事者的口所说的那样的胡言乱语。

最后上述的一切可以简化为经常重复的几句话,便是:人们只有在卖出他的商品之后才能富有,才能向国王纳税。然而,正如人们除非在不讲理性和背离常识的情况下才能够否认这个论断那样,如果人们能够用两小时的工作,或者不如说停止两小时的工作,就能够加倍售出这同一的产品,那么,同样可以肯定,人们在两小时之内就能够使自己富有起来,结果国王的收入也就会得到同样的增加,尽管欧洲某些国家为了实现同样的意图却背道而驰,那就难免给公众带来衰败。所以根据自然定理,相反的原因总是得出相反的结果的,我们这个论点或这篇论文中所预期的和指出的后果,在那些愿意让自己相信政府和恩惠都不能强迫任何人服从正义和理性的准则的人们中间,不可能会引起异议的。

此外,我们认为在论文开始时曾经预许过,将要对那些流行于大多数人中间的财富、货币和赋税的错误看法加以论证,这个诺言可说是已经履行了;因为,首先以财富而论,他们是以破坏财富本身去追求富裕;其次,金钱用违背自然规律的途径来牟取,致使金钱隐藏起来;再次,好像一切只是为了收税,可是人们采用的方法,却使人民无力完纳,并且还给人民造成的财物损失,超过他们打算搜刮的数额的十倍和二十倍;结果除了一定造成损害之外,赋税也往往不可能缴付,而招来白白的毁灭;然而,否认停止采用这样一

种手段就或许会给人民和国王带来一份巨大的财富，则是不适当的，这就像否认在一个斜坡上被一道坚固的堤坝所遏止的急流，一当用来阻止水流的障碍物被撤除以后，水就会迅速地向下流去的事实那样。

谷 物 论

伍纯武 译

目　　录

论述谷物对于公众和对于国家诸方面的关系；

分为两篇，

第一篇阐明谷价愈贱，贫民，尤其是工人的生活愈苦；

第二篇阐明从王国输出小麦愈多，愈能避免严重歉收的不幸后果。

绪　　言

虽然在古代，农业曾经是最高尚的人们的职业，因为依据约瑟的报道，大卫王的子孙曾经邀请他们的朋友到他们的羊群去剪毛，而蒂特李维[①]曾叙述古罗马的人们常到耕犁旁边去选择元老院议员；但是后来事情有了很大的变化，原先是光荣的，却变成了一种很不体面的事情；而且在当前的法国，我们可以说，人们竟让最下等的人来担任养活一切其他人的任务。

虽然到处总会遇到农民，但是一个人在从事农业之前，一定是先由他自己和所有的人估计认为除了这被看做一切职业中最下等的一行外，就不能做其他较高尚的工作。可是，从事农业，却需要一种卓越的才能，这种才能是由长期的实践和很认真的研究相结合所构成的，只有这样，才能达到符合全体人民的共同利益所必须

① 蒂特李维(Tite Live)是古拉丁史学家，生于纪元前59年，死于纪元后19年。——译者

的完善。

甚至还不止此:在任何方面,不仅理论和实践都绝没有为此互相结合起来,而且可以说,它们彼此之间的脱离是经常如此严重,以致东西半球居民之间的交易,比今天那些单纯懂得耕作理论的人和那些目前正从事耕作实践的人之间的接触还多些。然而,耕作果实的分配,却完全在只有理论的人们手里,就是说,落在那些完全无视真正利益的人们手里,而不让另一些人参与其事,即使遇到某些应当对实践进行思考的问题(这是很稀有的),也会发生像建筑有名的巴伯尔塔[①]时所发生的同样混乱:那时,工人们不再知道他们在做什么,或者说得更正确些,他们所做的正和为了完成工作所必需的背道而驰;这并不是因为他们已经失掉了知觉,而是由于神的作用,使他们到了一个时候,都讲起不同的方言来,以致彼此再不能互相听懂,这就必然地产生一种难以形容的混乱。

我们认为自从这四十年以来,法国在小麦方面就发生了类似的事情。如果人们曾经注意到,自从那时以来,小麦的价格有若干次过度的高昂,以致造成无数人的死亡,或者发生可怕的跌价,使富人和穷人同样遭殃的话,这就是由于有关小麦的实践和理论之间经常存在着分歧或不协调的缘故;既然这两种认识的结合,曾经阻止了这两个极端的出现,并使他们互相抵消,正像欧洲各国所实施的那样,也像人们在法国于1660年前若干世纪所同样做过的那样。诚然,也出现一些相反的法令,但它们是在艰苦和穷乏的时期

① 这是《圣经》上的故事,说挪亚(Noé)的儿子要建筑一个直达天上的塔,上帝使人们的言语混乱起来以制止他们这种非理性的努力,于是巴伯尔(Babel)一词,就意味着混乱。——译者

制定的，随后在实践中就被忽视了，因为这样做是容易使人信服的；要是有人还利用它们的话，那多半是地方长官，他们为了从中捞点油水，就假装没有看见小麦的运走。

这是为了实现人们认为多年来已经很好地被运用到农业和商业的实践上去的，也同样被运用到那种必然随之而来的农业和商业的理论上去的实践与理论的协调和结合，而它的效果曾经是使人们极其透彻地了解，并且还能说服别人也相信这样一个事实，这即是只有一种方法来避免我们刚才所说过的同样有害于国家的两个极端，就是国家必须如此有力地维持这两种弊害之间的均衡，使它们彼此不断地交替或互相抵消；从而造成一种持久不变的东西，像一个做父亲的在他的孩子们中间平均分配面包那样每年都平均分配小麦。

这里只有我们在这篇论文开始时提出的一种方法，便是除特殊情况外，人们对于小麦的输出，在任何时候都听任其自由而不课税，这才能避免一种极度高价的混乱；同时在另一方面，小麦过度跌价，它的危害如果不是同样大，也不会小，虽然人们却从反面来设想，因为它不那么耸人听闻。但小麦的过度跌价，只有在谷物绝不遭到销毁的情况下才有保证，可是这种销毁又是低价的必然结果，因而也就成为在将来或者最近谷价高涨的显著标志，像这样的事例我们在经验中已经司空见惯了，而且我们随后还要进一步加以阐明。

在这个绪言之后，为了进行我们认为必需的小结，我们断言，像在这篇论文的开端我们曾经指出的那样，老百姓同他们将要贱价购买小麦时比较，绝不会稍富有些，也不会更穷苦些。这便是第一篇的论断;第二篇的论断是:人们只有在经常出卖一些小麦给外国人的条件下,才能避免随时会出现的极度的高价,这里就不使用更强烈的字眼了。

这两个论断,可能会使作者首先遭遇到像克里士托夫·哥伦布所遭遇到的那样,甚至更糟的情况。因为当哥伦布提出他那新世界存在的想法时,曾被认为狂妄,这篇论文的作者,假使他是错误的话,将会落个刽子手和卖国贼的恶名。但是我希望直至读完这部作品之前,人们将不担任何风险,而且,为了使自己在任何时刻也不致有类似的遭遇,我要预先声明我所做的只不过是建议步荷兰和英国的后尘,那里的人民在安排他们的命运时,至少在有关生计的打算上,就恰恰实行了我今天向法国提出的忠言。

第一篇　阐明谷价愈贱，穷人、尤其是工人的生活愈苦

第　一　章

各种不同收益的分类。农业的优越性。公平应成为交易的基础。社会各行业利益的休戚相关。这一学说被个人利益所排斥。在谷物贸易上政府有干预的必要

法国的一切收益，如同其他国家一样（而在分配上则比它们好些），一般地说来，包括两类，即是：土地的产物——这是世界诞生时期，或者不如说幼年时期的唯一的收益——和实业的收益。而后者又可以划分为以下四种：第一种是土地的赐予；第二种是这些赐予所由产生的土地所有权，它把利得在地主与佃农间加以分配；第三种是由城市房屋的出租，抵押利息，文武官员和财务人员的官俸及货币和票据所构成；第四种则包括体力劳动和批发零售商业。后三种的产生和维持，最初是依靠土地的产物的，因为在不生产产物的地方，如在沙漠或岩石上，它们是决不会出现的；但只是在原始的时期，这三种收益从土地产物单方面受益而无须报偿，因为随后就需要这三种收益反过来推动它们

所由产生的这些土地产物的产生，而这种循环是一刻也不能中断的，因为不管从哪一方面发生些微的停顿，就马上成为双方的致命伤[①]。

事实上法兰西所产生的必需的和主要的产物，有小麦，这是首要的较大的部分；有各种饮料，如葡萄酒、苹果酒和白酒；有家畜，它们供给肉和毛；还有布匹；要是上述其他三类收益的行业不用高于完成产品所必需的费用的价格去向农民购买，农民就决不会在土地上生产或饲养这四种产品，以及其他一切很多的和它们有连带关系的货物；同时，也完全需要农民和地主——他们如同一体，利益是一致的——向生活中的一切行业购买，就是向一切靠劳动

① 布阿吉尔贝尔在有关经济科学的基本概念上，就是说在财富的性质和本源上，其所提出的正确意见并不比亚当•斯密本人有逊色。但是，和这位苏格兰哲学家比较起来，在运用分析的能力，从这些根本概念引申出广泛的、经常明晰而合理的推理方面，他就相形见绌了。因而他时常将错误和真理混杂起来，例如在刚才念过的这段文字中，就同时表现出反映事物性质的十分正确的概念和与实际不相符合的混乱的理解。事实上，既然已经首先承认了在世界上的财富只有两类，一类原生产物和另一类加工制成品，他称之为土地的产物和实业的收益，可是他却又在这一分类上提出另一个分类来，而这就只是想象的了。他把财富区分为如下四种：1. 土地产物的财富；2. 地主和佃农从可耕地得到的财富；3. 房租、利息、官俸、货币和票据的财富；4. 最后体力劳动者的和批发或零售商人的财富那是没有任何依据的。一切财富，归根结底，可以归结为原生产物或加工制造品的间接或直接的占有；因为在严格的意义上，只是物质的和可以消费的物品才能称作财富或收益，这一点作者不是不知道的，《法国详情》第二篇第十八章和《法国的辩护书》第四章可以证明。再者，他也很了解货币（在它是金子或银子的时候，它当做产品而具有的内在价值除外）和代表货币的标记，本身并不是收益或财富，它们自身没有效用，只是由于它们在其所有者的手中，对于构成公共财富的原生产物和加工制造品的总数中充当部分的代表时，才被看做价值。但是，如果人们不能真的在两类财富上进行合理的区分，那就必须同意斯密，承认在社会的现实情况下，有三种不同的收入，包括：1. 由劳动所取得的收入，称为工资；2. 由资本所有权所取得的收入称为利息或利润；3. 最后，由土地所有权所取得的收入，称为地租。显然，这也就是布阿吉尔贝尔在精神上努力要作出的真正的分类。——德尔

谋生的和经营商业的大约二百种不同的职业，依一定的比例购买他们所能供应的一部分；同样地，购买的价格也不能使后者有所损失，以便双方都能互利互惠地交易往来。这还不是一切：还需要这二百种职业在继续不断的交易中相互交换各自的手艺产品，而一切交易则以土地生产物、尤其是小麦作为准则。因为，如上面所说过的那样，它是各行业所由产生的基础；因为没有一种行业的失调能够不同时将它的不幸立刻地或逐渐地反映到其他一切行业上去，它们形成了一条财富的链条，只有组成链条的各个环节连接在一起的时候才有价值，一旦从中脱掉一个环节，它们就会失去价值，至少会失去最大部分的价值。

因此，为了维持那种稳定人民和各等级的人们、从而稳定国王收入的经济协调，就决不应该使某一部分的发展超过其他的部分：这就是说，必须使一切贸易往来这样均衡发展，每个人都能够从中同样得到好处，各得其所，否则，就像人们用不准确的度量衡出卖货物的时候那样，交易的某一方就一定会马上吃大亏。

从以上的论述就容易看到，当每一个人为了各自的利益而工作时，不应漠视正义和公益，因为他就是从那上面才能得到丰衣足食的；如果他对于一个有来往的商人，不论是由于一般的错误或者由于存心不良，一旦干出了有损于正义和公益的事，他自信是占了便宜，可是，相反，他应当等着，看这种行为像有时会遇到的那样，是不是发展成为普遍化，使自己付出高昂的代价自食其果，这点我们将要进一步阐明。然而，人们从早到晚的种种行为，实际上却与正义和公益的维护背道而驰，由于财迷心窍，人们在向别人购买商品时，不但要售货者亏本出售，同时还要捞取额外的油水，才

会感到心满意足;因此,假使一个高级的和普通的权力机关,对于像谷物那样的生活绝对必需品的买卖,不进行干预并规定价格,以制止这种贪欲,那么,有些很不人道的人,临到紧急的时刻,就只有在他们同胞以倾家荡产作为代价时才肯拯救其生命。同时,因为这种干预不能在各方面同样地规定得很具体而详细,就必须有间接形式的补充,那就是由有力的权力机关来阻止某种商品成为商人贪欲的牺牲品;这个商人只要手头有这种商品,就不顾别人死活,唯利是图,志得意满,并认为在买卖活动中不存在宗教和人道观念,而丝毫不加以考虑,而人们则相信,绝不舞弊和欺诈,只是在必需的场合才谋利,就能使神和人都满意。

第　二　章

谷物的高价和低价。1550、1600 和 1650 年的小麦价格与一切其他商品价格有着一定的比例。四十年以来它就不再是这样的了:由此产生的祸害

虽然错误的热情只认识到事物的一个方面,那便是,谷物价格的过高,常会导致无数穷苦人民的死亡,这种司空见惯的事情,往往被看做上帝用来惩罚犯罪者的天灾。可是,我们刚才在前面一章所指出的,却又确切地证实有关小麦的两种相反的情况。但是,人们却坚持说,那过度高价的反面、即谷物价格在与其他商品物的比价上的大大降低,既然没有那样轰动一时,似乎就不是同样严重的祸害,就没有同样致命的后果;这可说是对于世界事物的推移完

全无知，只不过是一种对于农业耕作和农产品贸易的细节的简单推理。

首先让我们看看事实，我们要向那些由于盲目的热情以致倾向于时常希望小麦价格降低，给贫苦人民带来好处的人们请教，要是我们能再看到谷物价格和1550年曾经有过的市价一模一样，这就是说，巴黎的一个色梯（setier）[①]约重二百四十斤的小麦在普通的年成售价为二十到二十一个苏（sou）[②]，而在这种情况下他们是否还会相信他们的愿望会得到完全实现？由于乡间雇工每天所赚得的工资总不低于七个到八个苏[③]，在收获的季节工资还会加倍，同时一个年产二百色梯小麦的农场或者土地，为了得到充分利用，就需要常年雇用五个或者六个农业工人，于是在工人方面，每一个都取得比一百个色梯的价值还多些的工资，这样一来，势必使农场主人除了将一切收获都付给工人之外，甚至还需要有一个银矿用来应付三倍或四倍的开销，以满足工人们的工资要求和偿付种子费用以及供应农场主与其一家人的生活需要。把1550年的谷价联系现在的工资来观察，确是可笑的，对于这种情况我们不准备再多说什么，因为这在当年并不是如此，今天，一天赚八个到十六个苏工资的工人，在1550年只赚相同数目的得尼尔[④]，同时今天在巴黎卖一百个苏和六个法郎的鞋子，根据1549年亨利二世的法令

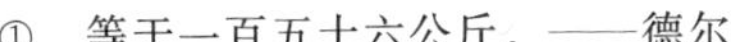

① 等于一百五十六公斤。——德尔

② 法国铜币名，一法郎的二十分之一。——译者

③ 参看《国王的什一税》（*Dime Royale*），本书的86页。——德尔。（这里的“本书”是指德尔所编的《十八世纪财政经济学家》一书，巴黎基约盟书店1851年印行的第二版。——译者）

④ 法国古币名，值十二分之一苏。——译者

只估价五个苏，而小竹鸡和野兔之类每只却卖六个得尼尔[1]。

因此，为了使人看清楚错误的热情如何将事物绝对化以及看问题不深入可怕之处，我们也用不着再作更多的论述了；但是为了不要上溯得这样远，或者说得更近一些，我们就拿1600年作为例子，这就是拿在我们同时代的人中间许多人都有些认识的一个时期来说，那时候，遇到普通年成，巴黎一个色梯的小麦，值三个利弗尔[2]十个苏或者大致如此，一双鞋子卖十五个苏，其余的货价也都有着一定的比例；虽然价格比五十年前涨了三倍，人们却不像今天这样对这件事情进行争论，即使拿1650年以后的麦价来说，除了在那异常高价的时期而外，它也没有到过十分腾贵的程度，但那异常的高价是不该计算在内的；可是，既然一切商品都已经同样地涨价了，对于要用三倍以上的价格购买小麦一事，工人就没抱怨的理由了，因为，在麦价只有三分之一的时候曾经卖过五个苏的一双鞋子，现在鞋匠都要卖上十五个苏了。

那些自封为贫穷人的保护者的人，要是没有丧失理性，也不可能要求实现上述的谷物价格；因为，虽然实现这一价格的结果，比较要求实现1550年合理地存在着的每一色梯二十个苏的价格所导致的、在上面已经指出过的可笑的程度减少了三分之二，但是在今天的价格水平上，即使那剩下的三分之一的部分，也就足够把一切事情搞糟了。实际上，根据前一个设想，如是农场主人必须在他

① 参阅迪托(Dutot)的著作第一篇第二章第五节，关于亨利三世统治下某些商品市价表。——德尔。(这一部“著作”是指关于商业和财政的政治的研究，也收在德尔编的《十八世纪财政经济学家》一书里面。——译者)

② 法园古币名，亦即法郎的别名。——译者

已经有的收成以外还须买进三倍的小麦,才能满足他所雇用的工人的要求,而在后一个设想上,则用他的全部收成,也不够支付工人们的工资。因此,农场还是没有什么办法能够维持下去,因为,要是一桩事情是鲁莽的和可笑的,那就不用使混乱达于极点就足够将理智或多或少地伤害;而且,在这种情况下,理智还会在一种可怕的方式上被伤害。

根据这个原则,必须大胆地来看一看 1650 年的,也就是我们时代的情况。这里,遇到普通年成,巴黎每一色梯的小麦曾经售价十个或十一个法郎,可是并没有人大声疾呼地说闹饥荒了,甚至也没有表示半点惊奇,而对于小麦价格比较五十年前涨了三倍一事,同样地也没有人把它看做一种痛苦,这就是因为根据同样的理由,以 1600 年的物价为基点,在那个时候值十五个苏的一双鞋子,在 1650 年已经卖到四十五个和五十个苏了,同时一切其他商品的价格也都是按照比例上升的缘故。可是到了 1700 年和这以后,也就是我们的现在,一切同样的商品,除小麦以外,由于极其自然的原因都已经上涨了一倍(关于这些原因我们将在另一章论述,它们不是别的原因,只不过是那运到欧洲来的银子一天天增加),人们宁静地忍受着各种各样的商品按照它们应得的份额往上涨价,正如自从发现新世界以后它们经常出现的情况那样;但是人们唯独拒绝谷物取得公平的价格,并且迫使农民和地主——他们是如同一体,利益一致的人——按照跟五十年前同样的价格出售谷物,而同时又迫使他们必须用双倍的价格购买他们生活上需要的和农业生产上需要的一切商品,在这上面,人们竟然相信大家都占了便宜。实际上,这是强迫农业经营者经常将自己的收益同无数人分享。

可是，当一切货物价格的比例不再被保持的时候，他们也就遭殃了。还不止此，随着国家为了维护自己而进行的改良，这样的交易绝不能继续下去；在此以后，还会回过头来影响一切其他职业的人，即那些不公平地希望高价卖出自己的货物而贱价买进谷物的人，不可避免的结果则是，他们本身也受其害。实际上，法兰西一切财富的来源，就是土地的耕种。价格比例失调所引起的混乱，首先迫使人们不得不在土地上少花人力物力，以致土地的耕作草率了事，同时甚至在许多地方将土地生产完全破坏了；这就使人们为了最初的混乱制造者的不公平而付出重大代价，而“始作俑者”则是那些主张经常贱买而贵卖的人。

第　三　章

现行谷价不够抵偿生产费用和支付耕作者的劳动报酬。富裕和贫穷自有天意，小麦的价格应当使贫富这两种情况保持一个公正的平衡。关于肥地、瘠地以及耕作费用的研究。那些希望面包价格经常低廉的人们的愿望是不合理的

根据上面一章的论述，不难看出，如果不是妄想，人们不能希望巴黎一色梯的小麦仍然像 1550 年那样只卖二十个苏，或者像 1660 年那样只卖三利弗尔十个苏。然而，在这同样的立足点上，人们主张将价格定为大约九个或者十个法郎，正如今天[①]所要求

① 作者这篇论文是在十八世纪头几年写的。——德尔

的那样，而在1650年由于那时候没有任何要求，就等于放任价格自发地时涨时落，不规则地变动，这就导致一切人都蒙受损失，一切等级都遭殃，结果，那些没有其他生计、只靠自己的双手每天为富人和地主干活而度日的穷人，一旦找不到工作，纵然小麦像在1550年那样只卖二十个苏一色梯，他们同样地是完了。由此得出结论是：只需要说明，按照巴黎的量制，每一色梯的小麦价格即使维持在九个到十个利弗尔的基准上，像今天这样，甚至还要少些，就会使大部分的佃农无法向地主交租，因而他们彼此同样遭殃，同时，又无可否认地表明，如果一切工人即使不是像我们每天都看到的那样，完全沦为乞丐，他们也会失掉四分之三的收入。

按照上帝的意旨，法兰西的富人和穷人在生计方面要相互帮助、相互支援，因为，假使穷人不借助于双手的劳动去支援富人以使他们所拥有的财产产生价值的话，富人连同他们一切的资产和所有就将完蛋；他们的财产最初不是什么别的东西；只不过是土地(一切其余的收入，如地租、赋税和年金等，联系到那产生它们的第一个来源即土地来看，实际上只是些虚构的财产)；同样，反过来看，要是土地自己生产财富没有任何强制，完全听其自然，它给人们的给养和报酬不是像它现在那样按照劳动的比例提供，也不是依照在亚当犯罪以后上帝亲口宣布的判决那样给予，那么，一切没有土地的人就会完全处于不能生存的境地[①]；因此，这两种身份人

① 布阿吉尔贝尔弄错了，这一奇特假定的实现，只能带来如下的结论，第一，将地主收入的地租和土地生产的全部等同了；第二，将雇用农业劳动从事生产的资本额转账到工业劳动上来了；第三，最后，在财富中产生更大的不平等，照我们看来那是完全不值得想望的。——德尔

的(即富人和穷人的)利益,存在于一种经常不断地互通有无的交易上面;既然交易的首要规律是使交易双方都能够有利可图,各得其所,不然的话,要是破坏了交易的目的,交易就会全部停止,所以必须绝对保持平衡,使双方分享利益,这样,在天平一边的盘子里即使骤然增加了某种临时的砝码也不致使盘子过于向一边倾斜,将另一边的利益都夺走,否则就会使将来的交易不能再继续下去。由此可见,是小麦的价格在保持着农业中的佃户、地主和帮助利用土地的工人之间的平衡。然而,巴黎一色梯的小麦只卖九个或十个法郎的价格,却表明天平是过于倾斜到工人方面了,这必然会导致法兰西土地各种改良的废弛和耕作质量的下降。

在那最肥沃的和享有最好的自然条件的土地,和那最劣的、既不是为了耕种也不是为了放牧的、似乎只不过是为了形成地球的表面而被创造出来的土地之间,肯定地有着百种以上的不同等级。实际上,如果我们把其中有些土地加以观察,可以看到那肥沃的土地虽然数量很少,那上面只需要两匹劣马和一年的时间就能够开垦出一百个阿尔班①的土地来,同时每天能够掘地和翻土两个阿尔班的面积,用不着什么肥料(而肥料在一次特大丰收后就完全不起作用),同时对于播下的种子也总会提供二十对一的收成;而且,年年都可以继续耕作,绝对不用休整,差不多无需使用其他土地;从另外一方面可以看到,那最大多数的土地,必须继续不断地耕耘,好像是在强迫土地生产似的,既要用很多的肥料,也要增加马匹,土地在耕作过程的每一步上都不是俯首听命;此外,还要三年

① 法国旧面积单位,约合十二点二一公亩。——译者

休耕一年，而在使用七年到八年之后，有时候直到十五年至二十年之后，休耕的次数更要多些，具体的次数，则是按照小麦价格让人估量耕种的结果是否能够抵偿生产费用的程度来决定的。

因此，改良程度比较差的一个阿尔班的土地，许多时要付佃租三个利弗尔，甚至更多，连同休耕的年份一起计算，共达六个利弗尔，如果没有相当多的谷种，这就是说大约值八个利弗尔的，一个色梯的谷物，这一个阿尔班的土地就不能被利用；同时，至少必须用四个劳动力，往往需要五个，而每一个的工资绝不会少于三个利弗尔十个苏，甚至开支还会更多些，因为劣等土地通常是多石头的结果常会损坏犁头，因而势必常要拿到铁匠铺去加工修理，所以这上面至少又要加上十四个法郎的费用；同时，还必须用上不能少于十二车的、或者按比例计算的其他计量单位的肥料，这就又要加上十二个法郎；这里还有用于耕地上收割的费用需要三个利弗尔，于是投放在土地上的就超过了三十八个法郎，如果这块土地出产了四个色梯的谷物，人们就会极其高兴，因为这样的土地的产量几乎绝不会达到这个数量的；假使人们种下的小麦值八个法郎一色梯，而由于劣地常会日益退化，所产谷物的质量便会降低，相反地，那些优良的土地，如在匈牙利种裸麦的土地，在三年之后仍会生产出最上等的小麦；而这块劣等土地所生产的谷物则至多只能卖到六个法郎一色梯。因此农民和地主蒙受重大的损失，这就迫使他们让土地荒废，如当前经常出现的那样；于是大量土地，弃置不耕变成荒芜，这样一来，就不会不使地主和农民陷入极端贫困的境地；如果小麦的卖价能达到十一到十二利弗尔一色梯（这本来是容易做到的），地主、农民、地主的仆从、工人们就都同样地在这上面得

到了好处，而且这会成为应付那必然会不时遇到的荒年的灾难之明显保证和可靠防备。

由此可见，从许多方面来说，那些希望麦价降低可以惠及贫民的人们自称的恻隐之心和仁爱之情，实在远不符合贫民的利益；因为不仅赤贫的工人在人们停止利用土地的同时，由于被辞退而沦为乞丐；而另一方面佃户和地主也会被抛到极度贫困中去；同时，国家一切等级的人，因为都依赖这财富的来源来维持生计，所以当上天的意旨对土地的收益不施什么恩惠时，他们就会按照他们职业的需要相应地遭受到同样的命运，除非是一位教会的总会长，否则肯定地都受到损害。

因此，当英国人为了迫使居民利用他们的大量劣等土地，用钱奖励那些将国内小麦向外国输出的人们，我们看到英国人没有丧失理智①；我们又看到，在这样实践一年之后，谷物价格曾经大涨特涨，但他们并不以这个可怜的理由为借口，说是必须对王国供应了大量小麦之后才能输出，只要是将小麦输出到国外去，那就怕要再度遇到荒歉的灾难；但是，如我们已经指出的、而且在论文的第二篇我们将更好地阐明的那样，事实却恰恰相反。

以上关于劣等土地的命运，关于麦价降低对于农民和地主都是一种损失的论述，也是同样地相应适用于那些头等优良的土地；

---

① 在英格兰，从1688年开始给小麦输出以奖金。为了取得威廉三世的这一特许，地主们就曾经利用农业来发财；但是，如亚当·斯密曾经极明确地指出的那样，他们就只是看到了自己的利益而没有看到别人的利益，人为地抬高谷价，这肯定地全然不是鼓励农业生产。所以，一方面布阿吉尔贝尔起来反对阻碍谷物的输出，这是好的；另一方面他在赞成那只有导致平民饥饿的而增加地主的地租或者收入的经济后果的措施时，他就错了。但这是《辩护书》(*Factum*)的作者没有觉察到的后果。——德尔

因为，如果良地耕种费用的负担比较少些，而土地的租率是依照土地的等级来确定，赚得好处的是收租的地主，而这种高率的佃租，在小麦价格低廉的时候，土地上的收成就不能提供，于是就产生我们刚才指出的那一切的同样后果，并且对同样多的人发生影响。

第　四　章

相信降低谷价可以惠及贫民的人的错误的新证据。各种社会职业不同程度的重要性。耕种者的繁荣昌盛是一切其他等级的财富的必要基础。农业衰落后一切奢侈品工艺的凋零。破产是小麦价贱的结果。商业中人们所谓“装模作样的财政”[①]

虽然那些希望小麦价贱有利于贫民的人所持理由的错误，已从上面的论述十分确切地证明了，但在这里深入探讨到各种职业的细节，并指出它们一切的财富都是来源于土地的耕种，还是可取的；农民的一切播种和收获都是为了它们；农民播种多，它们的收获也多，反之，它们的收获也少；所以千方百计地使农业生产不断获得丰收是有利于它们的，可是今天由于谷价低贱，它们就受到妨害，因之，使谷物重新定价，促使农民竭尽所能地耕种，才是符合它们的心愿和期望。

构成国民生计的一切职业、技术和手艺，特别是在法兰西——世界上没有其他地方有像这里那么多的门类的行业——为了它们

① (faire finance)是指卷款潜逃，意图赖债的行为。——译者

自己的生存，彼此之间必须互通有无，相互为用，虽然，它们的功能并没有同等的必要性，但是人们绝对不能缺少它们。有些职业供应人生必需品，如面包和饮料那样首要的和最普通的食物，这方面还要加上一些如那最起码的菜肴；另一方面，有各种肉类，在它们之间又分出许多不同的等级，有精细的、有肥壮的、有下脚，最后是奇形怪状的和完全无用的；而这一切不同的等级，不仅是在食品当中存在，并且同样存在于衣着、家具、车辆、装饰，以及其他一切所谓奢侈品上，这就使得法兰西出现了二百种以上的职业；诚如上述，它们的诞生是来源于土地的产物，要是土地变为像非洲沙漠那样不毛之地，那么，这二百种职业中就会有一百七十种以上散伙或消灭掉：因此，再说一遍，保护农民，防止农民的没落是它们利益所在。在机械业中有一句永恒不变的格言说：一切技艺必须养活它的主人，否则主人便会立刻关闭他的工场，同样地，像时常遇到的那样，一旦农民出卖小麦的价格不足以偿付生产费用和一切附带的负担，如赋税以及其他各种形式的地租，这个佃农就一定会放弃耕种，或者不履行契约缴纳他所应当交给地主的佃租。那么，从这时候开始，全部二百种职业就都岌岌可危，而且，如果其他许多人都遭遇到和这个佃农同样的命运（好像不可能会有其他的遭遇似的，这是因为这种不幸是从一个普遍的原因产生的）一切行业都要蒙受重大的损失。

事实上，不向地主缴纳租金，他就不能购买东西，因为没有货币就什么也弄不到手。首先被削减的是对非必需品的需要；以后，如果这种不正常状态继续下去，人们又会按照上面所指出的次序逐渐地、逐级地削减他们的需要。既然各行业的产生系由于社会的富裕，而富裕通常不过是土地的产物，那么，随着土地产物的衰落各行各业也一起衰落下去。

还有一点要引起注意的是：这一削减不仅限于非必需品，也不仅限于那些使生活舒适的物品和有实用的物品，它一直打击到一些最需要的行业或手艺，并且引起一种连锁反应，席卷一切职业。固然，假使只是生产非必需品和奢侈品的行业受打击，这种不正常状态还不致如此糟糕；可是生产非必需品和奢侈品的行业的工人，只是为了取得生活必需品才干这种职业和手艺的，一种职业缩减了，其他职业没有不立即跟着受损失的；这就会在国内造成一种新的损失，因为每一个人都需维持由生活必需品所决定的一定水平的日常开支，现在这个水平降低了，于是生活必需品对于商人或者工人就会完全落了空。

在这种情况下，有一个靠佃租为生的人，他口袋里有一百个埃居[①]，本来打算专用来购买日用品和舒适品；假使他的佃户不能保证缴纳将近到期的租金，他就会谨慎地保存着这笔钱，以便花在单纯的必需品上；可是这过分长期的保存，使银钱过分长期地闲置不动，是违反货币的本性的，货币是要经常地流通的，并在它的每一次周转中会赚一笔收入的。要是没有这最初的原因，也就是说如果不是因为小麦的贱价导致了亏损，刚才所说的那一百个埃居，可能会在它们被闲置的时间内，像往常那样流通着的话，就会易手一百次甚至两百次，但是储存过久，使这笔款子长期停留在它第一次落脚的地方，就不可能不会妨害到一切惯常的流通，而在那里可以

① 法国古银币名，约合三个利弗尔。——译者

经常地看到不论商品的交易或劳务的利用，都需要货币充当媒介，可是由于谷物的贱价，它们在这些场合完全派不上用场。

人们的开支是随着资产增加而相应地增加的；一个人的资财要是超过生活必需之数，他就会购进舒适品；此后再有增加，就会进而购买精致的、非必需的奢侈品，最后，他的虚荣心驱使他挥霍无度，从而倾家荡产，同时，就使那些在最初一无所有的人富有起来；同样地，当小麦价贱使地产收不到地租，因而地主必须省吃俭用的时候，这一缩减又会按照颠倒过来的程序重走这同一条路，这就是说，首先它破坏了奢侈品和非必需品工人的生活，并种下一条病根从而败坏了整个国家，同时还产生出在那种境况中，总会看到的大破产；而且还会有人将这一事件对无知的人们宣称说，这是因为没有钱；但实际上，钱比任何时候还多，只是如我们所指出的那样，它动弹不得罢了。

为了将这一真理表达得更加明白，我们只消看一看自从小麦的价格下跌以来在巴黎引起的那些破产情况就够了：那是比十年前遭到破产的还多，而十年前的麦价却等于今天的两倍。事实上，一个没有收到地租的地主，决不会支出三十个比斯脱[①]去买一付假发，五十个比斯托去买一个披肩，四千法郎去买一辆四轮马车；那些经营同类奢侈品的商人，本来已经作了大量的垫支，并为他们的商店批购类似的奢侈品而背了大量的债；现在，当他们不能够很快地卖出他们的货物时，就不可避免地全部破产而逃亡，并将一切负担卸在债权人身上，而且还会引起连锁反应，以致一宗破产就会

① 法国古币，值十法郎。——译者

招致无数宗的破产。

这里还发生一种混乱，也是同样地由于那第一个原因所造成，这便是，当一个工人或商人看出了他的事业发生危机，货物卖不出去，不能依约到期偿还他所欠的债款，于是他就玩弄人们所谓“装模作样的财政”那种把戏来逃避沦为乞丐的命运，这就是说，他将所有货物贱价甚至贴本出售，换成现款搁在自己的口袋里，留下钥匙在自己的门上，离开了商店，除非他从债权人那里得到了允许可以打很大的折扣偿债，否则他就绝不再露面，这样蒙受损失的不是他，而是他的一些债权人；这除了造成整个国家的混乱外，还会形成一种可怕的局面，因为把那些按质量来说价格应当高的商品贱价和贴本出售，就会使其他一切人所出售的同类商品大大跌价，这些人绝不能希望顾客那样慷慨大方，不从其他方面用较低的价格去购买而宁愿用高得多的价格来购买他们的货物；而这第一个商人所以被迫贴本出售他的商品，只是因为他也是以贱价从农民那里买到了小麦。

第五章

续前。在一个十口至十二口人的家庭中可能增加开支的核算，小麦的涨价

由于人们对谷物性质或价格的问题普遍地抱有谬误的见解，那些家业在衰败中的人们，只不过是为了在他们所吃的面包上和他们在巴黎的家庭的消费上自以为每年省下了五十、一百或者三

百个法郎，结果却使他们自己，并且还连累到其他许多人，要蒙受一万、两万、三万、四万和五万法郎，甚至更大的损失。遭到这样的不幸，我们敢于断言，指出这样一个事实可能会使人感到惊异。按照一色梯小麦值十个利弗尔计算，普通面包一斤至多值十五个得尼尔：然而，要是使价格增加一半，即每斤面包售价大约两个苏，那么对于一个十口到十二口人的家庭（一切家庭的人口大致是接近这个数字的）来说，每天只不过增加五到六个苏的开支，一年合计也不过一百法郎；但这一百法郎的节约，或者自以为的一百法郎的利得，却会导致一万多利弗尔的损失并将整个家庭沦落到靠乞讨为生的境地[①]。

尽管这是一定不易的事实，但是在一般思考问题时，那些和愚人没有什么差别的老百姓，却不将眼光离开个人利益向远处看，也不放弃眼前的特别的利益，这样，要他们懂得这些原则是不容易的，这些原则是：如果小麦价格低贱，人们就不能富有，生活也就不会舒适，相反地，至少从一百五十年以来，必须保持小麦价格的水

---

① 一个包括十口到十二口的工人家庭每天所消费的十到十二斤的面包应当按照最低的市价来计算；根据这一假定，结果是，开支的增加不仅是五个或六个苏，却是六个或者八个苏，这个差别并不是没有什么重要性的。

在另一方面，作者将法兰西每个家庭平均人口提高到十到十二个人的数目，可能有点夸张，因为这个数字超过了统计学家所承认的我们这个时期的平均数字一半以上。但是，我们并非不知道，由于环境的关系，对于事物现况进行清查也许过于缓慢，从这一点来说，也就不能据以完全贬低布阿吉尔贝尔的贡献。如果在我们今天人口这样多的家庭成为真正的例外，那就可以肯定在路易十四时期，即使在富有的阶级中，也不会呈现这样的特征。不过，也是在我们这个时期，在我们的邻国比利时却没有什么比包括十口到十二口人的家庭更普遍的了。——德尔

② 指德尔所编的《十八世纪财政经济学家》一书，1851 年，巴黎基约盟书店二版。

平以及它和一切商品之间所形成的上涨的比价，必须如此，才能维持经常的平衡，交易才能在公平的基础上进行，不然的话，一切就都完了。而且，这是完全无可辩驳的：种种情况和人们所看到的和证实的一切，已经一清二楚地显示出来。粗看起来只有农民在进行播种，但实质上一切等级的人都要在土地上播种，并不单是农民才有这个任务；同时，要是人们种得少，收成也就少，相反地，要是人们种了大量的土地，收获也就极其丰富；一切等级和一切身份的人，为了他们各自的利益，也应当考虑这个道理，当他们用比较高的价格购买小麦或面包，这不算是过分的要求，这里不需要作出什么例外，因为一切的过分都是缺点，这是不包括在考虑之中的；我认为，当他们用一种合理的价格来购买生活上第一需要的物品的时候，就不致会带给农民——只不过是作为他们的经纪人——像今天这样的损失；这是他们撒在土地上的一定数量的种子，将给他们带来大有好处的丰富收成，而那每天的五个到六个苏，或者每年的一百法郎，就将会经常地产生出两千多或三千多的利弗尔；他们不是只为了偿付收成的费用而进行播种，这是今天佃农普遍的遭遇，如果是的话，他们就应当等待着，在地主毫无收入的情况下，他们的商品没有什么功用，不值什么，于是就不能替他们赚来任何利润，这就使他们和那佃农一起走入绝境。

虽然上述这一切在那些现时本身不是农民的人们看来，只不过是十分抽象的纯理概念，然而我们能够保证它确是不折不扣的事实，而且事情每天都在这样地进行着；正如收入超过了生活的必需就会要求舒适；舒适之余又会转趋优雅，而在更富裕时，后者又会产生豪华，这又会派生出两个新的支流，它们会延伸得那么远或

是导致性灵的活泼或是导致心术的败坏，这都是可以想象到的。

既然必需品的丰富是这一代人生活的原动力或第一原因，根据哲学或大自然所提供的理由，原因一经消失，后果也跟着立刻不再存在，所以一旦必需品的富足由于谷价的低贱而消失，我们的子孙后代也就会同样快地没落。

虽然，根据我们以上的论述，也许人们就不可能不会伸出手来给我们所提出的论点以支援，而我们的论点是如此的明显和如此的自然，并且为两种有目共睹的、无可辩驳的事实所支持；不过，要是完全不留神，由于在场的人们对于小麦的性质和真正的利害关系的无知而产生的错误见解以及盲目同情所造成的偏见，就可能再度出现；可是，既然人们看到了土地所呈现的情况的事例，听到了那些传述惊人的新奇事物的人们必然要接触到的许许多多的不幸遭遇，所以，根据各种身份的人的同样遭遇来进一步加强这个论点也是可取的；最近几年谷价时常下跌，但在三年之前，我们这些人曾经看到小麦的市价总是比今天高得多，这就是我们将在下面一章看到的景况。

第　六　章

1700 年之前和以后的小麦价格。在这两个时期的王国情况的比较。关于饥荒的奇特的辩解。对于战争的更怪诞的歌颂。富有阶级和贫穷阶级的运气的晴雨计

从 1690 年到 1700 年，小麦经常卖十八个利弗尔一色梯甚至

还多些，但自从1700年以来直到现在，麦价总是很低，一色梯不过卖九个或者十个利弗尔，这些确实可信的事实，是不需要证明的，因此，现在的问题只是我们刚才指出的、将两种情况进行比较。

各个等级的人的处境宽裕或者拮据，都有可以测定的晴雨表或者试金石，这是昭然若揭，不容有片刻怀疑的。

1660年和那时前后，某些人在买一个毫无收入的文官职位所捐的款项直至十万法郎和四万埃居，对低级官职的捐买也按照一定的比例出价钱；而且，在王国的一切地区，官职无时缺人充当，对某些官职偏爱，也没有引起争夺或诉讼；而在今天，同样的职位却多年虚悬，只需用以前价格四分之一（低级的职位则是三分之二也无人捐购），因为地主们已经放弃了捐官之念而只偶尔过问，或者只愿出比1660年的粮食价格还要低的价格才捐官，人们如果对比上述两种情况但又竟然认为前一种情况比起后一种情况来，不是无限富裕的表现的话，那么，提出这个说法的人必然是开始变成一个极端怀疑主义者，正如在大太阳的时候他也怀疑是不是天已经亮了一样。一切都好像在说行政、司法官吏等等的富裕是突出的；因为肯定地富裕曾经是普遍的，而且各个阶层都曾经有一种类似的富裕表现，这种曾经存在于各个等级中的真实的和实在的情况是不容置疑的。

大约从这个时期以后，各方面的事态都在衰退中，除了某些季节，由于荒歉的来临，尽管有时过分严重，但它倒给人们帮了忙，重新提高了谷价，再度建立平衡，并且恢复了一般交易中的必需的比例，事实上，要是没有灾荒的帮忙，可以说，一切农民，正像已经有过无数的事例那样，也许已经会都没落了；纵然救药的方法未免暴

烈一些，可是，这可以和医生用来治愈人身疾病的方法相比；他们的治疗手术，即使是那最成功的，决不会不影响到病人的体质变弱，不会不使他付出一点流血的代价，从而使他的生命力减少以致停顿。

曾经有某些可怕的灾害及其后果造成的1693和1694年的情况就是属于这一类，这以后的五年或六年就曾补偿了，上述灾害所造成的损失，因而我们敢于提出一个明确的定理，并在下一章加以阐明而不怕反驳，那就是说，谷价的长期低贱比起持续至少一年的过度的高价，会给国家造成更多的损害，并且还会使更多的人死亡；因此，如果人们要想完全否认这个定理，打个比方来说，那就应当认为在战胜了入侵和破坏王国的强大敌人，并且获得胜利的果实之后我们与其为了表示胜利的喜悦而鸣炮庆祝倒不如像蒙受一场大灾难那样服丧致哀，因为这一胜利之获得是以付出很多人的生命作为代价的。

1694年以来的连续的六年当中，曾经看到小麦的价格几乎总是我今天的两倍，结果一切土地不论好坏都耕种得很好；小麦也能得到很好的使用，不像麦价低贱时那样拨充不正当的用途；地主们的收入都很可观，一切物品都值钱，正如我们曾经指出的那样，小麦这首要产品的蓬勃生长力，既然构成种种事物诞生的根源，因而在国内没有一种职业不从这种繁荣中分享它所应得的一份。羊毛、布匹和一切的制造品都曾经卖到比今天高过一半的价格，同时捐购文官职位的费用几乎比今天加上一倍，景况的改善达到这样的高度，就是普遍富裕繁荣的确实可信的晴雨表：对这一切人们记忆犹新，无可否认。有人对此提出反对，认为只是战争使景况起了变化，为了回答这种异议，我们指出，不仅是在最近的一次战争的三年中间，甚至当比利牛斯(Pyrénées)和约签订之前的一切战争年代以及在一切其他的战争年代，我们都曾经以这样的观点来看问题，确切地说，即是，如果战争是靠国王的经常收入来进行(这似乎并不是不可能的)如果一切交易都各得其所，我们可以说战争也许会比纯然的和平对法兰西更有好处：因为战争使一切事物都动起来了；它荡涤了病态的心理，并且在某种意义上诱发了一个生性不喜爱静止的民族像着魔似的活跃起来，而静止常常对它是有害的。但是为了回到刚刚结束的这个世纪末的三年或者六年的富裕繁荣的明显标志上来，除了我们刚才引证的那些无可争辩的事例之外，这里还有一些登记材料给我们提供现成的书面证明，因为，这只要从饮料税征收员的表册和账目上就能表现出来。

如同上层人物的富裕繁荣可以从他们的捐官、盖房子和十分豪华的陈设、用具等等(正如人们曾经说过的，这都是拥有极大量的必需品所产生的结果)表现出来那样，那些在这种情况下按比例地取得自己一份的老百姓，特别是工人也同样可用进出酒店一事作为表现他们的财力的一个特别的晴雨表：如果治安法官恪尽他们的职责的话，除了做礼拜敬神的时间以外，这些人到节日和星期天就经常在那里喝酒，甚至在工作日也常上酒店去，于是一个星期工资的半数以上被花掉了，甚至全部工资也花光了。这种情况常按照劳动收入的水平而有所增减；要是人们赚得多，人们就用得多，赚得少，用度也就按比例减少；同时，完全不进酒店，就是人们未曾找到工作或者工作很少的确切的标记，而这又是由于那首要产品的被摧毁、被糟蹋所引起的交易或者买卖停顿的结果。

然而，这是确切可信的：三年来大臣先生们从总的或个别的包税人向他们请求减少包税额的事件上，就知道十分清楚，饮料税的收入已经减少了一半以上，有些地区减少到三分之二甚至四分之三。

虽然他们嘴里不说什么，但是如果人们不愿意信赖他们的谈话，则一切商人们的账簿或者登记册就可以提供忠实可靠的证据，在那上面，也是一清二楚证明着一种同样的衰退；在这样的景况下，当货币的周转或者数量不能满足消费需要时，使用纸片和交易票据来代表货币的现象固然不会继续出现，而且，此时货币的功能或者它通常的周转率倒缩减到以前的十分之一，以致整年整年地停留在一些人的手中，如果不是由于货物比价的破坏（否则就不会如此）所导致的消费的停顿将它强行留住不动的话，货币在人们手中是难得有片刻的停留的：面对着这样的情况，只有一般老百姓会说货币没有了，因为人们不再看到它的流通了，这就好像当一个人在隐蔽的地方睡着了的时候，人们可以认为他已经死了，因为在大街小巷上人们没有再能够时常看到他了，而在这以前他却正是这样露面的。

第　七　章

谷价低贱造成的损失甚至比饥馑更加惨重。对这一问题的考虑

我们最终认为，没有什么东西比降低谷物和其他货物之间的比价、甚至和它自己以前的比价，对国家会有这样大的损失；由于

这是真理，所以必须证明，事实上这种情况造成暴毙或不得善终的人数远比荒年多得多。

尽管这种论断会引起人们很大的惊骇，因为整个论述似乎过度夸大其词，但它的真实性并不因而减少丝毫。有些流行的成见要人相信事实的反面，我们将着手予以澄清，并使人们对我们将要大胆在公众面前揭露的事实的详情稍加注意，因为它们都是无可争辩的；然而，不幸的是，有好些人还茫然不知，这是由于身遭不幸的人们和那些能在顷刻间使他们转祸为福的人们之间，有着很大距离的缘故。而后者纵然光明磊落，存心诚恳，但如果没有许许多多的办法就会从早到晚总做错事。

两个截然相反的极端，几乎都是有缺陷的，并同样会产生相同的有害结果，这种道理大家都知道，也没有提出异议；过分的严寒，正如过分的酷热，会同样地损害它们影响所及的对象；纵情地大吃大喝，如同过长时间继续绝食一样都能置人于死。

还不止此：虽然战争，特别是那最激烈的战争，破坏最大、杀人最多，经常被看做上帝所降的最大和最可怕的灾祸，因而它们的可怕程度超过歉收或饥荒所产生的后果；可是塞内克(Sénèque)[①]却敢于断言(而直到现在还没人反驳)馋嘴贪吃比战争或刀剑造成更多的人死亡；而且在拉罗歇尔(La Rochelle)[②]解围之后，由于肠胃失掉消化功能一下子吃得过多因而饱死的人，比由于饥馑而死的人是同样的多。

① 古罗马哲学家。——译者

② 靠近大西洋的法国城市，在巴黎西南四百七十公里。——译者

根据这个理由，我们认为由于大丰收造成的谷物价格的低贱，是国家的一种消化不良症，它像寄生虫或溃疡病菌那样一点点地侵蚀或折磨各种身份的人，予他们以打击；虽然，人们日益削减开支，继续进行节省，但这种祸害常是如此严重，以致它只有在大量的家破人亡以后，才会终止。

就是在这种情况下，一个王国有着过多的谷物，正如一个人在一个时间内吃得过多那样，都是有害的：正如过度的饮食妨碍器官的自然功能，引起全身的腐坏，从而毁掉本人一样，过多的谷物，在人们没能够为它找到必要的出路来满足各种商业，特别是农业的需求时，也会产生同样的结果。

事实上，一个农民和他的家庭以及能够照常收租的地主，都是习惯于舒适生活的，但农民由于缴纳地租，必须出卖谷物，可是由于谷价的低贱，农民不得不亏本出售，因而只好靠别人的布施过活，地主也常陷于同样境地，或者就从事体力劳动来赚钱度日；此时，什么事情不会发生呢？例如食品恶劣就是一种不可避免的后果；可以肯定地说，人们本身也会马上遭遇到和他们的财物同样的命运，那就是：精神苦闷，蒙羞忍辱，普遍哀愁，从眼前看来，他们和他们的一家就有没落之虞；不幸之事从孩子们身上开始发生，因为为了抚养他们长大成人，使有能力自己赚钱生活，就需要一定的照料，但是正值他们的父母已沦为赤贫之际，他们就不能够从双亲那里得到照顾。可以肯定地说，一半以上的孩子，由于缺乏所需要的东西，在哺乳期和幼儿时期，既得不到照顾，又无医药以及适当的营养，以致一旦患病都变为不治之症，因而大量死亡。同时，如我们前头所指出，因为农民的这种灾害，很快就发生连锁反应，殃及到一切职业，于是这种遭遇也就变成共同的了；假使富人被迫节省了他们的非必需品，而这些物品的生产对于许多手艺和职业的存在又是必不可少的，那么这种节省就会造成全面的解雇和普遍的荒废：无数的家庭除了希望上天恩德的减少[1]外就不会有其他的办法，可以说，他们的极端穷困就大大有助于提供他们以取得这一恩惠的方法。这时候，听听这些慈善的人们怎样讲将会是很好的，他们主张，为了惠及贫民，要将谷价降低到最可能低的程度，这里倒要问问他们，在这样的情况下，他们是否还相信他们的愿望能够充分实现，同时他们的原意是否要使富有者变得极其穷困，然后再使这一不幸扩大到各种身份的人的身上去。

当人们亲自深入地探讨各种独特的事物的时候，只有凭着经验和全神贯注，才能发现近似真实的东西，但这毫不减少它的可靠性：极端的穷乏不仅使天性的慈爱丧失殆尽，而且在紧迫的时刻甚至还会使人干出违背人性、伤天害理的事来。这就是为什么人们曾经看到在被围的城市中迫于饥饿的母亲，会从她的孩子口中夺下食物来维持自己的生命，而在蒂特韦斯拔先(Tite-Vespasien)[2]统治下的耶路撒冷的围城中，一个母亲由于不能得到别的食物，就吃了她自己的孩子。贫乏是不认识法律的，随着贫乏的严重化，它甚至不怕违犯最神圣的律条。所以对于上面所说的，人们不会觉得惊奇，极端的穷困，使人们把家庭人口的减少看做一种恩惠，而这种境况本身还会提供取得这一恩惠的方法：在实际上，尽管这一

① 意指收成的减少。——译者

② 纪元一世纪时罗马统治者之一。——译者

不幸所引起的轰动和骚乱比极严重的荒歉所引起的较少一些，尽管它在表面上也没有那么暴烈，但它的后果却为害更大；打个比方，这两者好像尖刀和毒药都能置人于死。两人用尖刀互相砍杀，比二十人吃了暗中放置的慢性毒药致死的事件会造成更大的轰动和恐怖，并激起更多的人的严厉控诉：对服毒死亡的真实原因的猜疑，以及在这样的情况下对主犯是什么人完全捉摸不定，就会使在通常另一种方式下杀人所引起的骚动减少一半；可是，尽管如此，它并没有造成较少的不幸；相反地，在使服毒者受更长时间的痛苦上，它比凶杀的代价更高，同时由于它所给予外界的影响不是那么强烈，所以为了防止它的发生所采取的必要措施就减少了，而对待凶杀就不是这样，对它好像神人共愤，天地不容，大家都武装起来，以期对已往进行报复和对未来的祸害进行预防。

从这一比喻引申开去，我们可以说，由于谷物的过分高价所造成的不幸和由于谷价低贱所造成的不幸是同一样的东西：如果说一个是尖刀，另一个就是毒药，如上面所指出的那样，无论从它们的发生、发展和结局来说，两者的后果都是一样；回顾一下，假使谷价低贱的病害不能随时得到谷价猛涨的调剂，而这又非国家付出血的代价不会到来的。那么谷价大大低贱的后果就会把事情弄到无可挽救，例如，大部分土地耕种的完全放弃，那就是由于谷价过贱所致，这点我们在上面的全部论述中已经指出来了，而且，本文第一篇中，作者按照开头所作的预告进行论述，充分阐明了谷价愈贱，贫民以及富人就愈加困苦的道理：这样，我们就要进入第二篇的论述，在那里，人们可以期待作者同样履行其诺言。

第二篇　阐明从法国运出小麦愈多，对麦价奇昂的恐惧愈少

第　一　章

在平时，谷物的自由出口，是预防荒歉的唯一方法，谷物贸易和其他种贸易本质的差别。饥馑是谷物低贱的必然结果：关于这个问题的详情和考虑

除了按照商业上向来不允许进行蚀本交易的惯例，小麦借以保持自身的非常高价的场合以外，只有在让外国人有完全的自由，可以任意随时运走任何数量的小麦到外国去的情况下，法兰西才免于遭遇到麦价极高的不幸。我们期待我们的读者会比一般人更文明和更少成见，带着这种期望，我们将进入对具体材料的分析，同时我们确信这第二个论点也将会像我们所主张的第一个论点那样，不怕任何反驳。

不管小麦价格低贱的情况的出现，多么可怕和讨厌，因而应当备受责难，这在法兰西却是一般庸人心目中所大加颂扬的，可是它和英格兰人民决定自己生计的做法正相反，从这里很可以看出另

有一种事例证明着麦价低贱的罪过更大，所以它就应受谴责。

麦价低贱必然会带来的后果就是谷物价格非常高涨，这使人不能不感到惊骇，其惊骇的程度与在一种完全相反的情况下所遭遇的相同；谷价之所以奇昂，其唯一的根源是来自谷价低贱，但却被人们当做上帝所降的一种灾难来看的；根据这样一个确凿的原理，认为在老百姓中间没有什么节制，他们不懂得中庸之道，一下子从这一极端转向另一极端：只需对于后头我们要进行说明的稍加注意，人们就将同意这种看法。

法兰西的谷物有两种利害关系和两种状况，虽然这双方经常在不断的搏斗中碰头，却只是力图互相毁灭，因为每一方都自信只有在毁灭了他的敌人之后才能是幸福的。这两个方面，是从谷物所产生的两种作用中形成起来的，一方面，是养活那些要是没有这份粮食就会饿死的欧洲人；另一方面是拥有粮食的地主在有了超过他们本人的和特殊的消费以外的数量之后，将多余的来出售，从而给他们提供手段取得其他必需品以及幸福和豪华生活所要求的一切物品。

根据第一方面的利益，要求谷物在数量上尽可能的多，同时价格低廉，并且就这样保持下去；另一方面呢，在谷物的数量上也许会有同样的意见，不过他们还要求谷物的价格不要因为数量过多而低落，可是如像经验充分证明的那样，这是不可能的，他们的主观愿望是难以实现的，于是虽然当谷价应当下落的时候，他们还竭力促致谷价的上涨，所以这就成为小麦的卖方和买方之间的争执。但是，在一定的关系下，谷物的贸易和一切其他商品的交易是相像的，这就是说，买方总希望不花代价就能得到货物，而卖方却想从

上面赚取超过价格四倍的收入;如果上头所说的是一定不易之理的话,那么,另外一种情况也是同样的真实,那便是谷物的交易和其他种交易却有很大的不同,在通常的交易中,商人的贪欲常会受到限制,因为第一,邻近一定还有别的商店,在商品的供应上和他同样地做得很周到,而且经常按照合理的条件出售货物,其次,在进行交易时,顾客并不是迫于必需非买进这些货物不可。但是,这两种作为一切其他货物交易的准则,并不适用于谷物的贸易。农民不出售他的小麦就不行,而要吃粮食的人又不可能不购买粮食;就是这两个非遵守不可的条件造成混乱。同时,如我们刚才所指出的,导致买卖双方在交易中继续不断的斗争。还不止此,一方只要一度比另一方占了上风,就会成为不幸的根源,它在眼前就会很快地扩大增殖开来,变本加厉,走向极端,使一方完全压倒另一方,其结果,不独国家遭殃,并且成为胜利者的一方也蒙受其害。

我们刚才指出一切买方的利益在于能有很多的商人和大量的商品,使商人彼此之间发生竞争,后者为了要迅速售出货物,就会把货价降低;反之,商人却只有在确实知道当地没有很多的竞争对手,货物供应的数量稀少,而且顾客几乎非照他所开出的价钱购买不可的情况下,才能卖得较好的价钱。

然而,在小麦的贸易中,在碰到一个丰收的年成时,谷价低落,佃户出卖他所收获的一部分不足偿付开支上的需要和向地主缴纳租金,于是他就势必要把全部收获不顾血本地贬价求售,可是这又会扩大他的不幸,以至于他几乎被迫将送到市场上去的谷物原封不动地再拿回来,而这又会增加价格下降的程度和售出的迫切要求:以致通过通常的办法,即使以比耕种费用更低的亏本价格出售还是不能克服困难，于是，由于商品价格不能补偿生产费用，谷物就会不惜用来喂养牲畜，甚至在制造业中用来提炼淀粉和酿造啤酒，以避免自然的腐坏，这样，要求小麦大量存在的一方是胜利了，它已经完全毁灭了他的敌人：人们就把这一个胜利称为谷物的廉价，极其虚伪地认为这对平民有利；这是一种随即就要付出高达三倍的代价的胜利，而对目前由于各种工作的停顿所造成的祸害还没有计算在内。

实际上，碰上丰收年，由于农民的贫乏所造成的对小麦的这种浪费和对耕种的疏忽大意，就使人们为了应付随时总会到来的荒年的后果而储备粮食进行预防也无法办到了，这样一来，歉收一旦发生，人们势必遭受饥荒：于是情况完全翻转过来，必然伴随而来的最初涨价，就像丰年曾经导致谷价低贱那样，以同样的速度扶摇直上。

于是为了筹措家庭日常必需的开支，农民只要出售一小部分的谷物就够了：因为他有了能力，他就相信他有权利将多余的谷物笃定地收藏在家里，这时候，就绝不是原封不动地将谷物由市场运回来，而是不耐烦将粮食运送到市场去了。因此，售卖的人数大大减少，出售的必要性也大大降低；结果就出现过度的高价，在法兰西四十年来这种情况的出现已经是司空见惯。

只要我们对谷物交易和售卖稍加注意，本章所论述的一切就足够证明贵价和贱价是彼此相互转化的，可是当我们进一步研究那首先造成谷物价格不同情况的农业的细节时，这一真理还会显得更加确定不移；因此，我们可以说农业之成为决定性的因素正如乐队中的指挥那样，是他在打拍子和指定每一个奏乐者所演奏的段落。下一章我们将就此加以阐明。

第　二　章

法国不同于埃及也不同于莫斯科地区：这一事实的结果。小麦价格对于耕作和扩大耕地的影响。丰收怎样从荒歉产生，荒歉怎样从丰收产生

假使法国的土地生产小麦如像它生产香蕈蘑菇那样，在培养上既不需要费用，也不用去操心，这可说是一种纯粹的自然赐予，因而只需等待纯然无偿的恩惠；那里，照料和劳动对于收成的多少就不会有什么关系；理性自会要求最精细地去善用那唯一的后备资源，它是为了在土地和天时不利于生产的年头预防荒歉而留下来的。

除了刚才说过的那样的情况之外，还可能出现另一种类似的情况，那便是，假使在这个王国的耕作或小麦的收获，也像在埃及一样只需要些微的耗费的话，情况也就差不多；在埃及，人们认为这是尼罗河在为它负担起几乎在其他任何地方为翻地所必须进行的大量耕作的费用，以及必要的施肥和土地改良，于是剩下来的工作就只是将种子撒在淤泥地上，不用怕寒冷、冰冻和暴风雨，只消等待它加倍归还所付出的生产成本；在以前，这个国家是有罗马人的谷仓之称的，老天爷在这个国家的差不多全部地区是不索取什么代价的。

这办法在莫斯科地区也能适用，那里，土地积雪达八、九个月

之久，它渗入土壤里面，一旦全部融化，在简单的农业劳动帮助下，极容易地将一种溶解性的结晶物来代替各种肥料，于是，只要在播种两个月以后，就能带来很大的丰收。

假使法国的情况也是如此，那么，愿意屈从于小麦，就是说，要求或者议订一个确定的价格，以便耕种土地、特别是劣等土地而不致亏本，就一定会是错误的了。可是我们敢说，在法国人们就是依据这样一个假定来进行推论的，虽然他们正应从完全相反的一面出发。因为，一般土地和那得天独厚的土地有很大的差别，可以肯定地说，它们的全部或大部分在农民进行耕种时是很费气力的，因而是很吝惜的；不去耕耘就得不到丝毫的收获，同时它们收获多少，是依据劳力和施肥的比例来决定的；而且，甚至当天公不作美的时候，还常会纷纷破产。因为，一旦误了农时或者让收成的季节白白过去，既不能生利，也不能保本，就是连种子也收不回来了。

既然按照报酬的多寡来划分，土地可以有一百种以上的等级，那么，它们或多或少地表明，它们的耕作到什么地步，是完全由谷物的价格决定的。一切事物，要是对于劳动者或经营者不产生利益，就不能期待达到完善的境地；这里就有一半以上的土地，没有按照地力耗竭，长不出庄稼的程度而得到必要的施肥，因为上等小麦在巴黎的售价为九到十个法郎，就是说，小颗谷物在外省只卖五到六个法郎，如果这一不幸继续下去，农民就不可能不遭受到像我们第一篇所论述的那些灾难。

因此，人们不能否认小麦的价格是使土地的耕作的精粗按照它的升降而定的准确的晴雨表。人们就是照这样来进行安排的，首先受影响的是肥料的使用，到最后，要是艰苦达于极点，而那些可怜的人们的别有用心的企望如愿以偿了，这就是说小麦的售价使农民大受损失，那么就会来一个索性完全不种。

还不止此：不再施肥或者听任若干面积的土地完全荒废，还只是小麦价格低贱所造成的灾难的一部分；因为如果说一方面由于特殊的利害关系造成上述的不幸，那么，同时还产生一种为害并不较小的后果，那就是，像我们上头所指出的那样，把小麦浪费在全不相干的用途上，如用小麦喂马，用充当家畜饲料和制造品的原料等，以致到了后来，由于谷价低贱导致饥馑，出现了一种恰恰颠倒过来的境遇，在荒歉的第一年，人们无可奈何地被迫回过头来吃牲畜的食物，如荞麦、兽肉（如像马肉）甚至于牧草；这并不奇怪，因为在谷物价格过分低贱的时候，那些牲口已经侵吞了一部分本来专供人吃的粮食了。

从这一推论或者这些无可置辩的事实的揭露可以看到，这两大仇敌，即谷物的低贱和它们的过度高价，是相反的事物，处于不断斗争当中，它们既不停息，也没有忍耐，它们中的一方不会使另一方一蹶不振，因为它们好像凤凰那样会从自己的灰烬中复活过来，并且显得比以前更加凶猛。

事实上，没有弄清楚是谁开始这一斗争的问题，事情不是也就行了吗？异常的高价使得最劣等的土地也得到精耕细作而带来利润，同时对于增加上等土地的收获也不丝毫忽略，再加上对于谷物的各种用途，好像对于极宝贵的商品那样予以注意和不断节约，于是在国内就形成一种超过可供日常需要的丰裕；但是，由于数量过剩的谷物没有找到必需的出路，输到国外，像在人的身体上所遇到的那样，丰年到来时这个过剩就会变成传染性的病源，由于谷价可怕的低贱，它就败坏了不久以前还是极宝贵的一切物资，并产生了我们曾多次指出的毁灭性的结果。

于是又轮到贱价进行报复了，由于耕作的荒废或忽略以及对谷物使用的浪费，一个荒年就使平衡倒向于另一方，这时就来了惊人的高价和它那一下子出现的可怕后果，于是人们都叫苦了，但是一直还没有人知道或者懂得这完全是那些慈善为怀的人们的愿望和用来支持这样毫无根据的热情的盲目措施的后果。

由此可见，为了避免这两个极端的出现，就绝对必须使它们得到调和，或者说不继续给它们撒下斗争的种子：如果没有外来的手进行分外的干预，冒犯了自然，那么，甚至很久以前，双方就都不会进行粗暴的打击，也不会进行激烈的斗争；同时，虽然在土地的一切生产物中有一部分是靠自然的赐予，但在它的恩惠的分配上，认为纯然跟自然有关，也是不恰当的，对此我们将要在下一章作更好的说明。

第　三　章

公众反对小麦出口的成见的荒谬可笑

根据刚才的说明，可以相信，无论谁都不会怀疑谷物的低贱会产生异常的高价，而高价又会回头来产生低贱：因此，只需阻止两种情况中的一种的发生，就能使两者永远不出现，这是一定不易的道理。

首先，当谷物价格略有提高的恐惧刚露头，就努力去从国外各方面购进，这是很自然的措施；不过，人们虽然表示关切，可是常常发现这些预防的做法只不过是短暂的；因此，只消人们对我们这些论述略加考虑，就一定会同意我们刚才所披露的一种可靠的、可以预防一种天灾、即一个极端的方法；那就是要避免另外一个极端，即谷价的极端低贱。我们认为，这不论和以往比较或联系到将来，从避免祸害或从增进幸福上来看，都是给法兰西以她从来没有接受过的最大的贡献。

为了克服造成这么多困厄的谷价低贱的混乱，就必须出卖小麦给外国，这样，除了会永远消除那同样有害的毁灭小麦和饥馑的不幸之外，还可以把以前曾是债权人的外国变为债务人，从而在对外关系上改变法兰西的地位，这也是可以确定的。

每当人们谈到小麦被运走的时候，不论一般无知的老百姓或者那最有教养的人立刻就会激动起来；同时人们认为谷物所有者的贪得无厌，要牺牲穷人的生命来填他们的欲壑。这个错误的认识所以在人们心中如此根深蒂固，是由于在这篇论文一开头时就已经指出的那个缺陷，也就是耕作的理论和实践的脱节，因而在这个场合如在其他场合一样，就只会产生一些可怕的想法，以致我们敢说，一个从死中复活的人也很难使那大部分的人从这一成见中改正过来。可是这一倾向的弱点，将会由于对少得可怜的小麦出口的详细分析而大大地增加。必须指出，这种分析的目的在于防止那如此截然相反的而对一个国家的危害又如此一致的谷物低贱和高价这两个极端的恶果。

一旦事情已经昭然若揭，人们定会觉得羞惭，单拿播种问题来说，人们不仅是要收获种子的二十倍，这已经是最肥沃的土地所提供的厚酬了,甚至也不是收获五十倍,而是要收获百倍以上,这可是农业上从来没有遇到过的。可是人们因为担心谷价高涨,怕国家缺少小麦,不够供应当年人民的食用,竟然认为不必在土地上进行播种这种主张是可笑的;而在那些要求在连年丰收之后不让谷物出口的人们所提出的论点,也同样的可笑;这就是说,除了上面所指出的那些不幸而外,按照这种意见,人们只能在使谷物损失掉很大的部分,同时并使土地停止增产之后,才对这种商品作有利的安排。

第　四　章

续前。输出谷物的反对者如何考虑问题。英国的有关制度。法国所生产的小麦和消费的小麦。佃农和地主的愿望。为什么人们经常宁愿耕种劣地而不愿耕种良地。肥料的重要性。可能引导到李嘉图地租学说的一些想法。摩尔人,开垦普罗旺斯区域或波尔多荒地的建议

这篇论文中我们对某些人的行为或论点进行批驳,而这些人之所以陷入这样大的错误中去,只是因为他们在有关小麦问题上的想法,正像一个害怕被包围的边疆总督那样,或者有如一位确切地知道从五中减去二就剩下三来的算术教员那样;全都像战斗人员那样确信从他那地方运出小麦愈多,留下来的就愈少;而且,这不啻给予敌人以援助,要是这地方一旦被封锁,就可能受饥馑的窘迫。

可见在理论中出现的这些想法,就不能免于荒诞无稽,全与事

实相反。但是除了上面所说的，充分揭露了这种想法的弱点和谬误之外，我们还要使人看到法兰西可能生长的小麦和谷物的数量的具体情况，以及王国日常所需要消费的数量；同时，人们将会看到，单是它们的价格这一决定性因素，便使那些最坏的、在人们记忆中从未生长过什么的不毛之地，直至得天独厚的优良土地都有人播种；而且土地还有一个细分的等级，即按照土地的肥瘠或收获的丰歉的不同程度的详细分类，由于谷物卖出去的市价都是一样，就使它们有可能在不同的程度上来补偿经营生产所必需的费用，而丰收或歉收的命运就完全由此决定。

谷物价格在商业中所表现的决定性影响甚至还越出商业的范围：像已经说过的那样，它在消费领域也同样地发号施令：它步步紧随着消费，能使消费一半或全部增加或减少；它同样地影响着耕作，对它一点也不放松；同时这就说明英国人并不是没有见识，因为必须假定，如果这反面的想法并不谬误，自然可以在完全有利的条件下将本国的小麦售给外国，甚至于售给最大的敌国，而且，如果提出请求的话，为了避免一场很大的困厄，同时还可以得到很多的收益，那么，甚至还可以售给魔鬼①。

因此，英国人经常在开垦许多许多的处女地，把小麦的价格维持在一定的水平上，使它能够补偿为了获得这些小麦所必需的费用；于是输出小麦就一定能够获利百倍，这也就避免了荒歉和麦价

① 如所看到，属于主张商业上自由竞争一派的作者，没有觉察到在这里和他自身的原则相抵触。他没有为消费者的利益，也就是说为一切人的利益来论述政治经济学而只是为了一个生产者阶级的、或者称为地主阶级的利益进行论述。再者，实行出口奖励或奖金的措施并不能使消费者获得设想中可能实现的一切好处。——德尔

低贱的恶果。

依据这些原理，人们认为碰上普通年成，法兰西差不多经常可以生产超过日常消费的小麦总量的一半；按巴黎计量制度计算，那可能达到一百八十万或者达到二百万或者三百万矛(muid)[①]；其中大约要用三分之二来满足国内的需要；因此，估计法兰西的人口为一千四百万到一千五百万，按照每人每日五个加特弄(Quarteron)[②]计算，小麦的消费总量约为一百二十万余矛，于是就有六十万到八十万矛的剩余；要是连续几年丰收，每年的情况都大致保持在这个基础上，而且不许有任何输出，也没有赠送给外国的自由，那么，这些剩余就会完全浪费掉、不独不能作为荒年或异常高价等偶然事件的保证，相反，它们倒成为促进和产生荒歉的因素，这点我们已经无可置辩地加以阐明了。对于那些已经详细论述过的，我们将不再重复；但是我们只要指出，那超过王国日常消费的六十到八十万矛的耕种和生产，就不会捞回它们的生产费用，因为上等小麦在巴黎只卖九到十个法郎一色梯，而在外省次等小麦卖五到六个利弗尔一色梯。在这种情况下，要是继续四、五年下去，地主不给佃农贷款，那就只能等待着一个凶年的到来，而他们企望凶年来临的热切并不逊于犹太人企望救世主的降临，那么，可以肯定，他们将全都没落，而

① 一矛小麦，按照巴黎的计量制，等于一千八百七十二公升，三百万矛等于五十六亿一千六百万公升。根据这一计算，当前(指十九世纪上半期——译者)法国小麦的生产就没有超过十八世纪初期的产量。可能是作者在估计时候将稞麦以及其他可供人类食用的谷物都包括进去之故。——德尔

② 法国古衡制，每一加特弄等于八分之一公斤。——译者

在几乎整个的法兰西就将剩下一片荒凉。

要之，像我们所说的那样，一切土地并不都属于一个等级而是相差很远，从肥沃程度和开发的方便程度来看，在它们之间甚至有着百种以上的不同等级；在这样的情况下，就全然由小麦的价格来决定它们的命运，从而决定农民的命运，因为耕种的盈亏要看价格如何而定。

其实，要不是价格没有保证的话，不仅不是像平常那样只生产出二百万矛，而且这个数目甚至可能加倍，甚至轻而易举地增加三倍，这并不是什么假定，而只是十分可能的。

由于刚才所指出的缺陷，十分肯定，会有一些人们从没有耕种过的处女地；另外，有些在十五年内耕种一次或两次；有些在整整七年或八年，差不多全部休闲着，至少要三年才耕种一次；而当遇到自然条件比它们更差的土地，与那些每年都在耕种的，甚至一个夏季可以两熟的土地比较起来，自然不应有任何要求。

其所以有上述的差别，并不是因为有任何土地是经过试验，并且能够吸收使它们变为肥沃所必需和可能投下的一定数量的肥料，而是因为这一类的土地正好位于这样的地方，那里人们可以用不超过收获物的代价而取得施肥的利益，这种时候，人们是绝不会不采取措施来利用的：这就是那些正好位于大城市的城门口或近郊的土地，它们纵然有着砂石多的缺点，可是却建成了菜园，甚至每年都生产小麦，从没有一刻空闲。原因就是城市里的粪尿、垃圾没有其他用途，只求尽快运走，于是近郊地区由于接近城市的关系，在运肥上就有较好的条件，同时，由于邻近城市，又为这种改良了的土地产物不管是哪一类的产物提供销售市场；而且人们对这

种土地的耕作,视谷物价格的高低如何而推广到城郊以外的区域,一直到离开一个滨海城市两留(Liene)[1]的地方,那儿人们曾看到农民们终年养着两匹马和雇着一个仆人,就只是为了每天去寻找两车由海潮涨落所留下来的一些垃圾、废物,它们与其他各种肥料比较起来有着三倍的效果;这就是说,这些农民们一年开支八百法郎,使他们的马匹每天作八留的运输,只是为了对十五到十六阿尔庞[2]土地的改良;因而要是小麦在巴黎卖十六到十八法郎一色梯,就能赚钱,一旦不超过九到十个法郎,就要受损失或者宁可放弃经营[3]。

就是基于这个盘算,那些摩尔人在上世纪初被赶出西班牙时来到了法兰西,而且,假使人们愿意他们定居在那些罕见的最贫瘠、最荒芜的地方和不毛之地,如普罗旺斯或波尔多地区,他们就会贡献出力量来使这些地方变成王国最肥沃的地区。虽然这事看来使人诧异,但却是十分确实,他们终于搞成功了。经过就是这样:因为他们带来了一些动产,就是说不少的钱,他们准备全部用来把这些贫瘠地区改良成为同大城市近郊相似的肥沃地区;因为在自然条件方面没有什么差别,而问

---

① 法国古里,陆地上每留约等于四公里。——译者

② 法国土地面积单位,每一阿尔庞相当于四十二点二一公亩。——译者

③ 很明白,这些研究和后来李嘉图所创立的地租学说之间,只有一步之差,罗西先生(M. Rossi)在同一主题的学术研究中,曾作出如下的总结:“地租不过是土地产物的市场价格与生产费用之间的差额,是时价和自然价格之间的差额。地租的增加或者减少是和这个差额相一致的:它是价格的作用结果,不是价格的原因。”(《政治经济学教程》一卷,129 页。)——价格的原因在于人口的增减,这是布阿吉尔贝尔本能地理解了的,他要求谷类的自由出口,是为了使土地有出息,并使小麦能在公平价值上售卖,或者在一个不低于生产费用的价格上售卖。——德尔

题只在于所下的本钱，加上这些移民省吃俭用，收成就可以够本，而不致亏损，北方的居民的习俗却不是这样，因为他们吃得更多而且希望吃得更好；如果在头一两年这些摩尔人有所亏损，但是在此后他们就不会这样，甚至可以补回以往的损失，并且从此就发家致富：这理由就是，就耕作来说，头几年所花的本钱最多；正是在这几年，农民决定他的垦殖事业的命运的紧要关头；要是他很坚定，在这上面毫不吝惜，他就会终身富有；不然的话，他一定会赔掉他在这上面所投放的一切。

事实上，这是一切从事耕种的人们所认识的一条真理，就是富足产生富足，贫乏产生贫乏：假定一个佃农投下很多资金来购买肥料和麦秆，因为家里有牲口，当做饲料的麦秆和肥料只是同样的东西；结果，他得到了一个极端满意的收成，这就是说，在草料上也得到很大的丰收，他又可以用它来补充和改进肥料；于是它就不需要购买它们，也不必到很远的地方寻找它们，他的一生只需保持着这样一个周转，循环往复，就行了，除非连年的谷价低贱导致他的破产，他就不会被迫撒手不干的；他的破产对整个国家也是一个损失，而且是更大的损失，因为，由于破产的原因是普遍的，它还会将这同样的命运扩大到许多许多地方去。

从上述一切就可以看到，纯粹是谷物的价格决定一个王国的丰歉和贫富，虽然直到现在，了解这一真理的人还很少。但是，当我们对直到现在人们在法国还经受着考验的重大错误进行深入的分析时，如在下面一章我们将要做的那样，人们还会感到更大的惊奇，因为，我们将要阐明一切有关谷物的低贱或昂贵的、这种和那种不幸情况之所以产生，就只是因为人们相信由于阻止每年从王

国输出三千或四千矛小麦[①]，就能使自己有了足够的储备粮，可是在这些储存的小麦中，没有一矛不带来百倍以上的损失，而年复一年，积累起来，损失常常会达到三百倍；这一错误行为在王国造成了五亿（法郎）地租收入的损失且不说，而无数人民的生活受影响，各种身份的人都遭殃，从那最高贵的直到最低贱的人都没有得到应有的收益，这都和土地产物，特别是小麦的比价（但不是小麦本身）有关，也就是说，由于它们的价格不能补偿耕种费用。

第　五　章

从王国输出小麦既不减少收获的数量，也不减少收获的价值。这事情对人民的生计毫无危害之处。公众的愚昧是造成饥馑的主要原因：对于饥馑的产生和发展的研究。谷物市场和市场的动态。外国小麦所作贡献的真实性质

谷物价格的低贱，正像必然会随之而来的极端高价那样，是王国可能遇到的最大的祸害，由此发生的一切，应当以同样程度的厌恶来看待。然而，正是那禁止小麦输出本身，导致了小麦的低贱，所以只是对这一个禁令必须宣战；但是，在这样处理之前，对于公众的错误看法予以澄清也是适当的；这种谬见，就是当人们对这种贸易没有经验的时候出现于人们的头脑中的第一个想法，这个想

① 因为作者在前面曾经说小麦生产总额超过消费总额六十万或八十万矛，在这里却认为只需从法国输出三千或四千矛的小麦，这在消除谷物输出的障碍上，难以自圆其说。——德尔

法认为，人们不能够去掉一堆或者一定数量的小麦而不减少或者不损失小麦的数目[①]；这非但不是绝对正确，而且要是以这个原则为准，人们就绝不会播种；在这同样的情况下，如果一定数量的减少使其余的小麦价格提高，同时运走了少量的小麦，可以促使人们对于多余小麦的保管的注意（没有费用是不能进行的），那么，可以肯定地说，运走一部分小麦之后，远不是减少而是增加小麦的数量。

但是，还有一层，关于小麦的输出，即使是给外国人以最大的自由运去小麦，它对于为了保证王国的人民生活所必需的数量的影响是这样的小，是无所因其恐惧的，这正如一个军粮供应者在买卖契约上规定提供的面包每个重二十两，而人们却担心在交货时也许重量缺少十六分之一两左右，因而就会使部队挨饥受饿那样，都是不必要的恐惧，而在面包零售时，它的分量不会那么准确的。

事实上，一个拥有肥沃土地的自然条件的大国的粮食供应，与不生产任何谷物的一个城市或一条船是截然不同的；可是，根据实际情况来说，如果粮食价格极端昂贵，而人们不从外国输入谷物（虽然这一输入本身还不能提供它所救活的人的五分之一的粮食），那么，人民的半数也许就会饿死；但是，事情就是这样对付过去了。我们在前面已经指出，谷物有两面性，同时产生两种彼此截

① “数目”一词在这里似乎是相当于“价值”一词。作者的意思是说，输出一定数量的谷物并不会使收成——假定是全部留在王国内的收成所能产生的货币价值有什么减少。布阿吉尔贝尔著作吸引读者注意的应当是他的思想内容而不是他的文体。然而人们仍会同意，甚至在最后的章节中，他的著作还是富于热情和创造性的。——德尔

然相反的，继续不断地作斗争的效能，一个是给人提供食物，另一个供给地主以他本人需要（不论任何性质的需要）以外的剩余。前一个效能尽量发挥，唯一的目的，只是要求谷价十分低贱，什么正义、公道，甚至如我们曾经指出的那样，可能出现的某些可怕的后果，都在所不计；后一个效能却完全相反，它只渴望看到谷物价格的过度高涨，也同样缺乏理智：于是年成的丰歉就会使这一个或者那一个占了上风。正如对于后一方面的结局有所论述一样，我们对于前一方面的后果也曾经有所说明；但是联系到我们力图证明法国输入或输出小麦，恰像上面所指出的军需面包分量的减少问题那样，对于人民所需要的粮食的数量并没有什么关系，我们对于前一方面的问题再作些说明也是适当的。

为了证明它，必须深入到那使人苦恼的高价（且不说饥荒）到来时候的详情细节中去：在像法国这样的国家，虽然出现高价，但纯粹是由于老百姓的粗野和糊涂所造成的结果，而完全不是由于土地的贫瘠不能生产；只是由于那些没有头脑、没有理智的乱七八糟的群氓，像作茧自缚那样，害了自己。

当恐慌一旦侵袭到整个军心时所产生的后果，我们是知道的，因为我们曾经看到，有些时候只要二三百人逃亡就能致使一万以上的人逃窜，这些人，为了保护自己的生命，甚至没有被人追赶，就纵身跳到江河里去，几乎全都淹死。我们也曾经看到在满载旅客的船上，当发现一个小洞，从那里有水流进来，那本来是容易用麻丝堵塞住的，可是大家全都慌了，蜂拥似地向船的另一边跑去，于是把船弄翻，以致全都淹死。

就是由于同样性质的行为，发生异常的高价，因为，在法兰西，无论在任何一个严重的高价时期，人们从来没有发现当年或者前几年说是小麦已经没有了，它已经不够养活全体居民了。为了使人们看清事实，只要拿 1693 年和 1694 年的情况来研究就够了，那时节，人们曾经将王国内部的一切金银器皿，甚至教堂里的用品如安放经典的器具等都熔铸为货币，确也铸成了两亿(法郎)之数；同时，人们曾经给予那些仅仅受到荒歉影响的三百万或四百万的居民每人四个或者五个比斯脱，结果，不单是没有饿死一个人，甚至人们也没有暂时断食：可是，所有这些货币，本身并不就是小麦，如果小麦不是早就存在着，货币也不可能变成小麦；但是货币却驱使那些由于误解了人民的行动而将小麦收藏起来的、不人道的所有者从储藏室中将小麦拿了出来。

这就构成前面所指出的、彼此顽强地敌对着的两方面的平衡，它们本来应当经常保持平衡的，不然的话，国家就要从可能占上风的任何一方面受害；人们公开地出售谷物的地方是市场，就是这些市场，在有关小麦的价格上，在不同的方式上，决定着人民的命运。事实上，在一个平常每一星期出售五百色梯小麦的公开商场或市场上，只要有二十色梯小麦的售价上涨或者下降，就免不了使这些谷物的价格有很大的涨落；可以看出，只要先前起作用的东西有极微小的增益，价格的涨跌就会成倍或三倍地变动；这就像在天平的两个盘子里，每盘装着一百斤的东西，因为两个盘子里的重量相等，天平停留在平衡的状态，这个时候，在两个盘子的任何一个里面只要增加了两斤的重量，就不可能不会使另一个盘子的重量完全被压倒，那个失掉了对等重量的盘子上升多少，加重的盘子就下沉多少，好像对面盘子一点重量也没有了似的，整个负荷好像已经

集中在一边了。在市场上小麦价格的变动过程也正是这样：再说一遍，在一个每星期有五百袋谷物交易的商场或市场上，如果平日的粮食供应有二十袋的增加或者减少，就会影响平衡，使天平完全一边倒；正如在这些场合从祸害中会出现祸害那样，麦价的低贱还会产生低贱，它的高价也会促使价格继续提高。市场的这一平衡，由于我们刚才所指出的那种变化一边压倒了另一边，于是随时都会发生的超重，将事物带到一种过度的境地，到头来都同样危害国家。

因为谷物价格的极其昂贵和十分低贱之间至少有着七、八级的差别，在这样的场合，价格常会比在相反的情况下增加七倍或减少为七分之一；但是，如果因为人们曾经看到在前几年价格只有七分之一，从而以为在高价时期那供养法国所必需的小麦减少为七分之一，这种论断也是错误的。另一方面，要是提出说，在谷物低贱的时期，那里的粮食比惯常消费所必需的数量多出七倍，也同样是错误的；一句话，这是同样的无稽之谈，就好像刚才举出那个天平的例子，先在两盘放上同等的重量使两边保持平衡，然后在一边加上两斤或三斤的重量，以致一边完全压倒另一边而改变了平衡的状态，这个时候如果人们竟宣称一边的盘子里什么都没有了，全部重量是在另一个盘子里，其理由是天平的情况和实际上重量只集中在一边的情况没有什么差别，同样是胡说八道：可是，没有什么比这更错误的了，因为只要在被压倒的那一边加上两斤或三斤的重量，就会使天平恢复平衡。小麦价格所以会有七倍的差别，是由于高价的时候，那促使农民出售小麦的力量只有以前的七分之一，而在低贱的时候，由于地主或者债务利息的逼迫，就有七倍多的力量迫使农民要将货物赶快出售，于是形成平衡的重量。

必须使这两方面保持平衡暂时停止斗争，以便我们离开主题，对于异常高价出现时的形态、它们的产生和发展以及它们所招来的惨重后果进行分析，及至发现这只不过是一场误会，人们将感到惊骇；这种情况正如许多时人们被一种恐慌情绪袭来，为了逃避一个既没有脚又没有腿能够追上他们的、也没有什么武器可以伤害他们的敌人，而纵身投入又深又急的河里并且首先将头淹到水里那样。

老天爷不是时时都给土地提供有利的条件，使它的丰产达到高峰的，或者毋宁说天时的条件不是时时都一样好，所以我们不能说天公不是往往偏向于这样的安排，即是：一个长期的干旱，一时过多的雨水，一个严寒恼人的冬天，小麦没有良好的白雪盖被以御寒威，最后一阵撒布黑穗病的小雨经常在成熟之前损伤了麦茎以致完全不能再给谷穗输送养料，这些都同样是敌人，它们是在欧洲人原始时代所要除掉的，如果不是用战斗的方法，至少是用祈祷以外的方法来应付的。一旦这些不利因素的某一种发生了作用，在很短的时间内，迟早会在居民中间将警报传播开来，说是年成不会丰收了，许多地方都缺小麦了；结果如同一切公开传播的谣言那样，会使祸害大大地言过其实。混乱从乡间开始产生，那里一些居民在扩散这个消息时有着双重好处：第一是为了使谷价从此提高，第二是为了免除向地主交租，借口说（大多数是假的）他们的收获还不够用来留种子以及供他们本人和家属的食用：其余的贫苦小民，也许由于生性忧郁或者由于自己运气欠佳而心怀嫉妒：因而口出怨言，大诉其苦，他们对于事物发生的原因既没有认识，又无法

对事物作更深入的探讨，结果就给公众舆论以更大的煽动。

因此，接着马上就会出现两种后果，第一个是，一切出卖小麦的人幸灾乐祸希望情况将会更恶化，就不再照常给市场供应小麦，他们也没有忘记从债权人取得延期还债的同意，答应拖延时间越长便给后者以越大的好处；另一个是，那些惯常地逐周或者逐月购买小麦作食粮的人，同时会尽快地抢先买进全年所需的甚至更多的粮食，而这种恐慌都只不过是由于把并不大的祸害当做真正的大祸的幻想和谬见所造成的。

可是，这两个后果很快就会导致荒歉的出现，而它的绝大部分往往只是人为的，但从这里面又同时产生了一种实际的后果，好像这人为的荒歉确是真的那样：它的后果是，既然一方面当时市场的供应比以前减少了，市场比平日发生更多的抢购，从而使谷价再度提高；这种趋势还随着社会舆论的煽风点火而加剧。

还不止此：在大丰收的年头，在老百姓的猜度或想法中，对于已经生了根的、至少有一部分不会到此为止的谷价高涨的祸害，也许会抱轻视的态度；既然，由于谷价低贱，如果债务的偿还不是急如星火，那么就没有一个农民或者商人会出售谷物，因为如果在谷价低贱时出售谷物，由于必须用大量的小麦才能换回少量的货币，势必把谷物一扫而光；而高价就会将他从一个困境中拯救出来，因为谷价的高涨使他能够卖出少量的谷物就足以偿还债务，只要对市场作少数的供应就行了。

这样，那已经失掉了平衡的天平就恢复过来，因为在这种场合，最有权威的决定因素是市场，而不是那些在谷仓里的或者在小农场的仓储中存下来或所能有的小麦数量：在一个市场上，增多或减少二十袋小麦，就决定谷物的命运，但在我们刚才指出的那些储粮的地方，谷物即使增加或者减少一半，也毫不改变它们的命运。甚至许多时经过警察当局愿意插手干预，迫使谷物所有者按时对市场供应谷物，禁止在公开市场囤积居奇，并且就这个问题发布了无数的命令，可是，可以肯定，这样一来，倒只会使惊慌和灾害增加，而绝不是减少。

这就是为什么在这些场合，外国小麦的输入能够造成奇迹，许多时它们曾经拯救了无数人的生命，但这并不是由于进口的数量有多大，因为按照法兰西的人口数目来平均分配，每人所得没有超过一份面包的重量，而是由于输入的小麦恢复了天平的平衡；比方说，在天平的一边盘子里装有一百斤的重量，另一个盘子里是什么也没有，于是前者就会将后者完全压倒，如果认为只要在空盘子里加上两斤的重量就可能将平衡建立起来，这样说是可笑的；同样地，要是认为两万或三万矛的小麦就能够救活每年需要消费一百二十万矛小麦的王国人民的生命，也是荒谬的；但是相反地，像我们在上面曾经指出的那样，因为人们看到天平那一边的盘子完全被压倒而高悬着，便相信它已经是完全空了，实际上它却早已有着一百斤重量的东西，现得到了两斤的增加，所以便又能够和另一边的、曾经得到同样超重的盘子保持平衡。

第六章

谷物的进口或出口对于人民生计没有重大的关系。1679、1693 和 1694 年的荒歉。谷价高涨时决定输入谷物的动机要求谷物丰收时输出谷物。避免采取像警察当局管理面包商那样的措施来对付农民。直至1650年,自由出口曾经是普遍的权利。德絮利(M. De Sully)先生关于这个问题的想法。一切反对输出者的异常的不一贯

为了把小麦出口和进口贸易的作用解释得更加清楚一些,我们可以说,关于这个问题的一切言行都是激烈的和过火的,因为一切都是诉诸激昂的群情,而所谓群情,毋宁说是一群既不知道什么对于自己是适宜的,也不知道什么对于自己是有害的盲目和乱哄哄的人的感情冲动;当输出一批数量极小的谷物时,尽管那个数量还不及谷价低廉时由于农民的粗心大意或者由于消费者的浪费所糟蹋掉的谷物的千分之一,就足以促使人民惊惶以至骚动起来,聚众闹事,而在一批少量的外国谷物运到时,他们就完全相信他们从饥馑的恐怖中被拯救出来了。

1679年这一年要是没有两万五千或者三万矛的外国小麦在市价还没有到达过度暴涨之前已经运到,从而确实地防止了祸害的话,本来可能出现同1693和1694年同样的灾害;1693和1694年没有出现1679年那样的情况,那两年虽有数量更多的粮食,仍然不能把灾害控制住,因为灾害突然发生,就像在日常所看到的火灾那样,当开始失火的时候,要扑灭它是容易的,但是当延烧的范围已经扩大了之后,就不是这样的了:所以平衡是买和卖所必需的;在天平的两个盘子里如果不平衡的话,那较少的重量不论属于这一边或者另外一边,就会产生一个降低或者一个升高的现象,而且高低悬殊的程度时常会增加着。

再说一遍,所有这些明确地指出外国小麦输入或者小麦向国

外输出，并不关系到王国的生计问题，只不过关系到平衡的保持和价格的问题：因为过度的高价，通常只是在谣传和恐慌的基础上产生的，只是同农民不肯出售谷物的时间持续长短的可能性有关，这个时候，一条装载这类货物的船的到来就会造成某种奇迹，因为人们总会这样说，这是订购的更大宗谷物的先头一批，其余的货物将会早日源源运来，而这是十分明智的。

再者，如我们在前面曾经指出的并且这是真理，只是市场的供应量略有增减，就决定着小麦价格的命运，而它和在谷仓里面的或者小农场的仓储里可能有的食粮的充足没有关系，只要一条装载三百到四百矛小麦的船开来了，就好像人们将这一批粮食一下子带到一个平日每天在信用最好时充其量也只能出售三十到四十矛小麦的市场上来一样。可以肯定，除非高价是极度的，除非顾客要购买的数量超过他们平日所食用的或准备转卖给别人的数量，价格就会一下子跌下来；同时，要是高价还继续下去，我们可以说，一切都将会完蛋，正如我们在这篇论文的第一篇曾经指出的那样。

在相反形势下，价格低落引起若干小麦出口时，也会发生同样的情况；在这后一场合和在前一场合一样，人们对于问题的看法并不更理智一点，他们只是相信一旦允许从剩余的谷物中输出小麦，不管数量多寡，一切便都完了，这是无缘无故地一下子从一个极端跳到另一个极端。不能设想他们能够意识到在土地上播种和施肥，结果生长了丰饶的产物从而维持富有者的豪华生活和供给工人们以必需品的，乃是拜价格之赐。注意到这一点大大地超过了一些人们的智慧，这些人虽然天赋有理性，但当他们乱哄哄地发表意见时，他们的见识却比愚人还差；正如看到一万矛或者一万二千矛甚至更少一些的小麦运到时他们就相信一切都得救了那样，仅仅因为商人被允许利用最大的自由运出少量的小麦，而这些小麦绝对不可能达到上述数量，他们只不过是输出的小麦所保持的或者所导致的、由于不惜增加施肥而使王国谷物增产的数额五十分之一，他们就认为一切都完了。

首先，在看到小麦出口获得特许时，他们就臆想咽喉被人卡住了，并认为人们所运走的不可能少于王国小麦的半数；甚至可能是全部；前面的一切探讨，或一切真理，本是无可争辩的事实，但他们竟完全无动于衷；还有更加奇特的是，那种腐朽透顶的理论，竟也会影响到那些最有教养的、但由于身居高位而没有实践的人们。

基督教的虔诚和仁慈又添油加醋，人们以为必须主张降低小麦价格，使贫民能够生存，才配进入天堂。但是，扼要地说，法兰西小麦的输出或输入，除了调整天平的过度不平衡而外，并不产生其他的效果，这是不容置辩的事实；在麦价过分高涨时，人们出于牟利的贪欲，采取输入小麦的办法，而当遇到相反的一种境况，就是说在谷价十分低贱的时候，却不愿采用同样的办法来使小麦出口，这是一种可怕的谬误。

这个行为对于政治、正义甚至宗教显然有严重的抵触，这种情况在警察当局对面包商的处理上就会遇到，这就是说，当小麦价格降低时，警方要面包商降低面包价格，但是当小麦价格上升时，它却不愿意给面包商以同样的公平待遇，并且还十分盲目地相信这些倒霉的商人可能仍会替公众服务，面包商可能会宁愿蚀本也要维持自己的商店，可是，肯定地，面包商所打定的主意将会是撒手不干，关店逃走，这就会马上引起闹事或暴乱，更谈不上为公众服务了;农民也是如此,对于他们人们也犯了同样的错误。

我们甚至可以断言,人们不是一向都处于这样的惊骇的状态中。除了真正的非常时期以外,以前谷物的出口曾经是完全自由的,由于对出口自由的撤销,人们于1650年要求就小麦问题进行争论,只是为了迫使小麦恢复五十年前的价格,那个价格,只有1650年价格的三分之一,它可是比今天的更加罪恶的价格,今天所要的价格,只不过比1650年的超过一半,而这是根据本文第一篇所论证的理由提出的。在1600年,曾经出现同样的情况,价格比较五十年前也同样逐步提高,多亏这一情况的出现,在小麦价值增加三倍的同时,1600年和1650年,工人和地主的收入都增加了三倍;但是,今天谷价以差不多一样的比率递减,工人正为此而吃苦头,而当地主要求同样的公正待遇,使谷价提高时,人们却会惊呼起来,结果只使两者都遭其殃,要知双方是相依为命的,一方如没有另一方便不能独活,他们彼此的命运常是休戚相关的[①]。

从德絮利先生论文看来,他所关心的事,只是支持谷物的输出,关于小麦的价格的提高问题,在那个时期和今天的情况虽然没有什么差异,因为今天所要做的只不过是要让人们能够输出五十年前所曾经售出的小麦增产数额的一半,可是现在人们却认为必须施展一种极其狡猾的政治手腕差不多永远阻止小麦的输出;同时,在上头所说的两个时期,相隔同样长的时间内,正如我们才说过的那样,谷价都曾经有过三倍的增加。

可是,为了仍然回到1600年所曾经做过的事情上来,应当指

① 参阅论文的第一篇第二章。——德尔

出，图卢兹(Toulouse)的议会，由于一种十分不健康的热情的驱使，曾要求阻止小麦的输出，于是德絮利先生马上向当时外出的国王亨利四世上书进言说，如果阻止输出成为事实的话，国王就不能期待人民照常纳税，结果使税收就没有着落，于是国王陛下勒令图卢兹议会休会，同时要议员们将热情倾注到某些其他的、对国家少些损害的方面去。

然而，当今天那些慈悲为怀的人们奋起反对小麦的输出时，人们的论点却有着相反的思想基础。但是为了使问题简单化，我们愿意向那些自己照市价花钱买小麦的所有的人们请教：如果他们需要使价格降低到从来没有过的最低的水平，既然这种价格曾经在1550年出现过，那么他们就只有在巴黎将价格安排在二十个苏一色梯；如果他们发现这样的价格是可笑的(而实际的情况却正是这样)甚至比可笑更糟糕，那么他们就会同意必须有一个相称的比价：这样就不致发生像现在实际上存在的价格远不能补偿耕种费用的情况。

根据这个原则或者理论，老百姓以及那些可怜的人们大声疾呼，反对极少量的小麦出口，这就是说他们反对平常需要用来供养全国人口的百分之一甚至千分之一的粮食出口，而且不论仅从当年的收成或者从储藏的粮食来说，这些出口的比例经常没有达到双倍于此数；我以为，老百姓也许会得到人们更多的原谅和有更好的根据来抨击那些为了负担不起耕种费用而听任土地荒芜的土地所有者；这样是和那些对于所开垦的土地不施放必需的肥料的结果是相同的，因为忽略施肥会使收成减少一半以上。还不止此，同时老百姓的愤怒不应当以此为限；他们还必须对于那些在不正当

的用途上浪费粮食的人，如将粮食充当家畜饲料以及充当制造业原料等的人们加以斥责。然而，尽管这些浪费项目所导致的人民食粮的损耗，和那也许倒会阻止这种滥用的、被外国人运去的小麦出口的某些数量比较起来，如我们将在下一章所指出的，会多出五十倍，厉害五十倍，甚至往往达到一千倍。可是，如此关心着本身利益的老百姓面对这样失算却等闲视之，甚至无动于衷。固然，因为他们没有思考的能力，所以对于他们不作任何考虑我们也不觉得奇怪，但是那些好像满脑子都是理性的人，竟也坚持同样的说法，那就不能不令人惊奇了。所以致此的原因，在本文的第一篇曾经有所说明，这和在有关地球形状的问题上，一些十分伟大的人物的脑子里还充塞着如此严重的错误是一个样：不管这种错误多么可怕，下面一章对它还将作进一步的论述，在下面一章中人们将看到人的头脑竟然能够犯这样可怕的错误而感到大吃一惊。

第　七　章

反对输出谷物的偏见的可悲结果。北方居民和南方居民在这方面的显著的差别。伙食情况对这个问题的影响

在这一论文中所指出的混乱局面的全部原因，在于不论任何人从来没有用片刻时间对于贸易完全自由的时期能够从王国输出小麦的数量予以注意：人们曾经相信，在使人民陷于饥馑和特许出口之间没有什么区别，完全是一码事。世人对于这个看法是如此信服，以致一批微乎其微的小麦出口，就会产生与一个严重荒歉几

乎相同的后果和造成同样大的惊慌。说起来我们实在感到羞耻，在谷价高昂时期，会从外国运输二万五千矛到三万矛的小麦到王国来，而外国人却安静地看着小麦从他们的港口运走，甚至还感到高兴，在他们的合乎实际的思想中认为这一输出能使他们获得财富和繁荣。但是，即使在谷价十分低贱的时期，只要从法兰西输出一万矛的小麦，甚至更少一些，就会惹起很大的轰动，几乎马上无可避免地激起一种同外国人正相反的恼怒情绪，由此可见，我们曾经屡见不鲜的这一极端或另一极端造成的不幸。只要大多数的丰收年头仅仅输出千矛的小麦，就能够容易地予以防止。

对于法兰西和其他国家之间的情况或思想动向的差别，我们并不觉得惊奇，那些影响着人民的原因，只是随着人民的性情意向的不同而相应地产生不同的效果；好像在一个团体里面那样，有些人很容易激动，另一些人则很难，在法兰西这个国家也是一样，人们对于输出谷物所抱的一种错误观念先入为主，以致从汉堡、丹泽或者英格兰输出五万矛甚至十万矛的小麦，在那里的人民中间所引起的惊骇，比从法兰西输出五十矛小麦在居民中引起的惊骇还要少些。

因此之故，我们认为，由于平均每年没有售出一千矛、可能更少一些的小麦给外国人，法兰西曾经损失五亿(法郎)以上的地租收入，并且被迫让大量的土地荒废，其他的土地也耕种得不好，并将大量的谷物消耗在不正当的用途上；这样的浪费加上对土地的放弃和对耕作的疏忽，造成了五十万矛以上的损失，从这里就产生了荒歉的恐怖以及伴随着谷价奇昂和猛跌带来的一切祸害。

且不提我们曾经在前面说明过的那些，一种毫无理由的和毫无根据地扩散着的恐慌的可怕后果，每天都有无数的事例予以证明。我们知道，在西班牙人征服新世界的时候，他们的军队最多时不过由三百到四百兵士所组成，他们却经常同三十万到四十万人作战，并且最后还征服了几乎成百万的人。在当代，从马达加斯加岛的军事冒险中也几乎可以看到同样的事例；有关的记载给人以这样的印象，三四百欧洲人居然在那里控制了三百留以上的地区，迫使四十万有武器装备的人向他们缴纳年金和特别税，这些人害怕，如果他们不按期缴纳就会受惩罚（当时的情况就是这样），看到这种情况，不能不使人惊异。——这就是谨慎和理性的结果，当部队被分割过细的时候，每一个过细的部分就会被完全消灭，而这是使它像一切其他遭遇同样命运的部队那样不再会起作用的原因。由于阻止输出少量谷物这样小小的原因，法兰西便遭受如此大的不幸，它的收益和人口这样锐减，这也与谨慎和理性有关，所以同上述征服情况对比来看，就不会再使人觉得惊奇了：不是这样的结果倒是不可能的。

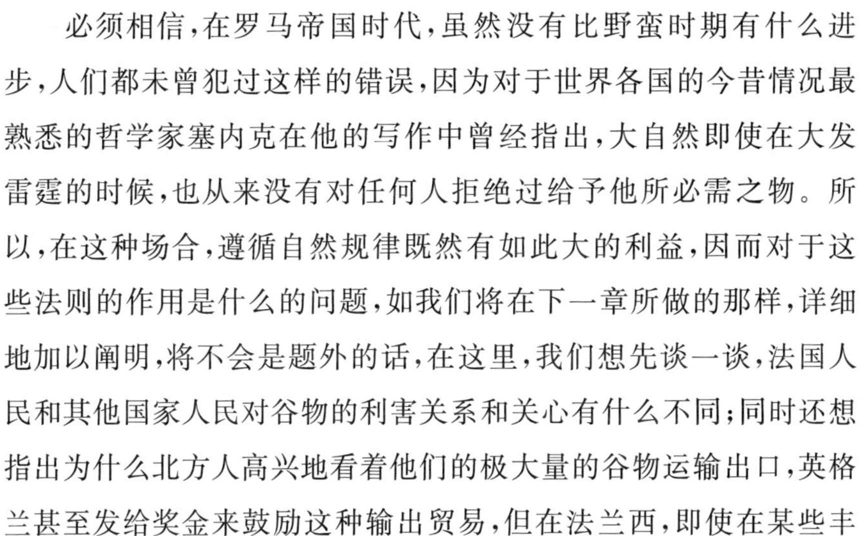

必须相信，在罗马帝国时代，虽然没有比野蛮时期有什么进步，人们都未曾犯过这样的错误，因为对于世界各国的今昔情况最熟悉的哲学家塞内克在他的写作中曾经指出，大自然即使在大发雷霆的时候，也从来没有对任何人拒绝过给予他所必需之物。所以，在这种场合，遵循自然规律既然有如此大的利益，因而对于这些法则的作用是什么的问题，如我们将在下一章所做的那样，详细地加以阐明，将不会是题外的话，在这里，我们想先谈一谈，法国人民和其他国家人民对谷物的利害关系和关心有什么不同；同时还想指出为什么北方人高兴地看着他们的极大量的谷物运输出口，英格兰甚至发给奖金来鼓励这种输出贸易，但在法兰西，即使在某些丰

收年头，只要从法国运出少量的谷物就不可能不激起一种骚动。

在有关国家的利益问题除我们曾经论述过的以外，有一个问题，别的地方的人已经有所认识，而在这个王国里，至少从一段时间以来，人们还从没有进行深入钻研，那就是避免饥荒的一种可靠的方法问题；特别是在法兰西，有一个首先出现于人的头脑中的有形的因素，却被人民盲目地抓住不放，以致先入为主使人们的行为经常为它所左右，但是人们却没有更前进一步去钻研探讨。

这一差别的来源是与人民的伙食有关。一种确定的、同时没有人争辩的事实是：在法兰西，一般老百姓的全部伙食几乎纯粹由谷物构成，与其他地区不同，既没有饮料也没有蔬菜助膳，而肉和鱼就更少；但在英格兰，我们可以说，在居民的每顿饭中，面包所占的分量极小。那里有着很丰足的肉和鱼，结果价格很便宜，从而代替了四分之三以上的，甚至常是全部谷物的作用，而在法国，谷物却几乎是人民的唯一的营养品。在法国，老百姓当做最美味的食品的肉汤，在英格兰的乡间，连副食品如咸肉和啤酒都缺乏的那样的穷人，他们都一点也不要，他们将汤和下水以及牲畜的前后爪都扔到街头去而不像其他地方那样加以利用。

可见我们在以前曾经论述过的小麦的两个方面或两种利害关系，在那里和在法国的情况大不相同：那使谷物成为唯一的养活人民的食料的法兰西，远没有到达这样高的阶段，而这却巩固着另一方面的利益，这就是构成地主的、毋宁说是国家的收入；在看到英格兰和北方的一些国家的行为与法国行为如此相反时，人们不应当感到惊奇；同时，在那些国家，人们高兴地看着五万矛小麦的输出，而在法兰西，仅仅八千或一万矛的输出就会激起人们的愤怒，

虽然根据我们曾经多次说明了的理由,这一点的输出就好像能长出百倍以上的麦子的种子一般宝贵,但是法国的人民对此却不能够深入体会。

这里还必须注意的是,面包在人民食粮中的功能的减轻相应地确定着面包的定价和涨价,而这和相反方面的利益,即谷物的高价或者更精确地说和地主收入的增加有联系,因为财富的唯一的用处,在于获得各种各样的商品直到极高级的奢侈品,这又不能不影响到各种各样的技艺和职业,每种技艺和职业在提供生活的便利方面各自起着一部分的作用,从而使人们能取得所想望的一切:于是,许多人由于那唯一决定他的日常膳食品种的技艺的广大作用,就从只能吃面包和喝清水的困境中解放出来;这就使得在谷物高价时肉类的消费会增加三倍,结果,对老百姓来说,小麦就不再是代替一切种类食品和饮料了;这也就是为什么在荒歉的时期,会造成对小麦更大量的消费的理由,因为尽管小麦涨价使贫苦人民少吃一些,但是那些中等富有的人们由于麦价高涨,也吃不起肉类,既然面包取代了他们惯吃的肉类的地位,他们就食用更多的面包,然而他们却还觉得几乎从来没有吃饱。①

① 布阿吉尔贝尔的学说可以用如下几句话来总结:谷物的高价是可取的,因为它可以使土地所有者富足起来,而地主的富有可以化为整个社会的利益;理由是,地主的收入愈多,他们就愈能给非地主阶级提供更多的农业、工业的工作。

这一学说在我们看来是无可非议的,但是必须附有这样的条件,这便是,所谓谷物的高价并不能理解为别的什么,而只是完全的自由贸易所产生的价格。作者称赞发给出口奖金的英格兰而对于输入自由并不发表意见,以及在《法国的辩护书》的第十一章(在德尔新编的《十八世纪财政经济学家》一书的二版 315 页。——译者)甚至似乎还对后者表示反对,这就让人们在这一点上产生怀疑,就是说,作者对于消费者的普遍利益的了解是不是与对于土地的生产者的普遍利益的了解同样清楚。——德尔

第八章

文明国家要想将自命不凡的明智来取代自然规律，招来比野蛮民族还未尝过的那种痛苦

我们已经指出，大自然（那不是别的，不过是上帝、造物主）对待人类的态度不见得比对禽兽更少恩惠。同时，正如上帝安排一种禽兽到世界上来总是为它准备下食物那样，对于所有的人类，上帝也当然同样对待；如果人们对上帝过度的不信任！在谨慎从事的借口下，干下一种上帝认为必须惩罚的渎神的坏事，那么，通过他们种种活动，常常会使他们陷于苦恼的境地，这种境地比起上帝为了逼使一些粗犷野蛮的民族从此信赖神而对之施加的惩罚还糟糕一些。

以法兰西来说，由于它坚持着这种行为，确实地辜负了大自然的恩情；法兰西比欧洲的任何国家都曾经分享着大自然更多的恩惠；如果常常看到这一安排变坏了（因为我们不可能说它不是这样），其原因和古以色列人在沙漠看到玛哪[①]的恩赐被取消的原因如出一辙。因为这种对上帝的不信任在这个王国比在其他地方更加严重，所以它曾经受到更加严酷的处罚就不应使人感到惊奇了。关于小麦的问题，好像我们对待泉水那样，只要听任大自然的安排就是了，我们可以说，活的泉水决不会缺少，也不会闹乱子，不会干

① 玛哪是《圣经》所载古以色列人过沙漠时天降的粮食。——译者

涸也不会泛滥，它当然不会像急流那样造成祸害的。

由于人的劳动和天时的影响，小麦从土中生长出来，就和泉水从源头流出来一个样；如果水流是自由的，它就绝不会干涸；只要人们信赖自然不去建筑堤坝来将全部泉水遏止在它发源的地方，大自然就会将管理水的分配任务担当起来；因为在这种场合，如泉水的例子那样，贪婪会造成很大的损失，不但如此，蓄水池中的水绝不会像溪流里的水那样的自然和甘美；同样地，强行留下来的小麦容易腐坏，而同时，正如我们已经在前面有所说明的那样，在毗邻的一些地方，却由于一种正相反的情况，也就是说，由于饥馑而有许多人死亡；此外，由于水塘或蓄水池已经到达源头的水平和高度，水源就干涸了；因此水就不再流了，于是一切邻近的国家都遭受普遍的干旱。我们已经作了足够的说明，无须再行重复。总之，谷物处于低价时，强行把谷物储藏在仓库里而使它们的价格变低贱了，这等于把它们弃置不顾，而大部分的土地就无法进行开垦，同时，这样违反谷物本性将它们强行留下的做法，无异宣布普遍禁止再播种。

蓄水池是必须的，但这要出自大自然的安排而不是凭借权威和暴力建造出来的。再拿水源的例子来说，自然而然地、不凭什么外力的协助而形成的池塘和湖泊，有很大的用处，而不致引起上述的不幸事故；日内瓦湖就是一个例证，当罗纳河[1]流入和形成该湖以后，它的气派显得比以前更加雄伟，更加庄严，罗纳河的源头却不致因此干涸。

---

① 罗纳河发源于瑞士，流入日内瓦的莱蒙湖，再从该湖流出进入法国境内。——译者

由大自然安排的小麦的储备也是一样，这即是：它的形成是基于全民的普遍利益而不是出自任何高高在上的权威的干预，这种干预应当从一切土地生产中排除，因为大自然决不肯服从人的权力，它总是表示反抗，一当人们对它有什么冒犯，它绝不会不用饥馑和灾祸来惩罚人，这已经是司空见惯的了。谷物储备自然形成的方式是这样的：农民在收获后将收成的一部分交给地主而将多余的保存下来作为应付荒年的储备，这就使他们富裕起来并有能力供给国家的需要，要是在另一种方式上进行储备，国家和人民彼此都会陷于贫乏的境地。

第 九 章

对于英国、荷兰经济上的明智的赞扬

在这篇论文中，我们只是充当了农民、田舍居民或者更精确地说一切土地上的居民的喉舌或代言人，为了总结在论文中我们曾经说过的一切，我们不相信无论是谁能够怀疑论文所揭示的真理，尽管乍看起来似乎使人惊异。同时我们只能说，在这一类的刑事诉讼中，单是控告还不能完成它的首要责任，必须通过罪证的提出，才能将罪行确定下来。呈现在人们眼前的一片荒芜或耕作不良的土地，就是法国的尸体，事实使作者即使被视为邪恶公民也无所畏惧，像他曾经说过并且还在重复着的那样，他宣称说，只要小麦价格趋于低落，这就是说，当小麦价格不再保持和其他商品的约定价格的比例时，人民生活就将更加困苦，因为在那时候，应当在一切事业间进行的继续不断的交易往来就会全部停止，商业只是建立在一种价格的自然平衡的基础上的，一部分的商品蚀本出售就会破坏平衡，一旦头等小麦在巴黎卖九个或十个法郎，像我们所认为的那样，平衡必然会同时遭受破坏，以致商业不能顺利进行。

第二个论点是属于同一性质的：只是放任小麦从王国自由输出，才能避免荒歉年成的恶果，这个骇人听闻的陈述，当进行讨论时，会转变为可能对国家有最大利益的箴言。除了上面已经说明的无可怀疑的论据以外，除了人民直接决定着自己的命运、将出口自由看做防止饥荒最可靠的保证的英格兰的例子以外，我们只需再看一下荷兰对于各种商品以至对于小麦的处理情况就够了：这些商业大王的共同的格言是，任何种类商品的丰富，不仅使自己沦于低贱地位，倒了大霉，而且还使一切其他货物也遭其殃，因为一切种类的商品都是互通有无，休戚相关，彼此要继续地结合在一起的。所以，这些人为了防止在这种场合发生混乱，什么手段都可以施展出来，他们相信，他们认为过剩的物品，就有义务让大海把它们吞噬掉，于是他们根据一种“明智的疯狂”(Sage folie)，就将过剩的货物白白地扔到海里去，而剩下来的部分，他们则费尽一切心血，甚至冒生命的危险保留下来。①

① 荷兰人的这种行为是某种原则实施的结果，作者在颂扬荷兰人的行为之前，似乎应当对于这种原则加以思考。荷兰商人在毁灭胡椒或他们觉得收获过于丰富的其他殖民地产物时，他们能够进行一次对个人私利大有所得的投机活动；但是他们这样做对于人类是否有所裨益呢？显然没有；因为，如果认为是有的话，就必须承认当人类用更高的价格购买它所需要的一切商品或一切劳务的同时，它就应当更为富裕。布阿吉尔贝尔决不是作如此想法。所以这个对于垄断和重商主义制度的间接赞扬在他的学说中实在是自相矛盾的。——德尔

新世界最贵重的商品如价格奇昂的香料，也不能免于同样的遭遇。以小麦来说，因为在荷兰所生产的和国内所需要的数量相差得很远，他们曾经根据与上述相近似的格言，在某种举动上冒犯了自然，为了在欧洲发生荒歉时完全不用求助于邻近国家的临时救济，他们跑到那些最肥沃和最丰产的国家去，想方设法以避免他们所遭受的祸害。根据人们从不违背的基本格言，可以确认，像存在仓库里那样弃置的小麦的泉源，虽然也许由于某种原因可能采取相反的措施，还是经常可以自由派用场的：按照这种方式，同时根据对这一政策的信心，北方各国的人民都设立出口堆栈，准备利用海运的方便随时供应那些对于这种主要食粮有需要的国家。

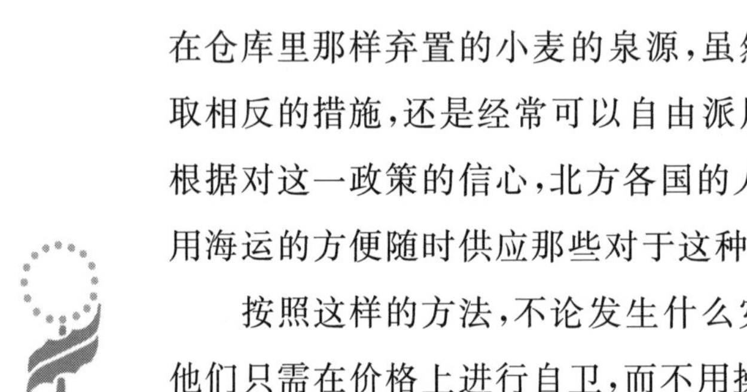

按照这样的方法，不论发生什么灾难，他们都有可靠的保证，他们只需在价格上进行自卫，而不用操心实物的缺乏。固然，这在一个不生产谷物的国家是办不到的。还不止此：在贸易竞争中，他们不仅享有特惠，而且还可以降低价格，因为在贸易过程中他们赚得商人可以不必支出的运费，商人为了免除长途运输的费用和风险，将商品廉价就地出售倒是上算。

由此可见，大自然是酷爱自由的，既然大自然是这样羡慕着人们对物品的全部享有，所以它对于不生长谷物的国家供给丰富的食物，同时对于那些盛产谷物的国家却往往拒绝供应。[①]

根据我们前面的论述，就能容易地看出，一个国家为了保持富足，为了防止任何商品变成废物（商品变成废物会使商品来源枯竭）会出现什么样的结果；因为企业者遭受亏损，就会完全停止他

---

① 这里，对荷兰人说来，至少比以前的赞扬适当得多。——德尔

们的交易，这是对先前的货物低贱要付出的高昂代价。由于我们对谷物的过分重视不便将它投入大海，但至少不应该拒绝采用这样的办法，那便是在丰收的年头，为了害怕陷入相反的境地，将部分的谷物输出到邻国去；因为不这样做，人们提心吊胆的那一极端就会临到头上，正如我们已经说明的那样，这就是谷物低贱的结局。

第　十　章

本文的结论。当土地和劳动产生出它们所能生产的最多的产品时，公众的繁荣就能达到最高峰。整顿经济秩序的权力只属于大自然。卖主与顾客的永恒的对立。小麦价格对于工资率的作用和反作用。这一价格对于工作的影响。劳动者的联合行动以及信誓在商业中的价值。谷物的自由输出是平衡生产者与消费者的利益或维持社会中的安定和公正的唯一方法

最后为了结束这一篇著作——在它的前后两部分中我们认为已经充分履行了我们许下的诺言，就两个论点加以阐明——我们相信并且强调，法兰西的唯一的利益，正如世界上其他一切国家的利益那样，在于一切土地都精耕细作并充分施肥；各种商业都能做成最大限度价值的交易；以及一切全靠劳动维持生计的人没有荒废片刻的时间，也从不投闲置散。如果事物恰好处于这样的状态，这是我们可以实现的很大的愿望，但一时绝不能期待它达到尽善尽美的境地，在荷兰和中国也只能略见端倪，这时要是还担心可能

出现严重荒歉的恶果，那未免是愚昧无知：这样的安排也许会产生出六百万矛的小麦，假定人口增加了一倍（这是十分可能的），日常的消费充其量只需要一半之数，从而留下了如此丰厚的储备，于是那种恐慌临近的感觉，就绝不可能冒出来。

所以，必须顺着大自然行事；大自然不能产生十全十美的事物，它总使事物多少有些缺陷；因此，在摩尔人从西班牙出走时，许给他们的波尔多的荆棘地和普罗旺斯地区的荒地，就不一定要和巴黎近郊土地同样的肥沃和同样的丰产；这里只需要仍然像四十年来那样勤劳工作和王国以往各世纪中那样经常耕耘。然而，当商品不能赚回它的生产费用时，就常常会使企业者亏损，这是不可能绝对避免的[①]。

在那从事于各种手艺或职业的不同人物或代表间，在各种工作、商业、特别是农业的改良上，只有大自然，而绝不是政府，能够恰如其分地加以必要的整顿。

如已经指出过的那样，虽然各种职业和各种身份的人彼此之间互相依存，息息相关，他们本应共同协作来维持公共利益，但他们却没有这样做，反而从早到晚只是干着自我损害并暗地里相互掠夺的事。雇工希望占有收获果实的全部价格作为他的辛劳的报酬，一点也不计及那使他有工做的、向地主纳租和向国家纳税的人

① 这事实上是，由于在货物的时价、即人们在市场上所付的价值，和它们的自然价格、即生产它们所花去的费用之间失掉平衡脱了节，因而就产生了商业上的种种祸殃。而且，如果像谷物这样重要的一种产品失掉平衡，经济上的混乱就会达到极端严重的程度；布阿吉尔贝尔对此有深切的了解，这是他的荣誉，不过，他没有经常运用这无可置辩的论证把它明确指出和对问题的细节作更深入的分析。——德尔

的处境，也不顾虑这会影响到佃农将没有能力再次经营土地生产从而就不能再次给他以谋生的工作；在佃农方面，则希望占有他雇用来耕种土地的人的劳动，而只给这些职工以微薄的酬劳，还不足以维持他们和他们家属生活。

两方中的任何一方占了便宜，国家就要受害，因为这使土地荒废，商业停顿。这样，就只有平衡能够挽救一切；让我们再说一遍，也只有大自然才能够安排平衡；所以，不要妨碍大自然的作用。可是，人们所做的却是禁止农民将他们的小麦卖给肯出价钱的人，看来工人的利益是赢得了，然而随后就会失掉。

只是穷困在指挥着工人，但它已失掉了对于他们的控制权力；如果他们仅仅工作一天就能赚得整个星期的开销，如果由于小麦变成废物，跟不上他们的工资水平，这种情况加上更高工资的要求，就会大大促进雇主穷困的增长，要是要求被拒绝，他们就可能会在一段相当长的时间内停止工作。可是，如果土地没有能够及时耕作，那就会是一个致命伤；这就是说，要是耕作不能做到不误季节，不违农时，一切就都完了！这时，农民只能在两者之中选择其一，要么撒手不干，任其荒废，或者垫付出绝不会捞回来的开支。这种情况，很快就会波及各行各业，那里，人们可以看到工人对于雇主同样的反抗，直至家中的仆人对他们主人的叛变，主人们了解到面包跌价，不说什么话，就把他们解雇了；以后，许多雇工和仆人却要自食其果，当他们的积蓄用完了，从反抗中回过头来，他们就不再能够找到雇主，这时的情况和他们拒绝工作时相差太远了；因为穷困已成定局，大家都以解雇工人为有利，而不再雇用新人。

所以在各类商人中的利益必须各得其所，恰如其分，一个人不

能以侵占别人那份利益来捞取双份利益；否则，国家借以保持的协调一致就会全被破坏。

然而这是在小麦价格低贱时雇工和雇主之间发生的情景；因为由于一些像是出自天意而不是人力所能左右的原因，这种商品是容易发生大变动的，麦价高时，手工业工人也跟着要求提高酬劳，而且如愿以偿了。可是在落价时，他却不愿意实施这一公平原则，这就是我们说过的一切不幸的原因，同时人们也司空见惯了。

实际上，当工人们的工作和他们的需要受到涨价的影响时，提高工人们的报酬是公平的；即便在这种场合，他们所以获得较高的报酬并不是出自雇主们的慷慨，因为要是全靠雇主们的善意的话，这些人不见得会比工人更有理性的；但是在这种场合，他们是在这样的状态下来实现公平，以致他们、他们的主人以及国家都不会吃亏。由于商业的繁荣常会随着带来商品的涨价，小麦特别是如此，加上运到欧洲来的银子数量每年都增加，这就引起招募工人的迫切需要，为了适应高价的形势，他们不怕无事可做的威胁，相反地，人们将会接受他们的要求：就是在这样的情况下，一百五十年前每日取得十五个得尼尔的人，在今天做了同样的工作，就可以得到十五个到二十个苏，因为像已经指出过的那样，当时的小麦在巴黎只卖二十个苏一色梯，而今天却价值十六个到十八个利弗尔了；其他种商品也同样涨价。

每当谷物涨价，而又不是太过分的时候，工人们从不错过借以增加收入的机会；随后，谷价下降，可以说，这时农民固然受到了损害，其他行业的人也将遭受同样的命运，他们在以前几年所赚得的，在以后就会失去；这时，如像刚才指出的那样，在工人中间出现

了如此强横的不讲公平的造反情绪,使人们看到,在一些商业城市,一个七八百工人的手工工场,当它们的成品价格已经下降了四分之三,厂方对工人每日工资要减少一个苏的时候,工人们就会突然地在同一时间离厂不干,丢下那些未完成的制品,那些最倔犟的工人还使用暴力来对付一些可能讲道理的同伴。

在他们之间甚至还有一些行规,其中有些是书面的,由他们自己亲手传递,虽然大部分是关于市集的题外规定,上面却载明要是他们中间的任何人企图使往常的工资减少,他立刻就会被禁止从事这门职业;在这种场合雇主除了使用经常用的方法来对付之外,甚至还会感觉到有拒绝任何工人再到他的工厂来做工的必要;人们看到,虽然在同一个地方有许多从事同一种手艺的工人找不到雇主,可是一些雇主却两三年没有能够找到任何人来替他工作,仅仅为了这个原因,很多商人破了产。

这种顽固地维护共同议订价格的做法,在普通的临时工人中也不是罕见的;一切的手艺和职业都把它看做维持他们的职业的唯一保障,他们宁愿按照议订价格卖掉一件东西,不愿按照降低的价格迅速售出十件,虽然在售出数量增加上所能得到的利润是大大超过每件价钱减少之数或亏损之数;可是,这反面的事物是他们所不能理解的。

为了使意见达成一致,一顶假发,一辆马车的买卖就会有历时一个月的讨价还价,每天一个埃居、一个比斯脱那样斤斤计较;卖主会为了不肯少得一两个比斯脱或者更少一些,二十次拒绝成交,并且发誓说这就是他所能赚得的全部利钱,而这种信誓旦旦在交易上的价值和在爱情上的山盟海誓是同一个样的;随后,当交易完成，银货两讫，在人们从他那地方将货物拿走一转眼之间，他就不会愿意用原价的一半将货物收回。

关于小麦应得的价格问题，我们之所以不厌其详地加以论述，是因为一个国家的财富体现于继续不断的交易行程中，从而使土地、工人、工作绝不会有片刻的停顿，货币也因此流通不停；这一行程的中断或失调只是从小麦的落价时发生的，因为人们曾在货物价高时为它安排了公平的比价，可是当小麦跌价时，这一比价并不随着改变。

可是，由于我们无法使我们所提及的那些国家，都接受正确意见，在小麦价高时来降低价钱，因而就必须维持曾经一度议定的谷物价格，而不是随心所欲地破坏它，但是，如我们所指出，四十年来，人们借口讨好贫民实际上却是这样做了，其结果，如所共见；却使贫民大遭其殃。

要之，商业只是在互利的条件下进行的；买卖双方的每一方，不论是出售或购买，必须平等互利，各取所需；不然的话，要是这一平衡不再存在，那么，优势的一方就会利用这一时机来压迫另一方，强令对方屈服于他的权力之下。

结果，一个可以不急于出售的人同一个急需购买的人打交道，或者刚刚相反，这时，买卖的成交，就不会不使双方中之一方大吃其亏。

所以，剥夺了农民为维持小麦价格而向外国输出的自由，像前面所指出的那样，并不是出自对国内所必需的粮食的考虑，倒是加倍地增加了多余无用之物和保管的麻烦。这就如像两个人正在激烈地斗剑拼个你死我活的时刻，有人为了使他们和解，或者要将他们分开，就将其中一人全身抱住，使他完全不能自卫：结果，搏斗一定会结束了，因为另外一个人利用这个机会来将他的仇敌杀死，这样的例子不是没有见过的。

在人们所看到的富于果敢精神的斗争中，小麦正对其他商品英勇地进行自卫战，但是当人们将它的身体抱住时，它的仇敌就可以把它刺穿得体无完肤了：这就是我们说过的在商人中间发生两种如此相反情况的差别的原因，这就是说，初时他们只愿按照他们所定的价格出售，可是当人们将他们的身体揪住时，他们迫于不得已，就只好贱价售出而亏其本。

我们相信这篇论文已经说服了那些满肚子怀疑的人，文中两个论点，初时看来像是渎犯天地那样大逆不道。如论文的开头所提到的，造成如此普遍的一种错误的原因是：由于对谷物真正的认识在于必须经常不断地把有关它们的理论和实践结合起来，但是，可以说，在四十年来，这方面的理论与实践之间的分离和脱节却这样的大，以致具备了其中之一者，由于他本身的处境，必然会断然排斥其他一方面：那些能把道理讲出来的，一点儿也不具有实践的经验，而那些由于自己的地位关系命定地从事实际工作的人，又无法说明这方面的利害关系，这就像一匹跛足的马说不出它害的什么病一个样。

在这篇论文的最后一段上，归结它的第一部分，在于说明：有人竟相信，为了使人人都生活得称心，就必须没有一个农民能够向地主交租；在另一方面，为了避免一个极端高价的恐怖，那么，人们停止在难于开垦的土地上进行耕作或对优良土地追加肥料、同时滥用粮食饲养家畜和在手工工场中使用粮食作原料，就很可取；这

样做的结果，国家同样遭殃，人们相信依靠天时和地利，可以设法使法国从一个大的错误挽救过来，这个错误给法兰西带来的祸害比一切天灾还要多，历时又那么长，灾情的严重又是前所未有。因此，人们可以说，神以某种方式跟法国为难，不然的话，它就是唯一的、比整个欧洲还要强大的国家；这正是科尔内耶·塔西特（Corneille Tacite）的想法，他曾经指出法国是不可战胜的，因为它不用自己保卫自己。今天应当用这个论点同更多的人谈论，因为除了民族的价值日益增加之外，在法国头上还有一位过去不能相比的君主，在今天只有他能够说明全民族已公开提出的问题；同时因为对于错误的纠正可能只需要很短的时间，我们就让读者在当前这个紧急关头从中作出论断，特别是因为这里有着和一些在位的人们同样正直和同样明智的大臣[①]。

① 在布阿吉尔贝尔著作的一些较早的版本中，可以发现，我们刚才读过的这篇论文有几页是从《法国的辩护书》上，甚至注明是从《辩护书》的第十章上引来的摘录。在发表这篇论述小麦各方面论文时，用不着转载这个片段；但是，作者曾经引用的1649年5月6日巴黎法院的判决书中有关经济情况的说明，我们不能让它淹没。因为在那个文件里面，我们可以看到在那个时期最上等的小麦以十五个利弗尔一色梯的代价卖给巴黎的面包商；小麦和裸麦的混合物，以十二个利弗尔的代价出售，裸麦则卖九个利弗尔，这个文件中还说，这些都是中等的价格。结果是，最白的大面包的售价就不应超过两个苏一斤，褐白色的面包不超过十八个得尼尔，贫民面包不超过一个苏，而且这些都是很好地制作和烤焙过的食品。那判决书还提到面包商有义务标明每个面包的重量并保证足额，否则就要处以四百利弗尔的罚款，有必要时还处以肉刑。我们不知道今天在这个问题上人们变得更加宽容究竟是对什么人有利。——德尔

法国的辩护书

梁守锵 译
姜靖藩 校

目　　录

法国的辩护书

或

通过大臣先生们两小时的努力和人民一个月的执行，既不用辞退任何包税人和特别税包税人，也不会引起任何波动，就可使法国重新获得四五倍的收入，即在恢复自1661年以来被侵吞的十五亿多的基础上又增加五亿多，从而使国王除人头税外，获得八千万收入之切实可行而又极其轻而易举的方法。同时清楚地说明，不管是借口时间或形势不适于任何变动，或认为会有所谓的灾祸危险，或以其他任何可能的理由反对此项建议，都是丧失理智和不顾常识之举，故我们坚称世上无人敢于以书面署名发表这种无稽之谈而不名誉扫地，但我们指出，非如此便不可能摆脱目前的境况。

第一章

必要的开场白。——《法国详情》成效甚微。——除人头税及所有普通捐税外，向国王进贡八千万的收入。——为什么别忙于把作者视为空想者。——作者所表示的并非仅是个人的管见，而是王国所有农夫和商人的意见。——他控诉上流社会，为人民辩护，并向上流社会挑战，是否敢于反驳他的任何一条建议而不是用胡搅蛮缠的办法（尽管失之不恭，仍须使用这个词）。——在法国，为使君王和人民破产而欺骗一个大臣，较之为君主征服一个王国更加有利可图

十年前，发表了一篇题为《法国详情》的陈情书或论文，这至少对公众说来，既纯属偶然，又是预定之中的。虽然该书表明，国王可在当时的形势下，轻而易举地征得所需之一切钱款而无碍于他事，同时还可使人民获得实利，但此书未取得任何结果，甚至人们丝毫未加以理会。

作者当时亦不存奢望，并明确地予以表明。可以说其理由就在于仍有油水可捞：从赠予大臣先生们意想不到的礼物来看，法国破产的理由或原因就是大臣先生们手头拥有商人给予的宽裕的报酬，而商人同样以收买大臣先生们所获得的保护来谋求足够的赢利。然而，时至今日，物已告罄，一切均已完结。因此我们应当设想可以取得较为顺利的成功，因为反驳提出的建议，好处并不太大，或者不如说，接受这些建议已是在所必需。所以，我们不怕受到非议，代人民向王国进贡在陆地和海洋上所需之一切，不管款额高达若干，以使王国的敌人只有像以往那样，期待路易大王出于公正与宽厚之心而给予和平。

我们再次坚称，不计目前的人头税[①]，每年除普通税外，如果这只涉及区区八千万之数，甚至再多一些的话，那么事情反手之间

① 人头税设于1695年，里斯威克和约后取消，后由于连续战争而于1701年恢复。（参阅《国王什一税》注2）——德尔

便可办成，而且毫无妨碍，亦无须撕毁国王跟任何人签订的任何条约，而且甚至所产生的波动也要少得多，虽然在初次设置人头税时就没有发生任何波动。

随着此项建议而出现的任何情况，我们可以更加坚定确切地指出，这笔八千万收入是国王陛下通过大臣先生们花了两小时的关注，以及在那些符合规定条件下人民经过十五天实施的结果，而陛下只是使其臣民从中重新获得了五亿收入。

请暂且把这样一种会引起世上许多人认为可笑而又荒唐的主张搁置一旁吧。请想想，著名的作家、伟大的圣奥古斯丁[①]和拉克唐斯[②]把一个在他们那时代持反对意见的名叫维吉尔的主教视为疯子和狂人，并没有赢得多少荣誉。克里斯朵夫·哥伦布[③]受到欧洲几乎所有宫廷同样的待遇，然后才在西班牙得到某些人的注意和资助。上个世纪的哥白尼[④]由于阐述了他那今天已被人们最普遍接受的学说，而被整个神学界威胁要处以火刑。

八千万收入的倡议者，处境比所有这些伟大人物好得多：他不仅不像他们那样孑然一身，坚持己见，而且坚称他只不过是王国的所有农夫与商人，即不管对国王抑或对人民来说，均

① 非洲希波主教(354—430年)，著名教会圣师，著有《上帝之城》、《忏悔》，号召镇压异端分子。——译者

② 教会经师，250年左右生于非洲，死于君士坦丁时代(274—337年)，著有《论上帝的作品》等。——译者

③ 意大利著名探险家(1451—1506年)。——译者

④ 波兰天文学家(1473—1543年)。——译者

是国家一切财富的来源与本原的人们之辩护士而已。为了首先抑制人们可能把这些言论说成是想入非非的强烈倾向，而这种强烈的倾向大部分来自驳斥者，因此在农夫和商人之间将引起一场争论，而一切费用则均由他们向君主、业主以及以税收为业者支付。

这前一类人公开表示并宣称，他们已作好准备，在所述条件下，缴纳本陈情书标题上所标明的钱款，这些条件不取决于任何东西，因为它们只是那些我们深知有权随意行事的人之简单的意愿而已；而对立的一方则是那些我们别无他求，只要他们收钱的人，但是这些人却说——甚至以为这样便可表示出他们的明智与智慧——这种缴税是不可能的。

然而以汇票为例，我们便可看出，这两类人中究竟谁荒谬可笑。一个持有一张富商开出的价值一千利弗尔汇票的收款人，在付款人通知他准备付款并甚至催促他前来取款之后，收款人竟要对方拒绝承认，岂不荒唐？

这便是问题所要涉及的法律根据和权利部分。陈情书的作者如果看法有误，则甘愿被视为绝顶荒唐之人，如果不是所有的人都承认他的主张，他也同意受罚；如果作者言之不预，他甚至同意人们把他关进疯人院。为了使作者认罪服输，作者并不要求人们滔滔不绝的说理，因为这些理由几乎跟他的理由一样显而易见；但作者首先声明，人们可能对他的提议，或者不如说是对人民的提议提出异议——或者认为绝对不可能实现，或者认为时间关系，不适于进行任何改变，或者认为存在危险，或者认为会破坏和谐局面——，总之，如果这些书面异议，不是荒谬绝伦得为天地所不容，而相反还能得到个别人的附和，那么他愿意承受他刚才所同意的方法来对待自己。作者在本书的几乎每一页都重申这一点，以免人们遗忘。

因为在这份陈情书中将经常使用荒唐一词，虽说在君子之间，由于礼貌和文明的关系，通常不应在言辞和文章中运用这样一种词语，所以我们在接触本题之前，不得不稍作题外之谈，以便说明在这种情况下，使用该词的必要性，同时也是为了清除这种想法，即：人们设想，在本书中，这是对可能被用上这种词的那些人的侮辱。

首先，由于法国目前患有坏疽病，或者说，得了肾结石，因此，为了治病，就必须抓住要害，并在要害部位动大手术，因为使用普通药物已为时过晚，而且药力也远不足以消除沉疴。

然而，任何其他词语都会使人们对这些陈情书的作者向除了农夫或商人之外的人们，即向上流社会提出的建议有看法：即使不认为是想入非非，至少也认为有问题；结果，这类人中任何人都难以着手理解作者的理由，并对此作出确有把握的判断，以便谴责一些如此驰名的偏见，以及那些如此有名无实的大人物，因为他们思想上认为，虽然花了许多艰苦劳动，得到的却只是不明不白，这就完全足以使他们把作者视为幻想者了。——正是在这种情况下，人们洋洋自得地认为最明显的事实都是虚假之事，人们闭眼无视这些事实，而在某种意义上说，在把这些事实弃之不顾之后，却反驳从这些事实所得出的可靠的结论，以便说服自己，并企图使其他人相信这一点：人们认为不能设想，一些知识如此渊博，而且如此热衷于为国王

和公众效劳的人会犯下如此严重的错误；因此他们的理由只有他们自己明白，而人们如果了解这些道理的话，就不会这样地诬蔑他们了；不了解他们的想法便不要去谴责他们，这是完全正确的，如果这些人已经去世[①]，就更应如此，死亡使得他们无法捍卫他们的利益，并说明他们行为的特殊理由。——目前的形势，或者不如说法国的混乱，要求谋得这样的辩护士。因此，这一词语，不管是多么不登大雅之堂，在目前情况下，使用者仍不乏其人；甚至即使一个死人从阴间地府来向他们证明这些陈情书所说之事是真理，他们也仍不幡然改悔；这是符合《圣经》的观点的，因为心灵已经受害，既然如此，则不管是精神、荣誉还是良心，均无置喙之地。

但是，当我们谈到荒唐之举，以及当我们像在本陈情书中那样坚持认为某事之所以发生，如下两种情况必居其一：或者是作者们完全失去理智——这绝非如此，甚至无法设想竟会如此——；或者是作者们把事实完全搞错了，如果他们的脑子完全错乱他们就会做出这样的荒唐事，这时，绝对必须作出抉择，而无法使用任何遁词，也无法以自己对这样的内容一无所知作为借口。只要具有常识，任何人都是合格的审判者；因此，不能以缺乏知识，而不宣布作者并无恶意。

正是根据这样的理由，或者基于类似的原则，我们坚认可以

---

① 这显然指的是1683年去世的柯尔贝尔。用不着加以指出：布阿吉尔贝尔对这位大臣的评价与重农主义者的观点相同；但补充说明：重农主义者对柯尔贝尔的看法已被A.斯密思所采纳，这可能并非不适当之举。（参阅《国家的财富》第六卷，第九章）——德尔

在两小时内复兴法国，并放手去干，而且我们重复以前已说过的话，即，如果有谁能向这个建议的作者提出任何一条稍微合乎道理、见之于文字而不是荒唐透顶的异议，不管是认为时间太短，或者认为有不测之虞，或者其他不论什么理由，那么作者便心甘情愿被视为荒唐者，而且是古往今来最大的荒唐者。因为当人们对某些事实持又肯定又否定的态度时，往往会发生这样的情况：两者之中总有一人是胡言乱语，就像他失了魂似的，因为他错了。——因此，不管是谁都不应抱怨自己陷入这样的弱点；所有最伟大的人物和最著名的作者都曾经犯有这样的毛病：他们不可能不根据不可靠的材料写出一些十分优美并使他们出名的作品来。——如上所述，圣奥古斯丁和拉克唐斯把第一个持相反意见的作者视为荒唐者，其结果表明，胡言乱语的正是他们自己。——因此，为捍卫真理、保卫国王和人民的利益，应当允许本文的作者使用如此伟大人物曾为了真理而不惜使用的那些字眼。

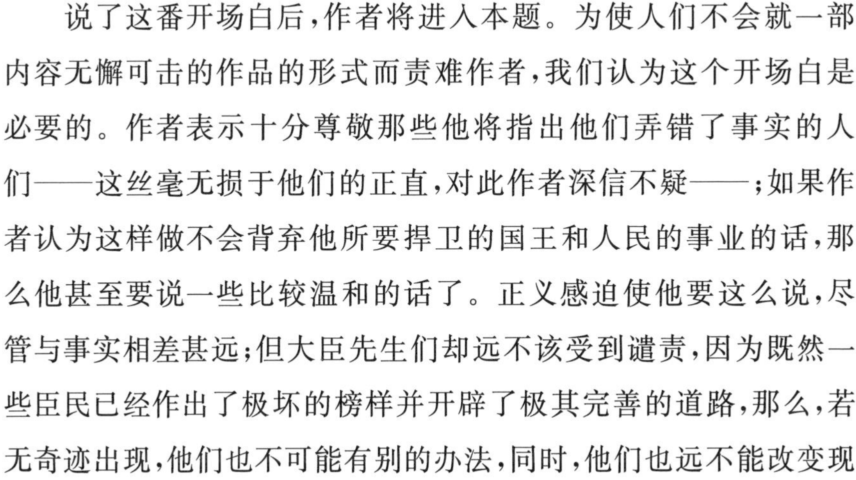

说了这番开场白后，作者将进入本题。为使人们不会就一部内容无懈可击的作品的形式而责难作者，我们认为这个开场白是必要的。作者表示十分尊敬那些他将指出他们弄错了事实的人们——这丝毫无损于他们的正直，对此作者深信不疑——；如果作者认为这样做不会背弃他所要捍卫的国王和人民的事业的话，那么他甚至要说一些比较温和的话了。正义感迫使他要这么说，尽管与事实相差甚远；但大臣先生们却远不该受到谴责，因为既然一些臣民已经作出了极坏的榜样并开辟了极其完善的道路，那么，若无奇迹出现，他们也不可能有别的办法，同时，他们也远不能改变现状，可以说，所有的人都协力要使他们越不出雷池一步，因为在法国，在使国王和人民破产的同时，欺骗一个大臣，较之在不管任何国家，为君主去征服一整个王国都更为有利。

第　二　章

只需两小时的工作和十五天的时间便可向国王提供八千万收入，十年的和平便可付清一切国债，以五年为期，便可在取消人头税的同时，使国王通常的收入翻一番。——臣民的富裕是君主财富的唯一基础。——从1660年以来，人们都认识不到这一原则。——国民收入减少十五亿：其三个原因。——论谷物政策

我们保证只需两小时的工作和十五天的实施，便可以在普通税收，甚至人头税之外，增加八千万以上的收入；此外，我们答应以十年的和平时间，便可付清国王和国家的一切债务，而且我们最后还许诺，在取消人头税的同时，在不到四五年的时间里，便可以使国王的收入翻一番：这一切都不必冒任何风险，不妨碍任何事情，也毋需动用绝对权力。——如果作者在其全文中哪怕有一点点言之不预，那么这便是人们从未想到过、也从未有人提出过的最为荒唐的说法了。但是请人们在通览这部作品之前，暂且别下断言，人们头脑中强烈存在的荒谬之念头会再一次略为削弱他的热情，我们将必然看到，这跟我们已经提及的大人物们对持反对意见者的责难是一回事。

无人怀疑，世上所有君主的收入之本原和基础就是其臣民

的收入；真正说来，这些臣民就是他们的佃户，因为君主们收入的多寡只能随那些耕种土地的人们的收成多少而规定向君主缴纳的税额。这个一切国家都同样奉行的至理名言，在国王弗朗索瓦一世去世前一直在法国应用，从此时起，[①]直至1660年，只不过稍有违反而已。但是，我们可以说，自从1660年以来，人们已经背道而驰，而且人们相信，为了使君主更有效地、更迅速地征得银钱，尤其在异常需要之时，那只有不增加人民的收入和财富，而是到处减少，甚至在若干地方几乎彻底破坏了人民的收入和财富，其固定比例为：地主纯蚀耗为20，则国王得益为1，而这点利益，甚至还要让承包者及其保护人分沾，这些人幸亏这种如此令人可悲可叹的效劳而攒下了富甲君主的财产。——因为这便是剧本的主人公，同时因为一切都将在这基础上展开，所以我们坚持这个就像塞纳河流贯巴黎一样众所周知而又恒定不变的无可辩驳的事实，以至于任何想否认这一事实的人都会落得跟不愿承认一个类似的真理的人一样可笑的下场。——关于法国土地财产和工业财产丧失一半的问题（工业财产必然追随土地财产的命运），王国所有的人均是证人，还不提账簿、租约和合同，这些以书面材料，就像人民以证人身份一样，都证明了这一点。——我们还坚称，自从1660年以来，这种收入的减少每年高达十五亿以上：但愿亿万这个词不会使人诧异，同时丝毫不会引起惊奇！因为通过计算，可了解一个家庭、一个农庄和一个村民的收入是增加还是减少，

① 弗朗索瓦一世死于1574年。——译者

因此，采用此法便可极其容易地估算出整个王国的收入。人们曾估算过英国的收入，倘若这两个国家均受同样准则的指导而以各种方式取得收入，则英国还不到法国的四分之一，然而人们断言它目前的年收入却接近七亿。至于法国，那些为这些词语或这些计算所触怒者，若高兴的话，对于一个在几年中经常向其君主提供一亿五千多万，给教会三亿以上地产收入和额外收入的国家，一个在宗教方面和其他方面远远超过英国的国家，能有几亿的收入便心满意足了。——光是曼特稽征区，[1]由于葡萄从前虽然是业主们的一个极大宗产品，但如今却大部分完全荒废，同时由于剩下的又大大减产，因此根据经过现场核对的准确可靠的计算，葡萄收入损失总计达二百四十万利弗尔；而由于地产收入虽然带来工业收入，但却不及后者的四分之一，而后者则大大超过前者，这样，仅一个稽征区，纯蚀耗就损失一千多万；但国王从这种卓绝的施政中根本毫无所得，相反，他在达依税[2]上却损失了五十多万利弗尔，因为由于财产的损失，他在这个稽征区和周围的稽征区都得降低达依税；而

---

① 在封建时代，法国在财政和行政上划分为财政区(pays d'election)与省管区(pays d'Etats)两种，财政区的达依税与其他直接税由枢密院分配，由国王派出的人员征收。财政区下分财政专区(généralité)，由财政专员(général des finances)领导(后于17世纪时，改称财政总管 intendant)；财政专区下分若干稽征区(election)，设稽征员(élu)；稽征区下便是乡区(paroisse)。省管区的捐税由省三级会议决定和摊派。最初享有省管区待遇的有布列塔尼、纳瓦尔、比戈尔、埃诺、勃艮弟、普罗旺斯、朗格多克、阿尔图瓦、康布列西等十二个地方。省管区三级会议还享有诤谏权。——译者

② 达依税(Taille)，原为维持国王的常备军而征收的税收，一译军役税。——译者

间接税[1]的增加对弥补达依税的损失却还差得很远，间接税收入还不到损失的十分之一。而因为曼特稽征区所遇到的这一命运是由于全国普遍的原因所造成，所以我们可以从中得出同样的结论，并肯定无疑，可以同样估计出整个法国的丧失。

因此请人们在企图根据王国自从1660年来收入减少十五亿的说法而给陈情书的作者扣上想法荒唐的帽子时，且勿孟浪行事，因为虽然间接税在这里包括出口税、渡河税和王国关税的灾难中始终起着主要作用，但就常理和常识而言，这些税所犯下的罪过和所造成的危害，丝毫不亚于造成那么多灾难的这些间接税本身。然而除此之外，君主的这些所谓的税收，在使人民倾家荡产中还有两个同伙，它们在使年收入丧失十五亿方面，即使不是跟这些税收危害一样大，也是大大起了推波助澜的作用，这两个同伙便是达依税摊派上的分配不公和变化无常，在这一点上，虽然这只不过是由于那些掌权者的疏忽和漫不经心，或者至

① 即助税(aides)，最初是领主在其长子授为骑士、其长女出嫁、自己付赎款，以及参加十字军等情况下需要费用时向其附庸征收的特别税。国王作为领主，只从其领地收税，只有在为保卫国家或出征时，才向全国臣民收税。从十四世纪中叶起，助税才成为永久性的向全国征收的间接税。(本书中，在不影响原意的情况下，此词径译为“间接税”)十七世纪时，助税名目繁多，通常分三类：

1. 普通助税，即批发税(按批发饮料价值的每利弗尔收十二德尼)、四分之一税、涨价税等。这些税在各省、甚至同一省份的各个市均不统一。

2. 特别助税，原则上应得到三级会议的同意，但从1639年后，由国王一纸敕令而在高等法院备案便可设置。

3. 入市税，对饮料和酒类、食物、燃料、饲料、材料及其他物品稽征。

另外还有助税承包附加税，即除某些临时设置的税目和专卖税(盐税、火药税、硝石、烟草税)外，还有容量税和经纪税(1527年设立)、轧印税(1626年)、纸牌、骰子和塔罗牌税(1577年)等等。——译者

多只是在触及他们个人财产时所作出的坏榜样，但由于破坏了消费也就破坏了收入，造成的灾难是如此可怕，以至于我们可以断言，如果魔鬼曾经开会考虑惩罚和毁灭王国所有的人的办法的话，他们也不可能制订出任何更适合于达到这一目的的了。——我们以后在谈到停止这一办法时，将作比较专门的详述；如果把这一任务交给一些非常熟练业务的人负责，尤其像以前那样，这些稽征员只不过是人民在他们的机构中所任命的派税员的话，那么制止这种灾难肯定并不需要大臣先生们花上半个小时的关注，和在外省以十五天时间来执行的。

促使法国破产的另一辅佐原因则更为可悲得多：这不仅不像间接税那样由于间接利益迷惑了包税者从而为谋求私利而不顾公众破产；也不是像达依税的分配那样，不注意普遍的福利；相反却按人们的想象作出极其明智而又极其恭顺的考虑：维持谷物贱价。人们认为应当通过一种所谓绝妙政策的不断努力来制订低廉价格并加以维持，以便使农民因价格在许多地方不敷耕种费用，更远不足以向地主交租和缴纳捐税而身受损失。这样，除像今天这样使王国年收入减少五亿多之外，还引起荒废大量难以开发的土地，以及因谷物挥霍滥用，作诸如饲养牲口和工场加工之用，这样的结果只能是一遇荒歉，便粮价奇昂。——总之，人们相信，为使所有的人都过得舒适，必须使谷物价格如此低廉，以至佃户什么也无法给他们的主人，而主人则没有任何工作给予工人；因为他们的全部收入便是这些，结果贫困的程度却十倍于所谓的面包价格低廉。——而由于所收获的粮食的售价不敷支出的费用，人们同样认为，为了避免物价奇昂之害，放弃耕种大量土地、在几乎所有土地上不加施肥是有利之事，而且还必须把谷物浪费于前面业已指出的各种滥用挥霍方面。——这样一种行为是冥想的产物，它在工艺上从来都只能产生怪诞的结果，而工艺，就连创作一双鞋的技术，从来只有通过实践才能学到，即使世上最有天才的人，如果根据最灵巧的工人所写的报告来造鞋，那么做出来的鞋只能是一件可笑的东西。但是不管这样的行为多么令人厌恶，千真万确的事实是，人们认为这一行为值得拍手欢迎，而这行为的作者则认为别人应当把他们称为他们国家的约瑟夫[①]。——本书后面有整整一章，而甚至如果人们勤于求知的话，还可以找到一小册书，书中作者毫不害怕受到绝顶荒唐的反驳而明白无误地写明：谷物价格越贱，穷人，尤其是工人，生活越发悲惨；与此同时，运出法国的麦子越多，我们就越可以担保在荒年时粮食价格异常昂贵。

第　三　章

续上章。——剧本第一幕后的暂停

这是剧本的第一幕，在这里应稍事停留，然后才能够开始以确定不移的挑战的话语来坚持这样的说法：从 1660 年以来，法国的

① 约瑟夫系犹太人雅各之子，被卖至埃及，后成为埃及法老的大臣，并将犹太人带至下埃及的热森地区定居，事见《圣经·创世记》。此处作“救星”之意。——译者

收入减少了十五亿[①]，而前面指出的三个原因造成了这一不幸的结果，而如果作者所言非是，他心甘情愿被当做疯子狂人看待；与此同时，作者坚称，作者所述的这两个事实没有一个会被否认，没有一丝胡言乱语。

但是，为了回到这部作品的第一个意图上来，人们无法证明本书在开始时所确定的原则——世上所有国家的原则，即：除了人民的收入外，君主的收入没有其他来源，任何一个能够在顷刻之间恢复人民直至1660年所享有的每年十五亿收入的人均将证明：我们为国王的利益而建议的一切，包括在目前情况下增加八千万收入，以国王名义付清一切国债，以及国王收入翻一番，不但不是荒唐，相反却是一件极其自然，极其容易的事，因为这远不是幻想或暴力的成果，而只是一种可以说是毫不费力地广泛存在的普遍富足的产物，或者不如说是这种普遍富足的极其微小的一部分；而我们对此正是这样理解的，这一点，我们在下一章中将指出根据自然法则何谓财富之后，人们很快便可以明白，因为，人们在以前所形成的

① 在《路易十四时代》的《财政》一章中说：“《详情》的作者断言：自1660年以来，王国的财富减少了十五亿。这是极其虚诳不实的。然而其似是而非的论据说服了那些愿意被说服的人相信这种可笑的悖论。就像在英国最为繁荣之时，有成百份公开发表的文章论证国家已经破产一样。”

这一批评尖刻武断有余而礼貌说理不足。布阿吉尔贝尔文章中所论述的重要之点不在于知道法国土地收入是否真正减少了十五亿，而在于了解他那时代的法律——亦即伏尔泰时代的法律，而且大部分还是我们时代的法律——是否不是荒谬地阻碍了公共财富的发展。因为作者抨击——这是一个真正名副其实的历史学家所唯一应着意加以深究的问题——或是言之有据，或是没有根据：如是前者，则应承认其正确性；如是后者，则应以严肃的态度加以反对，如两者均不愿为，则至少应保持缄默。事实上，简单地说这是虚诳，这是不实，这是合适得多的。但是，反过来，以这样的论据，他也只能说服那些愿意被说服的人。——德尔

错误观点，已经产生了全部混乱的现象，而只要看出祸患的原因，便可以结束混乱而恢复富足。

第　四　章

论财富的性质。——世界初期的贸易。——文明使得在交换中必须使用贵金属。——货币的真正作用。——货币可用票据、羊皮纸，甚至言语来代替。——银钱只是在产银的地方才是财富的要素。——银钱与商品的关系，货物价格的贵贱，当其原因是自然造成之时，本身并无不同。——弗朗索瓦一世时代一千法郎的收入跟今日一万五千利弗尔的年金一样富有。——社会的普遍利益要求任何人都不将其劳动或劳动产品无偿地给予他人。——自私心对这一天意法则之反叛，或售者与买者之永久战争。——和平与平衡只能是自由贸易的结果。——相反制度的后果

世界伊始之时，根据自然的使命和创世主的意旨，财富不是别的，只是一种充分享受的生活必需品。由于这些必需品仅仅局限于简单的食物和用以御寒的必要的衣服，所有的人归根到底几乎只有两类职业：农夫和牧民，因为在大洪水前，家畜除了以其毛皮给人们蔽身之外，并没有别的用途，因此，在创造世界之后，亚当的两个孩子分担的正是这两种职业。——以他们为榜样，他们的后裔长期都既是主人，又是仆役，同时又是其必需品之亲手制造者。出售只是一种以货易货，或者说，是一种完全不以钱为媒介的以物换物，钱只是在很久之后才有。——但是随后，腐化、暴力和享乐

参与其间，人们除了必需品之外，尚要求美妙有趣的享受与多余之物，从而使行业增加，由最初的两种，逐步变成今日法国的二百多种，这种直接交换便不能再继续存在。一种食品的出售者，想售出自己的东西以取得另一种食品，但他几乎从来不是跟那一食品的拥有者进行贸易，而是甚至只有通过两百人的手，或者说只有通过今天组成文明而豪华的国家的协调生活之两百种职业，在经过漫长的行程和无数次出售与再出售之后，才能够获得，因此，必须有第一个买者的担保以及一种类似委托书的东西，这样卖者通过出售自己的食品以取得他想要的那个食物的愿望才得以实现。——正因此，根据所有人的习俗和普遍同意，钱币的媒介作用才成为在所必需。正因此，不管在任何国家，除非有某种极大的反感，或者有破坏事物秩序的暴力行为，凡持有钱币的人肯定能够获得其所需的、跟他售出的数量相等的消费品，并且肯定像世界伊始时直接和当面进行交换或以物换物那样迅速而无误地获得自己所要的物品。——在这方面，有一点必须注意，即尽管由于人心不古而把银钱作为膜拜的偶像，银钱作为货币并不能提供任何生活必需品，而只是担保某一消费品的出售者不会失掉他的东西，担保他在售出他的消费品之后，可以得到他所需要的、而他的购买者又没有的消费品。——还必须再考虑一个问题，即：不管与此相反流行着什么样的看法，这一职能并非银钱所特有，以至于它只起到十分之一的、而在富裕时期，甚至只起到五十分之一的作用，而所谓富裕，不是别的，只是一种大量的消费，也就是说一种极大的财富。——再次指出，票据、羊皮纸，甚至言语所起的作用要比银钱大五十倍；因此，在发生穷困的情况时，把混乱的原因归咎于银钱，错误地说钱大部分流到外国去，这实在是大谬不然的看法。为什么不说票据和羊皮纸也流到外国，为什么不说正是由于这些东西缺乏，所以才停止了贸易，既不卖也不买了呢？人们不这样说，因为很清楚这样说是可笑的。然而，对于银钱却这样说，其荒谬如出一辙，因为不管这种货币的消失是否确有其事，我们只能把商业的停滞归咎于它，即它只起五十分之一的作用，而不能给它加上更大的罪名。然而由于 1660 年以来，一切都减少了一半以上，我们便可知缺乏银钱这种无根据的理由的错误了。如果秘鲁银矿枯竭，那么这种说法便是真实的，因为那里银子是唯一的产品，如果人民不是每年从当地开采出大量的银子来交换生活所必需的食品的话，那么他们都要饿死了。——不谈马尔代夫群岛，那里人们根据一致的协议，用某些贝壳充当银币；也不说美洲的岛屿，住在那里的欧洲殖民者尽管几乎连一个德尼[①]的银子也从未有过，他们却不缺乏任何生活的必需品，因为光是烟草一项，不管是批发还是零售，便取代了银钱的一切职能：如果想要一个苏[②]或者不到一个苏的面包，人们便用一个苏的烟草来换，其他也是如此，得到烟草的人可以取得同样的好处，换得其必需品。所有这些例子不必一一列举。在法国，每年交易达八千多万的里昂市集，在这种贸易中，从来没有过，也没见到过一个苏的钱；一切都通过物物直接交换或者通过票据进行，这票据经过无数人之手又回到第一个支出票据的人，此人在交

① 法国古币制，一个利弗尔等于二十个苏，一苏等于四个利亚尔，一个利亚尔等于三个德尼。——译者

② 法国古币制，一个利弗尔等于二十个苏，一苏等于四个利亚尔，一个利亚尔等于三个德尼。——译者

易中所得到的只是一种补偿而已。——因此，在不生产银子的地方，银钱根本不是一种财富的要素，而只是贸易的纽带，以及当货物未曾立即向缔约者交付时，作为未来交付的抵押品而已。因此它跟那么多其他的东西，诸如单纯的诺言、票据、羊皮纸以及消费品本身，具有同样的职能，以至于它可以免掉这种角色的大部分作用，而人们却错误地设想这种角色是它所独有的。至于在这用途中所余下的作用，银钱也是可有可无的，当缔约者中某人没有足够的支付能力，从而人们不能信任他的诺言、票据或羊皮纸时，人们才需要银钱的作用。必须指出，为了使某地富足，就是说，为了充分享受，不仅仅是生活必需品，而且包括甚至头脑中为了生活乐趣所发明的一切，而银钱的多少是无所谓的。只有一条必不可少的条文，即：如果东西的贵贱无所谓，那么一切东西相互之间都应如此，这是绝对必要的；否则就会比例失调，造成贸易失调，这样就不再有财富了，或者不如说就更加贫困，而这正是今日法国的局面。一个在国王弗朗索瓦一世时年收入一千法郎的人，跟今天每年收入一万五千法郎的人一样富有，生活过得一样舒适和一样豪华，因为当时巴黎小麦每塞蒂[①]只要二十个苏，而今天在普通年成，却值十五六法郎，而根据印在法令中的估计，鞋的售价过去不超过五个苏，这我们在法令中可以看到。麦子只卖二十个苏的农民跟鞋子只卖五个苏的鞋匠都一样有利可图，因为这些价格互成比例。——但是如果像今天这样，麦子卖十五法郎，而鞋子卖五个苏的话，鞋匠就

① 古代容量单位，随不同地方和称量的东西而不同。巴黎每塞蒂为十二斗麦子(即一百五十六升，或一点五六百升)，二十四斗小麦(三百一十二升)，十六斗盐(二百零八升)。量液体时，每塞蒂为八品脱(约七点五升)。——译者

要饿死了；反过来，如果麦子卖二十个苏，而农夫或他的主人却不得不花四法郎去买鞋子的话，那么农夫就要倾家荡产了。

因此，整个财富是按比例产生的，因为只有靠比例的办法才有交换，从而使贸易得以进行：两顿一样精美的饭食，却因为一顿很贵，另一顿便宜得多，便以不同态度对待，硬把花钱多的饭说成会给人以更高度的幸福，这是很可笑的。而正是由于打乱了这种平衡，自从1660年以来隐而不现的十五亿年金便消失了。因为这种存在于两个纯粹只是彼此贸易的商人之间的公平关系，如今必须扩大到法国今天所拥有的两百多种行业，而这些行业由于只有靠着这种公平关系才得以存在与维持下去，故维护这种关系对他们全都有彼此息息相关的利益，因此这种关系不应受到任何破坏，就是说，最贫苦的工人不应亏本地出售，否则，他的破产，就会像传染性的酵母那样，立即就会腐蚀整个团体。这一点必须不仅仅在个人与个人间，而且也在地方与地方、省份与省份、王国与王国，乃至于这一年与那一年之间进行，互相帮助，彼此提供自己多余的东西，以换回缺少之物。——但是由于心灵可怕地堕落，尽管本应通过维护这种和谐来期待自己的幸福，但却没有一个人不是从早到晚处心积虑并竭尽全力来破坏它。没有一个工人不竭力企图将其商品以三倍于其价值的价钱出售，而以低于成本三倍的价钱得到其邻人的商品。——只是靠着刀尖的力量，才得以在这些情况下维持着公道，然而这却正是自然或神明所曾负责处理之事。而正像自然或神明给弱小的动物准备了隐蔽所和护身术以便不至于全部都成为强大有力而且生来便有坚齿利爪、靠食肉为生的动物的猎获物那样，在生活的贸易中，自然或神明建立了这样一种秩序，

只要听任自然安排，强者在购买穷人的东西时就无法阻止这种出售会给穷人提供生计；这便维持了富足，而他们各自符合其身份的生活是靠着这种富足才得以获得的。我们说过，只要听任自然安排，这就是听其自然，任何人参与这种贸易只是为了在贸易中给所有人以保护而阻止发生暴力行为。——然而，人们却与此背道而驰；无论什么手段，不管多么骇人听闻，人们都认为不仅完全合法，而且甚至誉之为破坏这种和谐的最巧妙的政策，他们通过拥护者，向所有的食品逐一进攻或者大加摧残。当人们摧毁了一种财富，使企业主无事可做（他们却借口是为了替国王收敛钱财才引起这种破坏的，受尽管国王容不了这种破坏所带来的百分之一的损害），于是，人们便把同样的办法转用于尚未消灭的其他种类的财富上去，这却一直使大臣先生们惊奇不已；结果，谁对国家，因此也就是谁对国王破坏最大，谁便是事情办得最好。

随着这种交易而带来的巨大利益，使人们获得了与最高层的保护者分享的办法，但直至 1661 年以前，人们满以为同样可以加以欺骗的这些保护者，却正是宰相大人们，这一点我们以后将作说明[①]。为了这巨大的利益，人们绞尽脑汁来维持和增加这种手段，并同时阻止人民可能对此提出的各种挽救办法和采取的各种抵制措施。自从这个时期以来，虽然这些手段已六倍于过去，虽然连从来都是神圣的不动产[②]也被吞没，但人们却一直认为这仍然只不

---

① 为对这一段有透彻的了解，参阅第七章。——德尔

② 这些神圣的不动产似乎指的是司法、财政官员的职务、终身官职，为这些职务、终身官职而向国王缴纳的年税，构成了非物质的财富，而布阿吉尔贝尔经常把这些职务、终身官职等同于遗产、地产。——德尔

过偶一为之的意外之举。此外，如下之事已是众所周知而不至于被视为诬陷不实之词或者遭到怀疑，那就是：十五亿年金一直被吞噬，土地荒芜，王国一半以上的葡萄被拔掉，与此同时，四分之三的人民只喝清水，这就断送了有关者对如此确凿的事实予以竭力否认的伟大使命，而这些事实正是他们自己一手造成的。事情正是如此。

问题就在于，由于使用包税人之故，人们对达依税的分配过于漠不关心，而对小麦和酒类的贸易却过于留意，然而对小麦和酒类的管理本应完全像其他各地那样绝对听其自然的。——应当对这三种原因作一简短的阐述，这样人们便会看到，我们这样认为不是没有理由的，因为在法国所造成的破坏，比起最强大的敌人，甚至比一切天灾在其最为猖獗之时的荼毒都更为严重，这些手段所造成的破坏，自从1660年以来，由于绵延日久而重新扩展蔓延，因此在这些反映着上天震怒的异常征兆中，这就可能显得更为强烈了。

第　五　章

消费是任何财富的要素。——关于达依税。——这种税收的三个弊病，以及由于这些弊病所引起的灾害。——对小麦制度的考察。——农民的贫困引起社会所有其他成员的破产。——不仅个人与个人、同一国家中省份与省份，甚至国家与国家之间彼此利益必然息息相关。——伪善者与包税人的联盟

以达依税开始——对此我们将只略为述及，因为在题为《法国

详情》的书中已谈了很多,想全面了解对达依税之剖析者,可以参阅该书,而我们下面所触及的内容,只是该书之撮要而已——在未述及之前,有一点应当注意,这一点对这一问题以及其他两个问题均同样适用。

世上不论是君主,还是其臣民的一切收入,或者不如说世上的一切财富,只是由消费所组成;地上最美味的果实和最珍贵的食物一旦未被消费,则只是粪便而已。这样就形成了下列情况:在无人居住的最肥沃的地区,由于人口稀少而没有种植,于是这些地区对其君主来说几乎完全无用。然而,即使这些地方布满了臣民,他们可以开发自然的赐予,如果他们必须什么也不消费,如果他们甚至沦于不可能消费的境地,那么这个地方也好,君主也好,都不会比空无一人,或者人烟稀少的情况更富裕些。于是土地就变得犹如一片牧场,它本可以获得最大收益,但由于置于其中的牲畜迫于这种强暴行为而不能吃草,结果,这片牧场就不能给其主人带来任何收入,这样就完全破坏了牧场,因而使牲畜的主人彻底破产,因为这些牲畜不但没有长膘,相反由于这种不可抗拒的力量而饿死了。

这便是达依税在其肆虐的省份,即在王国的几乎四分之三地方的缩影,各处皆然,根本没有丝毫区别。而这一点则是由与之俱来而又须臾不离的三种情况所造成:第一,对各个乡区和所有人按人头稽征的达依税率的变化无常;第二,达依税分配不公,不是根据纳税者的财产来规定高额税收以及采取强硬手段——这正是设置达依税的精神,世上所有国家,甚至最野蛮、最粗野的国家均是如此——,而是仅仅考虑某个人为使自己或佃户免征达依税所可能具有的自卫力量的大小和地位的高低而定的;第三,由于分配不

合理，达依税的征收最终大部分落到承担这一倒霉征收的人头上使之遭受损失，但由于每个人都会轮到，这种征收办法使所有的人遭厄运，结果全都彻底破产。

现对每一条再加叙述，以说明再没有比这些更严重地破坏了消费：首先，达依税税率变化无常——打击便由此开始——使所有受到打击的人不得不放弃各种消费，甚至不进行任何会声张出去的贸易：只有最普通的面包和水才能使一个人安全地活下去，要是他的邻人看到他买了一块肉或是一件新衣，那他就要成为其邻人的牺牲品了；如果他偶尔有一点钱，他就必须把钱藏起来，因为只要别人稍微听到风声，那这个人就完蛋了。由于达依税的第二条：分配不公，有大笔进款的人，一利弗尔的收入连一个利亚尔的税也不交，而一个只靠双手劳动来养活自己及其全家的不幸者，承担的税率却超过了他所有的现款，以至于在卖出了寥寥无几的几件动产，诸如草垫、被子以及只适于从事体力劳动的工具之后，还要出售房子的门、过梁和桁架，而这种情况却是极其自然，极及普通的。这样，国王即使把几乎免税的地产都用来缴纳六倍于他应交的达依税，而使那个不幸者完全免税，但这个所谓的享有特权者所遭到的损失却更为严重得多。如上所述，一切土地收益的多寡，只是与土地上生长的果实之消费量的大小成比例的；那些可以进行消费的人，由于受这些手段之害而无法消费，结果这些果实便白白损失，而土地的主人便不能从这些果实中取得耕种土地的费用。我们只要看看那无数属于最尊贵的人的大地产，便可说明这一点而不怕遭受任何驳斥。我们将会发现，自从 1660 年以来，由于完全忽视达依税的公平分配，不重申、也不要求执行那些专门谆谆要求

始终注意公平分配达依税的法令，这些大地产的达依税就减少了。我们会看到，这些田地平均减少了一半，有的减少得还要多，以便作为其他田地的差额，从而使整个达依税保持同样水平，于是人们要指责达依税总额过大就不对了，因为这些田地从来都几乎分文不交的。如果这些田地都摊上一份公平的税额，以减轻穷人的负担，那么这将是对这些田地主人的极大效劳，因为这样一来，这些地产破产的原因一旦消除，地产便立即恢复其原有的价值。对《法国详情》有所了解的人都同意这一点。但是他们同时也指出，此事应普遍如此，即使可能做到对某次的特别合理，也只能引起缴款的增加，而并无任何特别实益。——最后达依税的征收办法是把过高的税率压在已经不堪重负的老百姓头上，在某种意义上说即要他们充当一部分从来不可能收齐的税款的纳税担保人，这种征收办法使老百姓彻底破产，并使他们极端懊丧，或者不如说绝望之极。且不谈投入监牢者的数目如此庞大，以至于无数达依税的收税者关在牢房里的日子比待在自己家里的天数还要多，光是由于丧失了时间——这便是他们的全部收入，也就是国王和王国的收入——便彻底毁灭了消费。这种混乱使法国每年损失五亿多，夺走了那么多不幸者的生命，他们缺吃缺救济，以及由于达依税的这种卓绝的管理办法，使房屋大部分被摧毁，以致他们无藏身之地以御风寒，结果损坏了健康，疾病缠身而死去。然而，必须指出，不管这种混乱多么严重，多么可怕，却可以通过半小时的工作和十五天的执行加以制止，因为这只需国王和大臣先生们简单地表示一下愿望即可。这一点，我们在补救办法的那一章中将进一步专门作更详尽的解释。

现在必须转而阐述破坏年收入十五亿的第二个原因——麦子。对此,应回顾我们前已提及的,即:财富不是别的,而只是一种完全收益权;它不仅完全拥有生活的一切必需品,而且拥有构成欢乐与豪华的一切东西,为此,它就必须跟今天组成文明和富足的国家之两百多种职业发生关系。这样,所有这两百个行业必须彼此不断进行贸易,互通有无以相互帮助,这不仅发生在个人与个人之间,而且甚至在地方与地方、王国与王国之间;否则,一方毁于某种消费品的过剩或过缺,而另一方或另一地方却由于完全相反的情况而沦于同样的灾难之中。正是这种脱节形成了普遍的灾难,倘若相互间能进行交易,那么就会使两个极其严重的缺陷变为两种极为完美之情景。

还有一点必须注意,即:这种贸易或者这种交换,不管是通过金钱为渠道,还是物物交换,尽管如此必需而又有益,但是如果对于双方,即卖者和买者,不都是有利可图的话,这种混乱还将永远持续下去;而企图反其道而行者,则将不但害人,亦将害己。如果第一个农夫只跟某个牧民一人进行贸易,而他又不想给牧民足够的小麦以维生,却要牧民用兽皮做成的全部必要的衣服,这样,他不仅会饿死那个牧民,而他自己以后也会冻死,因为他毁灭了唯一制作如此迫切需要物——衣服的工人。然而,这种当时存在于两人之间的不可须臾或缺的和谐,在今日组成法国的支柱的两百多种行业之间也同样必不可少。在所有的职业中,单独某个职业的利弊,与所有其他职业都是息息相关的,就好比人体中某一部位稍感不适就会立即袭及其他部位,如果不立即治疗,随后就会丧生一样。

这两百种职业中，某个职业所发生的破坏，在开始时并不像世界上最早仅有的两个工人之间所可能发生的那么明显，但是，日久天长，情况明显恶化，于是便产生了与当初同样的后果。所以，卖者只不过是买者的代理人，就如买者是由于卖者才有能力进行购买一样。因此，卖者就必须得到跟第一个买者同样多的消费品，不管是直接地还是借助金钱、通过较长时间的流通而进行的，都必须按照上述的条件：所有在这一舞台上扮演角色的人，即世上所有的人都应有永久的实利。

我们说这些开场白，是因为违反这条有关小麦的规则的结果，致使法国自从1660年以来损失了约三四亿的年收入。由于这一食品带动了对它可以说是亦步亦趋的其他的食品，在小麦问题上所遇到的失误不能不付出代价，并随即波及所有的职业，使它们立遭灭顶之灾。

如果农民——他们是各个职业的经纪人，以使这些职业得以存在——以跟这两百个行业的劳动价值不成比例的价格，过于昂贵地出售小麦，那便会产生饥馑而使无数人死亡，这种情况我们已屡见不鲜；而反过来，如果像今天这样，小麦价格过低，不仅不能向地主缴租，而且甚至无法补偿耕种费用，切断了使这天赐的食物到达工人之手的必要渠道，因为工人们没有别的收入，只有靠他们的双手，于是，东家也受到影响，因为人们无法向他付钱。于是所有这两百种职业都身无分文；他们的劳动对他们来说已成为白费气力，就像谷物对这个农夫来说是得不偿失一样，以至于农夫不但无法向地主缴租，而且甚至不能继续耕种土地，结果使许多土地荒芜，对最好的土地也不加施肥，甚至把谷物随便滥用，如用作为牲

口的尤其是马的饲料，作为加工原料，做成啤酒和淀粉；这样，一遇到荒歉年成，必然粮价奇昂：于是截然相反的两个极端使这两百种职业都领略了同样的灾难，而如果无根据的狂热没有造成谷贱伤农这种祸害的话（仅此一举便会产生另一极端，即价格奇昂），那么，正如我们业已指出的，这两种混乱现象的克服便可以从这一灾难中产生出两个巨大好处了。补救的办法轻而易举，而且掌握在大臣先生们的手中。然而，由于缺乏明见，使人们陷于这种混乱之中，而对于这种混乱，即使最粗略，最不完善的了解，也只有通过耕作的实践才能获得，因此这就远非自从1660年以来参与这一领导的那些人所能理解。他们认为这种玛哪[1]就跟上帝送到沙漠中赐给以色列人的那样，或者至多只不过像蘑菇，或者像块菰那样，可以不费分文地去领取和运来；这种丰足的食物给农民以纯利，不管价钱多么低，农民只不过少赚些钱而已，而绝不会**亏本**[2]；因此就必须靠高级的权力机关来防止穷人成为农夫的贪婪本性的牺牲品。然而正是这权力机关损害了所有的人，因为不管是由于谷物昂贵或是低贱这两种极端中任何一种，都使得富人和穷人一样破产，一种极端曾经产生了另一种极端，而且甚至一直是互为因果的，这一点，在本书最后的那一章中将更专门地叙述。

这样，因达依税的混乱和麦价的失调这两点而付出的代价占

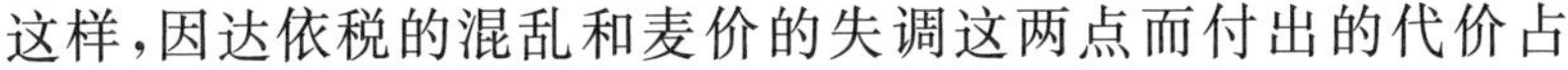

① 玛哪是《圣经》中上帝赐予沙漠中的希伯来人的食物。——译者

② 正是法律本身证明了这种说法并非夸张。接近1664年时，柯尔贝尔完成了对某些省份的土地的测定与估价，然而所采用的办法是如贻害无穷，结果对许多土地所课征的捐税超过了土地的产品。地主要把这些土地荒芜掉；但这时颁布了一条法令禁止他们这样做，除非他们放弃他们所占有的其他土地。——德尔

了王国自从 1660 年以来所损失的十五亿中的一半，但是这种损失易于弥补，因为这并不是出于某种私人利益的结果，而仅仅是在一种情况下由于未加注意，而在另一种情况下，即谷物问题上，由于过分注意所造成。只要像其他各地一样，听任自然的安排，那么作为这个自然的代理人的自由便一定会给予有利的补偿，从而在这两个巨大的灾难中产生出一种极大的利益。十五亿消耗中余下约八亿纯粹是由普通税和特别税的包税者所造成。不过，虽然从自然方面来说，恢复常态十分容易，但对那些维护这种不管多么使人厌恶的祸害的当事人来说，却困难得多，就像人体的疾病一样，由于要害部位得病，因而更为危险。

厕身于商人之列，接受其贿赂，在以前，这是一种罪行，如今却是一件如此公开之事，以至于谁也不再加以隐讳。三十年前，虽然有位博学的神学家曾发表文章声称，充当征税官便有堕入地狱的危险，但从那时起，事情已发生如此巨大的变化，竟连今日最洁身自好的人也不仅毫无顾忌地从事这一行业，而且甚至公开加以承认。

显然，他们对王公通过这种途径所获的收入给国王和王国所造成的祸患茫然无知，因而他们一直心安理得。如果他们知道，由于类似这样的手段，君主却连一个苏都收不到，而人民由于消费凋零，结果倾家荡产，从而二十个苏中便有十九个苏纯粹损失掉，无数穷人因缺乏生活必需品而死亡的话，他们就不会这样安之若素了。

让我们来看看一个荒废的地区吧！如我们前已提及的曼特稽征区，同样可以证明王国其他地方的情况，因为是由一个普遍的原因所造成的。该稽征区光是葡萄便损失了二百四十万利弗尔。影响所及，地产财富和工业财富方面，每年损失一千万；如果我们询问乳臭未干的小孩其故安在，他们都会学着父母的说法，毫不犹豫地说，这是包税者造成的。然而，由于这些先生们具有上层保护，他们善于谋得上层保护，使得人民对他们如此尊敬，所以虽然在两小时内可以恢复五千万的收入，而他们在破坏这笔财富时(甚至数目要多得多)，却起了如此巨大的作用，但是由于他们所交的捐税，由于停止他们的职务而需付出的钱额，结果人们却不愿辞退他们中的任何一个，也没动他们一根头发。根据德·絮利[①]先生跟亨利四世所说的，仿佛他们都是国家最需要的上流社会的精英，而根本不是其最大的敌人似的。尽管这样，我们还必须指出(下一章将作说明)，由于这种错误，人们安置了这些人，并把他们维持到1660年，从这时起，他们的人数增加到四倍、六倍，不过这对大臣先生们来说，只是一种意外，他们完全出于好意，尽管灾难是他们的前任们的罪过所造成，但是随着他们人数的增加、职权的扩大，灾难也同样加重。

第　六　章

捐税名目不宜繁多，捐税的收入尽可能直接由纳税者上缴国库，此乃君主与人民的共同利益。——罗马帝国、土耳其、莫卧儿帝国、荷

① 马克西米利安·德·贝蒂纳·絮利公爵(1559—1641年)，亨利四世时的财政大臣。——译者

兰、英国的税收制度。——法国自1660年以来有一万种赋税，一万个税务法官，十万人雇来征收公共收入。——直至弗朗索瓦一世前，君主国的财政制度。——弗朗索瓦一世统治期的情景。——弗朗索瓦一世的收入与路易十四的收入的比较

最为富有的君主和负担最轻的人民是这样形成的：即在其国内，税收直接由纳税者交给君主，贡税的种类最少因而用来收税的人也最少；或者不如说，世界上所有新老国家，从来都只有这样的税收方式，同样，直至弗朗索瓦一世朝代，法国也是如此。

罗马人并没有一旦征服一个国家就向该国强制规定一种捐税。这是什么税？或者是一笔灶火费，即按烟囱交款，或者是按收入的十分之一，由一些税务官或会计官征收，除了规定给从事收税者的薪水之外，没有其他费用。这种烟囱税和什一税曾经长期是法国和并入法国的其他省的唯一的捐税；英国至今仍是如此，如果不单单使君主和人民富有的话，那么法国也会继续下去的。这样，丝毫不妨碍贸易，对人民的买卖丝毫不带来任何麻烦，因此，没有为此而设置法官、发布法令。对此，在所有作家留下的有关世界的这些主人的历史中，我们都找不到丝毫痕迹。奥托曼王朝的君主今天统治着几乎四面都同样长达一千二百法里的面积。由七十名分散在组成这个帝国的各地区的税务官负责整个收税事宜，每三个月向驻首都的总税务官报一次账，然后总税务官向大臣们作出报告，而这在双方的整个时间中，每个星期都花不到一个小时以上或两个小时。这个大帝国的一切赋税只有两类，即：从哺乳婴儿至最老的人都应缴纳的轻微的人头

税，以及主要对君主各城邦输出和输入所征收的关税。有规定的比率为：百分之三，百分之五，或者最高为百分之十：因此不需要任何法官，任何法令，因为这方面没有任何官司发生，就像跟罗马帝国，或者不如说跟世上一切国家一样。——莫卧儿帝国有六千八百万的收入，以同样的方式管理，这使我们对此有着透彻的了解。必须指出，这个关税是根据一份两行字的租约以六千八百万包出，租约载明一切输出和输入的东西，按十分之一纳税，付现银或缴实物，随商人选择，这样也不需要为了捐税而设置法官和发布法令，因为不会有诉讼产生。——我们知道英国人是世上最不会迎合人意的人，但是目前在英国，人民安静地把所有收入的五分之一缴税，其税率由每个教会堂区的居民制订，由牧师或本堂神甫收款，他们把收到的全部钱款交到税务局，不需要费用，也没引起官司。但是，这个人民，他们如此热爱自己的自由，却心甘情愿地承担这么高的税，这并非因为别人企图侵略他们的国家而要加以保卫，而是纯粹出于对世上首屈一指的君主的光荣之嫉妒和羡慕，因为上天慷慨地降福于他以及他的王族。——在荷兰，由于一场目的相同的战争，人民的赋税达到收入的三分之一。然而，荷兰跟英国一样，虽然这两个国家远不像法国那样得天独厚，但却没有任何穷人，就是说，在这里，无论谁都没有以乞求施舍为业，任何人，不管多么穷，都没有沦到吃面包喝清水的地步，相反都有肉和酒，或者与此相当的食物，穿着毛料衣服和皮鞋，因为那里根本没有木鞋。

然而，这种在英国，占全部收入的五分之一，在荷兰，占全部收入的三分之一的捐税，索取和征收起来，不但没有官司和拷问，相

反，甚至毋需强制催款书[①]强制执行，也不必囚禁入狱。虽然这两个国家这样重的捐税各自达到每年一亿多，也就是说，根据这两个国家自然财富与法国的自然财富的不同，相当于法国的三亿多。然而，只要法国过去是采用跟英国、荷兰相同的方针来治理，即把捐税的数目减少到三四种，分配公平，并由人民直接交给君主，那么它所曾经缴纳的税款也就是这么多的。

但愿这番话不会使人们惊奇和震怒；我们在谈到弗朗索瓦一世的朝政时将提出证据，并加以核实。但是不妨稍为提前说句话，那么我们说，在只有三四种赋税，至多只有一百或一百二十个由君主付给薪水的人来收税，因为没有官司，所以不需要法官，没有荒芜的土地，没有任何消费品会使商人亏本的条件下，上述这种情况是极易设想出来的。而不像今天这样，赋税的名目不下一万种，光是司法行政部门方面便有一百五十多种，全都是1660年以来设立的；同样，至少有一万名法官，其作用完全在于断狱判案，而这些官司是与这些收税手段不可分的；还有十万人用来收税和由于收税而引起的诉究。他们几乎全都自己给自己以报酬，其慷慨大方是人所共知的，就是说，最末流的人认为自己可以合法地为所欲为，而且通常可以挣下一笔富甲君主的财产。这一切且不谈生存在这

① “强制催款书”(contrainte)系向欠税者催促缴税和在必要时进行诉究的命令。纳税者在当月一号未能缴清上月到期税款的十二分之一时，便应受到诉究。提出诉究前，应向欠税者发出一份免费警告书，而在八天后开始执行。诉究系根据税务官发出的、并经专区区长签署的强制催款书进行的。催款书一式二份，一份交收税员，一份交执行员。这种强制催款书用于直接税方面。对欠交间接税者，也可使用强制催款书，它由税务官发出，并经设有税务所的区治安法官签署。根据这种催款书，可以实行支付扣押、动产扣押、冻结抵押权登记、强制剥夺所有权等等。——译者

样一些商业主底下的微贱者，而如上所述，就是这些承包商，他们在二十份中就吞并了十九份，而只把第二十份交给国王，就在这一份中，人们还要付给他们规定的先取权益，因此，王国的一半以上的收入对君主及其人民都毫无实益。我们千万不要忘掉曼特的葡萄，因为这正是用来衡量整个王国的灾难的尺度。然而那些对此说法反感的人，除了哑口无言之外，别无良策；否则，他们仅仅由于表示出单纯的惊奇也会引起人们极大怀疑，怀疑他们对这样一种混乱没有起到推波助澜的作用。

但是，还是再回到法国在一千一百年中的管理和统治情况上来，我们可以肯定，从立国直至1547年弗朗索瓦一世逝世为止，法国的治理方式是跟英国和荷兰，或者不如说是跟世上一切国家相同的。国王靠着他们自己的领地而豪华地生活和生存，除非遇到诸如可能发生战争这样的非常情况，才需要他的臣民通过上述的什一税或烟囱税的办法给以一切必要的援助。——但是，教会以人们相当熟悉的惊人手段，拿走了这些领地的一大部分（根据热尔松[①]的说法，这使教会彻底堕落），因为当时人们是如此噩噩无知，以至于除了把自己的土地和财产献给教会之外，就几乎不知道还有别的表示虔诚的举动，结果我们看到，当人们把一部分田地财产给予他的牧师之时，教会通过从合法占有者手中偷走或以武力抢走这些田地财产而给予垂死者以赦免。这些事实已经得到一些原文著作的证实。除此之外，著名的作者梅泽雷[②]一再提到此事，而

① 让·夏尔利埃（1362—1428年），巴黎大学训导长，神学家。——译者

② 弗朗索瓦·欧德·德·梅泽雷（1610—1683年），法国历史学家。——译者

且介绍了一些更为可怕的情况，所以我们相信，对此略述几句也丝毫不是离奇之事，以便迫使人们对教会以永久管业之名义，每天在鼓掌声中所取得的财产加以注意。因为在所有其他基督教国家均已禁止这种做法，荷兰君主在登基时都要发誓，在其在位期间。不让教会取得任何财产；而威尼斯共和国从前则认为它有能力并应该为此跟罗马进行一场战争，直至被开除出教。

对于教会占有土地的这种行为，瑞典曾在前几世纪就驱逐了天主教会，以便收回王国所有被教会强占的财产，并把它们并之于国王的领地，从而今天它们成为国王几乎唯一的支持力量。而教会的这些行径却迫使法国国王们首先对人民课以达依税，达依税由人民自己收款，丝毫不通过外人之手，它并非永久性的，而是视情况需要而开征，并根据情况的不同而决定税额的大小。——然后除了达依税外，在免税的城市开征间接税，以代替达依税：间接税也是由人民自己收款，几乎纯粹向小酒店征收，所有贵族和享有特权者均豁免，当时没有任何输入税和过境税，仅仅对输出王国以外的商品收某些税，这是各国都实行的。——接着开征加贝尔税或盐税，就是说，国王从制盐商那里买下全部这种食品，然后在产粮的地方出售，并强令人民不得到其他地方购买；尽管价格非常低廉，比今天便宜四分之三，但按当时一切东西定价的比例，与盐税价格相比较则君主从中所获利却比今天多得多。

于是全部收入只限于这四种，几乎丝毫不靠外人，而完全靠人民亲手管理。当时既没有财政大臣，也没有财政会议。巴黎间接税法庭只有四个官员；法国司库官员只有两名，而稽征区也只有两名官员。他们与其说是领导者，不如说是审理官司的法官，而官司却是绝不会发生的。

而君主的财政大臣除了分配税额外，没有其他职责，跟收税不发生任何关系。不像如今，即使他们一天的时间比其他人长出五倍，而且尽管他们每天还为此召集和任用了大量其他的人，他们要做好这后一项工作，连一半所需的时间都不够；而他们当时不但没有像今天这样承受沉重的负担而几乎被压垮，相反，不管他们是为此而待在王国里，还是在离开王国二三百法里的地方都无所谓。君主捐税的征收因为纯粹是人民的事，并没有因此而耽误片刻，国王查理八世的头两个财政大臣布里索纳和德韦尔便是证明，他们可以陪同这位君主二十二个月去征服那不勒斯王国，而收税的工作却没有遇到任何麻烦。当时的税收就是这样管理的，即对治理国家的人们来说，没有为收款而设置任何职位和工作。

现在必须看看这种情况的结果是什么，以及由于从那时起，在法国，事情确实起了彻头彻尾的变化，我们是否可以不悖常理地坚称，这种情况不管就君主所收到的税款的多少，还是就人民向君主缴纳税金和提供其生活必需品是否方便来说，不管是在平常还是像法国今天这样的重要时期，都是为了王国的利益。——国王弗朗索瓦一世是这种幸福的局面未遭损坏的最后一个朝代，当时就像我们已经说过的，捐税只有三四种，而不是像今天这样的一万种；只有人民管理捐税，而没有任何外人插手，尤其是更没有把职务分摊给十万多个今天拥有这一官职的人，这些人满怀希望，效法他们的同僚的榜样，通过毁灭商业和耕作来从中大发其财（且不说通过使国王及其人民破产，虽然这是一回事）。弗朗索瓦虽然拥有的城邦比今天在位的伟大君主还少五分之一，但却在其王国中征收得一千六百万的固定税款，并把这笔钱平平静静地传给他的继承者。这一点在絮利先生业已出版的回忆录中可以看到，他曾经看到那时代的人，并与他们共同生活过。然而我们一直认为，这个时代的一千六百万是在两亿四千万的基础上向国王弗朗索瓦提供的，这样，如果他拥有以后并入法国的土地，那么他年收入就会有三亿，而对任何方面都毫无影响。——请人们在说此事荒谬可笑时应当再次小心谨慎一些：此事的全部内容都是真实无讹的，而下面谈到的事将使那些由于在人们所采取的手段中具有利害关系和起到作用因而更不乐意承认的人也将同意这一点。在弗朗索瓦一世时期，人民所缴纳的款值今天的两亿四千万，因为要提供一千六百万的款子，他们必须使粮食的出售量等于今天所需缴纳的二亿四千万的税款；而国王拥有两亿四千万的收入，因为那些分享国王这笔钱财的人，可以获得相当于今天两亿四千万的必需品。当时任何东西的价格都只是今天的十五分之一。为了承认这一点，只要看看当时印刷的治安法令便行了；我们会看到麦子每巴黎制塞蒂价值 20 个苏；而三十年来，虽然分配得很不准确，因为有时贵一倍，有时便宜一倍，但平均应当是，甚至已经达到每塞蒂十五六法郎，虽然这根本不是偶然的结果，而是盲目的狂热和未被人们了解的恻隐之心所造成，但这却是法国贫穷的主要原因之一。由于这易于纠正，因此在目前情况下，这将是提供八千万的主要来源。

但是，为了回到国王弗朗索瓦一世的一千六百万等于今天的两亿四千万这问题上来，我们坚认，如果说这并不是毫无差别的一回事的话，那么这就是认为，因为国王圣路易[①]把女儿嫁给卡斯提尔[②]国王时，只给她六千利弗尔，所以他并不比今天巴黎的一个中等的小店老板更富有，因为这个老板给从事同一行业的女婿的钱，往往比这个数目还要多。同样，我们也要说，一个泥瓦匠师傅，三百年前在巴黎，根据当时的账簿，一天挣四个德尼；如果这四个德尼买不到今天三十个苏的食物的话，那么他每天起早睡晚，费尽辛苦，只能换来不到半斤的面包，因为这连一顿中饭都不够，那么其他两顿，他和他全家都得去要饭了。有一些人企图坚持认为，国王弗朗索瓦一世作为定规收入的一千六百万跟今天的两亿四千万，不管从原因还是从结果上来看都不相等，对于这种人的荒谬可笑，我们不去多说了。但是为了说明他统治的结果及其依赖性均与这样一种财力相适应，我们只要放眼看看他那时代所发生之事便行了。

无人不知，几乎在他整个在位期间，即在三十多年中[③]，为保卫其王国，他必须反对的正是那些今日密谋毁灭法国的国家。我们还知道，这些民族不是像如今这样听命于各个君主，而是仅仅服从着一两个头戴王冠的人，即查理五世[④]皇帝及其兄弟、匈牙利国王斐迪南[⑤]；英国经常与他们一伙，教皇和威尼斯人也是如此；乃至

① 路易九世，法国国王(1226—1270年)。——译者

② 古西班牙的国王。——译者

③ 弗朗索瓦一世1515年登基，1547年3月31日去世。——译者

④ 查理五世(1500—1588年)，1516—1556年为西班牙国王，1519—1556年为神圣罗马帝国皇帝，拥有西班牙、意大利、德意志、尼德兰及美洲西班牙殖民地。——译者

⑤ 查理五世的弟弟(1503—1564年)，1556—1564年为神圣罗马帝国皇帝。——译者

于瑞士人也向他宣战，但他对这个极其孔武善战的民族却取得了任何君主所从未取得的空前的最大胜利。尽管这一切情况，他不仅没有丧失一寸土地，还大大增加了他的领地，尤其在意大利更是如此。而且甚至可以说，要不是敌人们不仅贿赂了他的大公们、他的主要官员，甚至收买了他的枢密院的话，那么他便会占领敌人的所有地方，因为他们明火执仗打不过他；然而仅仅由于这种贿赂，使他在帕维亚战役失去了自由，丢失了米兰公国、那不勒斯王国，甚至丢失了帝国。然而尽管要与如此众多的敌人作战，他并没有因此而削减掉他的其他的消费。在他以前，从来没有一个君主更加豪华的了，这不仅从他购买贵重的家具就能看出，因为他光是一条地毯就花了两万二千埃居[①]，约等于今天的一百万，他的对手查理五世虽然想要，而且还有像商人弗拉曼这样的臣民，但却买不起：而且从他建造富丽堂皇的宫殿来看，也可证明。此外，他在他的王国中，甚至在欧洲，复兴了文学，他花了大笔费用请来了各种学问的一切能人，并以优厚的津贴供养他们。由于当时印刷术刚刚开始采用，最优秀、最出众的作家的著作均是手抄本，而以往年代的愚昧无知使法国很少这些著作，所以他不得不以惊人的花费，派人到勒旺[②]最偏僻的地区去寻找，并把这些往往价值连城的手抄本买下来。

尽管有那么多战争，而在这些战争中他又往往遭到惨败，但这并没有使他钱囊枯竭，使他的王国一文莫名，相反，在他去世前两年，他装备了一支拥有两百艘船只的舰队，其中应有尽有，配备的

① 古代法国银币，每埃居一般值三利弗尔，也有值六利弗尔的。——译者

② 古泛指地中海东岸的国家和地区。——译者

人员与武器跟今天不相上下。他以这支舰队骚扰英国海岸，占领了亨利八世[①]统治下的威特岛[②]，亨利八世是曾经统治该岛的最富有、最强大以及最有威信和权威的君主，然而却不得不撤退，因为无法与这样多的船只进行对抗。诚然，军队远没有今天这么多，但是花费并不比今天少：每个精骑兵——精骑兵的数目比今天多得多——领取足够养活四个人和四匹马的饷，这些人马在战斗中都是他的助手；而一个步兵的饷银等于今天的四十多个苏。并不是愿意的人都能当上，人们还要进行挑选，而所有的精骑兵都有一个侍从或跟班；这在一个名叫布瓦旺的机要信使所发表的回忆录中可以看到，因为他把皮埃蒙战争的细节都记了下来。——而国王弗朗索瓦一世在1547年行将就木时，不但没有负债累累——他只欠很少的债——，相反还留下了四百万现钱，有的人甚至说留下了八百万；但即使照第一种说法，那么按今日的价格，这就合六千多万了[③]。

① 英国国王，1509—1547年在位，1513年战胜法国。——译者

② 英国英吉利海峡上的岛屿，381平方公里。——译者

③ 弗朗索瓦一世在国库中留下四百万现钱，这是很不可能的，但他给他的继承者留下偿付七万五千利弗尔的巴黎市政年金和其他形式的许多债务的负担，则是确实的。

弗朗索瓦一世发明了市政年金，而不是公债，因为絮利1604年制定的一个章程谈到1375年以前设立的一些年金，而弗朗索瓦一世的父亲路易十二就已经把领地抵押了六十万利弗尔。我们即将看到人们不会停留在这样宽广道路上止步不前的。

在亨利二世朝代，有三十种新立的年金，总共钱额为五十四万三千八百一十六利弗尔，因为银马克合十四利弗尔十苏。——在弗朗索瓦二世时，设立四种年金，总共八万三千利弗尔。——在查理九世时，有二十七种，总共一百七十九万四千利弗尔，银马克合十七利弗尔。——亨利四世时，据福博内所说，没有。——路易八世朝代，仅仅到1634年止，便有五种，总共一百五十万利弗尔。——但自从最后这一时期以来，人们已无法再加计算。而所有这些年金，之所以称为市政年金，因为市长和市政长官把这些年金整个买下，然后再零售出去，或者以另一种方式更加有利可图地把它们转让掉。这些年金跟专门与达依税或公共收入的其他某个方面有关的年金不是一回事。——德尔所有这些豪华生活以及所有这些花费是不是通过压榨人民和靠着强制催款书、强制执行和投入监牢的办法而获得的呢？完全不是；为了同意这种说法，只要听听他在弥留之际所说的话就行了。下面是由一个当代人所叙述的他给他的儿子和继承者亨利二世的遗言：

“我的孩子，你要知道，我留给你一个美丽的王国，在这个国土上充满了世界上最好的人民，他们对我从不拒绝，甚至总是迎合我的需要；但同时你应知道，我只是恰如其分地向他们提出要求，而且，自我记事以来，我从未侵犯过任何人。因为要知道，我的儿子，使敌人害怕的，并不是数量众多的士兵和强大的军队，而是凭着臣民对你的爱戴，当你到上帝面前接受审判时，——正如我即将前往一样，——因为我所做的事都是该做的，就是这一好处，但这对你便是一个极大的安慰了。”①

鉴于法国当时征收的钱款和所采取的方式，为了征收相当于今天的三亿的钱，这个遗嘱是一丝不差完全真实的。不管在取得的成功方面肯定会有多大的不同，比起今天收税的方式仍然优越

---

① 在阅读历史学家的著作时，难道人们不会说，每个行将就木的国王在他的病榻之前，都有一个速记员来记录他的临终遗言？而看到布阿吉尔贝尔援引——尽管他有杰出的理由这样做——弥留者的戏言（可以说，每个朝代的国王都重复这样的话）作为弗朗索瓦一世治政卓越的证明，岂非一件可悲之事？

相反，这位君主为作者对路易十四的朝政所谴责的一切弊端开辟了道路：他是第一个把所有公共职务大规模贩卖的人；他想出了清点存酒和检查酒窖；确立了对制造火药的垄断制度；提高了达依税；扩大关税和盐税的稽征；同时发明了带有国王签字的现金收据，或简单的票据，使得审计法院无法检查向人民征收的捐税的使用情况。另外，他开创了毋需高等法院同意便可设立新税的先例，对于这种擅权的行为，法官们所能作出的可笑的抵制，便是在敕令下端写上：对国王极其明确之命令业已审读、公布并登录在案这样一种无法阻止税收机关进行征税，人民奉命纳税和各个等级的廷臣靠人民的负担来过着花天酒地吃喝玩乐生活的公文用语而已。——德尔千百倍。——前者捐税的名目只有三四种，而后者则有一万多种，而之所以不更多些，那是因为再找不到人去巧立名目：是因为已没有什么东西可以破坏，因此没有什么油水可捞。从前，从一个省份到另一个省份，甚至从王国的一端到另一端，任何东西都可以直接地畅通无阻；而如今，货物从毗邻的一个地区运到附近另一地区，就要缴百分之三百至四百的税，甚至要丧失全部商品，这正是一种连最野蛮的国家也从来不会向他们最仇恨的敌人索取的贡款；还不谈那无数的税务所，这又使灾祸增加了一倍和两倍。阿尔及尔和摩洛哥的海盗抢走了一条基督徒的船只后，要船主用该船价值三分之一的代价赎回，为了不使其破产，以便有可能的话再次把它抢走；但是在法国，一个包税者，只要自己发财，所有的人在他身后全都死光，他也几乎在所不惜。——在弗朗索瓦一世朝代，只有人民从事收税，而且不需要什么费用；而如今，却有十多万人靠此维生，发财致富，即损国王和人民而自肥。然而他们为其生计所攫取的东西，比起他们对财富的破坏，其危害程度还要轻十八倍，因为他们从来都不会拿走……①八亿多，这是仅仅由于他们的插手而造成的破坏，而其中的五百多，只要人们愿意睁开眼睛看看这种管理状况，便可以在顷刻之间挽回过来的；而且，为了不引起人们的反对，我们再次重申我们已经说过的话，即，我们连一个普通的承包商也不辞退，我们跟他们商议仅仅采取某些缓和措施，而且还要得到他们的同意。

① 此处原文有删节而无法补上。显然，八亿多这个词不可能是前面动词的宾语，而该动词的宾语肯定是某种估计，而被排字工人遗漏了。——德尔

在下一章中，我们将看到弗朗索瓦一世朝代的这种顺利的局势如何逐步地开始衰落，并终于达到可以说像今天这种登峰造极的地步。只要了解祸患的原因，那么通过加以制止，便可以整个补救过来，因为从治民术来说，这两者是密不可分的，这就是说，要消除某一祸患，从来都只有制止祸根。有人曾经提出——其实大谬不然——关于这个问题的第一部著作的作者[①]虽然发现了混乱的本原，但没有找到补救办法，这是愚不可及的说法，因为有此就必定有彼，就像不可能有山岳而无峡谷一样。

第　七　章

自从弗朗索瓦一世以来，财政中如何发生了混乱现象。——预用和借款。——喀特琳·德·美弟奇[②]、意大利包税人和三级会议。——亨利三世[③]及其无度开支。——亨利四世[④]以及絮利公爵获得成功的无知。——玛丽·德·美弟奇[⑤]，以及意大利包税人的生财之道。——黎希留[⑥]使公共收入倍增。——路易十四未成年期：新的财政混乱。——阿默洛主席的高谈阔论和福盖财政总监的指责。——高等法院的权威是自从取消三级会议以来，对财务人员贪污行为的唯一障碍

① 即《法国详情》的作者，或布阿吉尔贝尔本人。——德尔

② 亨利二世之妻(1519—1589年)，出身于意大利美弟奇家族，在查理九世幼年时摄政。——译者

③ 法国国王(1551—1589年)，1574—1589年在位。——译者

④ 法国国王(1572—1610年)，1589—1610年在位。——译者

⑤ 亨利四世之妻(1573—1642年)，在亨利四世去世后由高等法院宣布为摄政。——译者

⑥ 红衣主教(1558—1642年)，路易十三的宰相。——译者

在谈到弗朗索瓦一世朝代及其历代先王之幸运局面遭到初步损害之前，我们不得不对君主收入的分配方式稍作叙述。

每年必定都有每年的开支，因为每笔资金都有其用途，对此人们绝不动用，而征税额或大或小，严格按国家的需要而定。一年的开支根本没有寅吃卯粮的情况，这种情况以后产生了可怕的混乱，因为这种寅吃卯粮往往不恰当地提前两三年把全部钱都花光，而当突然遇到意外的必不可少之需时，就得采用对君主及其人民都是灾难性的手段，例如重利借款以及其他更为令人懊恼的办法。——这便是最初的缺口，包税人就从这里穿堂入室来呈献他们可悲的帮助，这种帮助，犹如雪球，越滚越大，直至终于达到可以说像今天这样登峰造极的地步。——但是，如果一些强有力的大人物——下文将要谈到——不参与其间来分享这样一些承包商从国王及其人民的破产中所取得骇人听闻的赢利的话，这种情况也就可能不会发生了。

福盖先生在其为回答质询而向著名的法院的全体审查会印送的辩护书中证实了这一事实：从前从来没有把一年的开支算到另一年的账上。停止这种做法便会引起整个财政的混乱，由于已经建立起一个浑水摸鱼的政权，因而人们无法在漆黑一团中发现舞弊与诈骗。

在国王弗朗索瓦一世被囚期间，王室亲王们被充当人质，为赎回他们，其赎金估计达十二万金埃居[①]，合当时的四百万，即相当

① 巴伊先生说是二百万金埃居(《财政史》卷 I，第 222 页)。——德尔

于今天的五千多万。人们并没想到求助于包税人、征税官，更没有想到要采取由君主设立公债的办法，这办法跟人民自己给自己背上债务是一回事，因为这样一来，还本付息的担子同样都落在人民的头上的。然而今天有的人愚蠢到认为并非如此，因而对国王欠债根本满不在乎，以至于宁愿君主自己以可怕的子金或利息欠下一百万的债务，而不愿君主向每个老百姓要一个埃居；可是如果老百姓明白事理的话，一定完全反对自己借钱来归还所欠债务的过期未付款，或者用来充当自己日常的费用的，因为这样一来很快就会使他沦于乞求施舍的地步。但是，不管是国王，还是这个老百姓，这样的做法，其结果一样，尽管我们必须再次指出，谁对此都丝毫不加深思。——但是我们再回到王室亲王的赎款上来，由于在平常的收入中弄不到这笔巨额钱款，人民片刻也不犹豫地将每人收入的十分之一凑出来。于是在各省的所有代表按以往捐税所立的规格分摊了总数之后，各个地方，就是说每个城市或村庄自己进行分配、收钱和上缴。——在若干次其他情况下也采用了这种做法，而人们不只一次缴纳了这种什一税。在国王约翰[①]治下也是如此，这是世上一切国家的习俗，没有外国人参与，不依靠最高权力机关，也不付出任何费用。

但是，结束这些好办法的灾难性时代终于来到了，以便产生出那些使法国沦于目前境地的办法，而这种境地并非所有她的敌人造成的。她一直嘲笑着她的敌人，因为当她发挥出她的一切力量，

① 指约翰二世(1319—1364 年)，1350—1364 年在位。普瓦蒂埃战役中为英国黑王子所败，被俘。——译者

就是说当她没有被那些措施——对她造成的损害更甚于其最可怕的敌人——弄得软弱无力之时，单单她一个国家就比整个欧洲合在一起还要强大的。这一点可以通过两小时的工作做到，而且这也符合塔西陀[①]的看法，他在一千五百多年前说过并发表了这样的话：Galli si non dissenserint，vix vinci possunt.（如法国不是自相残杀，便不可战胜。）我们可以说，自从1661年以来，她就在可怕地自相残杀；而只要看看她那备受蹂躏的乡村，或者不如说，只要看看她已经损失一半的财富，那就必须承认，法国最强大的敌人，通过最辉煌的胜利，也从来不可能对她造成这样的破坏，给她引起这么大的损失。

谈到关于破产原因的产生问题，最初的基础是在弗朗索瓦一世的继承者亨利二世[②]朝代奠定的。——当他十分年轻——还只是奥尔良公爵[③]时，他娶了喀特琳·德·美弟奇。她是一个喜欢豪华，挥霍无度的公主，就是说，她以花费超过其平常收入为乐，因此，她就必须采用外来的办法。她的美貌，她的才智以及她的多生子女，使她极受她丈夫国王的重视，从而拥有一定程度的为改变事物所必需的权力。正是这时，在她的宫廷里有意大利人，其中一些是她的近亲，愿意在这方面为她效劳，即通过承包一笔新税务，而以新的捐税或新名目来提前付款，而他们很清楚，在这笔税务里，国王只能得到极小部分，其余的将归他们与她平分，这我们在下面将会看到。第一步就是设立初等法院（从高等法院分出而不给予

① 意大利历史学家（55？—118年？）主要著作有《历史》。——译者

② 弗朗索瓦一世之子（1519—1559年），1547—1559年在位。——译者

③ 即吉兹（亦译盖斯）公爵。——译者

任何补偿)和刑事长官(其职能分自于民事长官),这便为以后大量孳衍繁殖所播下的第一颗种子。由于必须给所有这些新官员薪俸,甚至要给民事长官薪俸,作为对这新设置的官职之某种补偿,这样就花了国王的五万多埃居的年金。他还设立了许多新的名目,不胜赘述;而如果说没有更多一些,那也不是因为王后缺乏善意。蒙莫朗西陆军大臣在枢密院中起主要作用,不让她为所欲为。

她丈夫国王亨利二世死后,情况几乎照常;王后仍不乏打算,但她遇到吉兹亲王们的阻碍,由于他们的外甥女玛丽·斯图亚特[①]嫁给了在位的国王弗朗索瓦二世[②],因此在政府中起巨大作用;由于这些亲王深孚众望,因此极其仇视这些新名目。于是不管喀特琳·德·美弟奇对这样一些事情多么爱好——这也是由意大利人所引起——她也只得适可而止,而不能随心所欲。但不久之后,国王弗朗索瓦二世去世,使她摆脱了这一障碍,她急不可耐地把国王的遗孀玛丽·斯图亚特送回她的岛上去。这种粗暴的不策略的做法是失去贵族资格的行为,因为她还有三个儿子要娶亲,而这种免除在国君之间却极为容易,因此把这样一个王后留下来对法国极为有利,因为她目前拥有苏格兰王国,并且是英吉利和爱尔兰两个君主国的预定的继承者,当初正是为了这个目的,才不惜费尽力气并大肆武装,趁她十分年轻时便娶了过来。——我们之所以强调这一放逐,为了表明,就像此后无数次发生的情况那样,当谋求公益的热情与追逐个人的私利相妥协时,会出现什么样的后果:后者总会

① 玛丽·斯图亚特一世(1542—1587年),苏格兰女王。——译者

② 亨利二世的长子(1544—1560年)。——译者

占据上风，这是不足为奇的。因为在如此重要的情况下，一个王太后竟也陷于私利之中而不能自拔，君临一切和恣意花费的愿望压倒了为自己的孩子成家立业之大事，而置她有幸戴着其王冠的一个王国的光荣与扩展于不顾，尽管如果只从表面现象来看，她是永远不应期望享有如此威严的地位的；这本应使她对此更加表示感激才是。再次指出，因为这种为个人私利而牺牲公益的行为是法国破产之主要的、而且可能是唯一的原因，所以我们在这问题上多加阐述，以使大家对人们如此频繁地受这种弱点支配的现象不会感到惊讶。因为一个似乎拥有强烈得多的预防药以避免陷于其中的人，在一个如此重要的情况下，却仍然被这种弱点所掌握，因此，这就是法国财富减少或损失的关键。喀特琳·德·美弟奇的诸子之一即使戴着世上所有的王冠也不可能弥补一部分行政区划的损失，而吉兹先生们本可以像过去那样，通过他们的外甥女而把这些保留下来的。必须尽快地把玛丽送回去，然后，在国王查理九世朝代，她才被授予摄政权。

正是靠着这一行动，这位王太后在某种意义上说已得到自由，便恣意挥霍，因此便通过意大利诸君的帮助，尽情追求新交易。——这个时期按惯例召开的三级会议无疑履行了他们的义务：各个等级的代表受各个省的委托，指出：包税者和征税官是使国王和人民破产的尽人皆知的盗贼。由于人们通常只是为取得特别资助才召集这些三级会议，全体代表一致强调，要想征集到钱，最简便而又最确实可靠的办法，只有收回这些偷走了君主和王国的钱的意大利人及其同伙的财产，并把他们像来时一样两手空空地遣返回国，因为他们来到时全都身无分文，默默无闻的。一个审计法院助理稽核在向三级会议作证时指出，国王通过这一渠道所收的每个埃居中，得到的只有十四个苏。因为所有这些都印刷了出来，而且可能大家都看到过，因此这一切都是极其确实不过的，也不可能被怀疑为诬陷不实之词或造谣惑众的言论。

但是回过头来再来讲喀特琳·德·美弟奇：所有这些谏诤对她都丝毫不起作用，她继续过着同样的生活方式，而且甚至在国王查理九世宣告成年后，她仍然巧妙地在政府中起主要作用。历史学家们谴责她为达到这一目的而制造王国的不和，或者不如说制造了内战，以便使一个年轻君主由于缺少经验，无法解决这些困难，而使自己在这种局面下成为一个不可缺少的人物。这便是私利如何压倒公益的又一证据；而由于机会经常出现，而公益总是居于下风，因此我们对于法国的破产以及把破产的主要原因归之于此不应有所惊奇。

国王查理九世于 1574 年去世，亨利三世离开波兰回来就位[①]。不幸，在挥霍钱财，甚至最多余的花费方面，他跟王太后喀特琳·德·美弟奇具有相似的性格，即使不是有过之而无不及的话，因为光是儒瓦伊厄兹公爵[②]的婚礼，他便花费了一百二十万埃居，合今天的一千多万。由于这种禀性和比一个摄政大得多的权力结合在一起，而且那些意大利人仍然存在，可以向他提供得以像过去那样恣意花费的金钱，我们可以说当时耗费已经达到登峰造极的地步。

这种情况发展得如此严重，乃至于国王家庭用品供应商由于国王不付丝毫款项，断然拒绝再提供任何东西；因此，要不是第三

① 亨利三世在就位法国国王前，刚刚被选为波兰国王。——译者

② 亨利三世宠臣，法国海军上将（1561—1587 年）。——译者

等级被迫亲自付款给有关的人，他的家庭就连日常的饭菜都完全没有着落。直至他去世，始终都是这样的困窘和这样的混乱。

亨利四世登基后，由于正像他自己经常宣称的那样，他是以他所能采取的手段，即克服无数困难和麻烦——因对于他来说，这不是继承王国，而是要征服一个王国——才就位的，因此，负责财政的人之所作所为，尽管毛病百出，而且充满渎职现象，他却丝毫无法改变，也无法提出微词。但是，在1594年，由于甚至不知如何糊口维生而不得不就食于随便什么人，正如我们在他写给德·絮利先生的业已出版的那些信中所说的那样，这位当时年纪三十八岁，一生都在战争中而不是在财政界度过的德·絮利先生毫不犹豫地便打定了主意。——他向这位君主指出，使国王沦于这种可悲境况的是那些包税人和征税官们，既然国王对此已经向他提出了诘难，那么，财政总监及其审计院有何理由容忍他们并把他们接受下来呢？德·絮利先生告诉他，这个财政总监及其整个审计院是与所有那些把他及其人民掠夺一空的人平摊所得的。为了向国王说明如此激烈的指责，他让国王看一份所有在总包税合同中有关人员的名册，为首的便是财政总监欧[①]、财政总管们以及审计院参事们，这些人在其他个别包税事务中也是名列前茅，他们都彼此裁定包给税收，这样就使得他们既是裁定者，又是当事者，身兼二职。喀特琳·德·美弟奇的亲戚、托斯卡纳大公爵觉得这一行业如此有利可图，所以也参与其事，这便确保王太后在其中也有一份。德·絮利公爵补充指出，有一办法可使国王富有起来，即所有的贡税由人民直接交给

① 弗朗索瓦·欧侯爵（1535—1594年）路易三世、四世的财政总监。——译者

君主。国王将此计划给其枢密院审阅，所有的人都反驳说，向国王鼓动采取这样一些办法的人都是些疯子。对此，德·絮利公爵立即驳斥道：既然他们这些极其聪明的人使国王沦于破产，那么他倒想看看疯子能不能使国王富裕起来；这种情况必然会发生的，于是，他然后便把此事加以公布，即：智者使国王贫困，而疯子使国王富足。

事实果真如此。德·絮利先生在受命负责管理其财政之后，尽管按今日的说法，他对这门科学极无经验，但他的无知却得出如此成功的结果，以至于在十年内，他从国王当时所仅有的三千五百万收入中，付了两亿的债款，而且从这三千五百万的收入中积攒了三千万，存放在巴士底，到亨利四世去世时仍在那里。

对于花费具有跟喀特琳几乎相同性格的玛丽·德·美弟奇于国王路易十三[①]幼年时期宣布摄政，在她的帮助下，意大利人，或者说，狡猾的金融家们重新登上了舞台[②]，于是，尽管没有任何对外战争，也没有任何非常情况，却花光了这三千万；相反，这些钱中，一部分却是德·絮利先生在法国与西班牙作战期间攒下的，当时正如人们所知，西班牙靠着突袭和其他手段，抢走了几乎就在巴黎大门口的若干重要的要塞。但是当他以新的方式进入财政总监署时，他并没像今天这样提出站不住脚的理由，认为由于战争之故，

① 亨利四世之子(1601—1643年)，1610—1643年在位。——译者

② 亨利四世死后，絮利几乎立即为意大利人孔西尼所接替。孔西尼成为昂克尔元帅，1617年被人奉路易十三之命(或者至少得到其同意)所暗杀。他于顷刻之间使储存于巴士底的钱化为乌有，而且只知掠夺法国财富，以建立其家产，并满足廷臣们贪得无厌的欲望。其妻子通过公共契约，以三十万利弗尔的钱，让人宣布一些渎职的征税官清白无辜，但其悲惨结局(指其妻被人以施行巫术的借口火焚于巴黎街头。——译者)几乎使伏尔泰潸然泪下。——德尔

不适于进行任何改变，因为王国内部的管理，跟司法行政一样，与军队在外部的作战，是绝无任何共同之处的。而且，既然以战争尚在意大利和西班牙进行为理由而认为不可能使一个公理在握的人赢得其事业这种说法是可笑的，那么，以同样的理由而不对所有的人和食物公平地分配贡税，这也一样荒谬，因为税收的混乱对王国造成的损失比国王从中得到的收益大二十倍，因此其损失就比为结束这场战争所需的代价要大得多。因此，所有这些反对意见跟最粗鄙低庸的理智所能使人产生的看法都是背道而驰的；但是对于这些说法，就像一切败诉的官司一样，理亏的人没有别的办法，只有寻隙诡辩以便推迟判决。人们之所以如此信口胡扯，是因为这样一些反对意见今天已成为常用的战马，人们骑着这种战马，同时以时间太短无法制止这些为天地所不齿的手段作为挡箭牌，来反对复兴法国，而其实肯定只需要两个小时便已足够，因为德·絮利先生于战事方酣之际制订其计划时，也并没有用更多的时间。

但是且回过头来看看玛丽·德·美弟奇的摄政史，由于意大利人使王国重新陷于德·絮利先生已经使之摆脱出来的那种状态，因此人们便以众所周知的方式，即尽管实质上极其正确，但不免有些粗暴的方式，为王国剪除这些人①。不久之后，红衣主教黎希留便登上了相位；我们不深谈其治政的详情，而只是指出，在他执政时期，王国的收入和国王的收入都翻了一番，原来年收入只有三千五百万，而在他去世时，则留下了七千万。

---

① 影射暗杀财政总监孔西尼和以施行巫术、奉行犹太教以及贪污舞弊为名处死其妻子。法官们为了自己的判决令人信服，本应坚持起诉的最后一条罪状的。——德尔

意大利人在一个摄政时期[1]以跟在玛丽和喀特琳·德·美弟奇时代一样的做法，重新执掌朝政并重施故技。他们遭到无数人的反对，然而在国王[2]未成年时，他们所做的一切都是为国王效劳的。不应说这是出于犯上作乱的精神（尽管有人对当时所发生之事归之于另一原因和给以另一种解释），因为除了国王弗朗索瓦一世所提供的证据——他强调从来没有更加听话的人民了；除了意大利历史学家吉夏丁[3]所提供的证据——他在谈到使国王查理八世[4]陷于危境的福诺沃[5]战役时说，所有的队伍全部立即聚集在他的周围，“因为这个民族爱他的国王竟到达崇拜的地步”，除了这些确实的证据以外，我们根本不能指责当时的人民不愿解囊资助君主：他们在不到三十年中眼看着达依税增加了两倍，但一切平静无事，因为这笔钱是人民直接给君主的。他们所怨恨的是包税人和征税官，因为他们为了自己的私利，在一些与他们利益均沾的大臣们的支持下，使所有的人破产[6]。

这便是巴黎间接税法庭第一主席阿默洛先生经与所有的同僚，或

① 指路易十四之母、奥地利的安娜（1601—1666 年）的摄政。——德尔

② 指路易十四。——译者

③ 弗朗索瓦·吉夏丁（1483—1540 年），意大利历史学家，著有《意大利史》（自 1492 至 1530 年）。——译者

④ 路易十一之子（1470—1498 年），法国国王，1483—1498 年在位。——译者

⑤ 意大利小镇，在波河支流塔罗河附近。——译者

⑥ 作者此处影射高等法院；虽然高等法院的反对并非如作者所说的那样毫无自私自利之心，但我们应承认这个等级远不像贵族和僧侣等级那样敌视普遍的福利和人民的利益。腐蚀穿袍贵族的是与在路易十四时代和路易十四身后出现的金钱贵族的金钱联盟和接触。在这位君主在凡尔赛接待萨米埃尔·贝尔纳（路易十四、路易十五时代法国的大金融家，1651—1739 年。——译者）的那一天，他把法国的王冠戴在银行家们的头上，而此后这顶王冠便一直保留在那里。——德尔

者不如说与全体人民商议后的讲话中的原话。因为这讲话发表于当时的讲演集中，而且很少图书馆没有收藏这类的书，因此不管这讲话多么令人难以置信，我们都可以毫无顾忌地通过只引证已经众所周知之事而加以援引；特别是因为如果我们对作为论证的理由稍有疏略，那我们便会认为这是违反了我们所要捍卫的事业的利益。

谈到摄政太后时，他说："创造出特别税务[①]和征税官并加以实行，纯粹是为了使国王和人民破产，并为大臣们谋求间接的利益，因为他们从固定捐税中要想捞到任何东西都不可能不被察觉；然而为了国家的需要，不应采取其他手段，不应在这种情况下把国王的一切必需品均强加于人民身上，然后在情况变化时再加以免除。"

总之，从他的讲演中可看出，征税官从来都是毁灭商业和耕作的原因，此乃他们的一大功绩，对此，任何人都从来不会向他们提出异议，然而他们中的诚实者也不会否认的；因此，当时的大臣们的田地和葡萄园便形成了对所有田地和葡萄园的破坏，这是千真万确的。虽然此后祸害愈演愈烈，以至于我们可以无可辩驳地说已达到登峰造极的地步，但就 1660 年以来登台的大臣先生们而言，这只不过是他们的令人出乎意外之举而已，因此，指出这些极其确凿无讹的事实，不但不会触犯大臣们的威严，相反由于使他们离开一条他们原以为是极其无可指摘的道路，从而大大有利于国王，因此会使他们产生明显的愉快心情，因为作者们深信，他们这样做，原以为自己十分清廉正直，尽管其实正与此相反。

但是为了验证，或者不如说为了证实阿默洛先生的讲话，在法

① 参阅本书第 335 页注①。——译者

庭上，在整个法国的全体审查会上所发生的、而且可以说与有关方面相矛盾之事表明他所说的还不够透彻[①]。这位大臣的主要罪状之一是他在国王的税收中营私舞弊，这或者由于领取了总包税人和特别税承包人的津贴，或者由于在包税中他所捞取的好处，这两者根据世上一切国家的法律，都构成了罪行。——但是，当他看到人们用这种口气跟他说话时，他根本不是无言以对，人们不仅未能使他明白无误地承认罪行，甚至可以说，他还反驳了对他指控的论据；确切地说，他指出宰相[②]——他在某种程度上说只是其办事员而已——在那时代所开征的所有特别税务中都有营私舞弊行为；从总包税人那里领取四万埃居的津贴；至于特别税务，任何人从来都只有或者现钱交易，或者事先付款，或者事后交钱，才能够向他建议征收其中任何一种。他举出了许多这一类的事情，甚至有些特别税，这位大臣只任命自己为包税人。最妙的便是原告，或者不如说被告声称他只不过说出部分事实，人们不要进一步激怒他，否则，他就要说出其他许多事，或者不如说就要介绍出红衣主教马扎兰的生活史，这将不会使其增添许多荣誉的，尽管支持马扎兰的人想把他尊奉为廉洁奉公的圣徒。所有这一切都公开向全王国宣告和公布，但却一直无人反驳；这便叫做服判，因为此事发生在法庭之上，而当时诉讼当事人就是专门为了这个问题而上公堂的。这位宰相为了扬名于世而留下的两千万，并非可以使人去保卫其荣誉，因为如果这不是涉及要推翻一个人所共知的事实的话，那么这种企图是一定可以得遂的。

① 此处指的是关于福盖财政总监的著名的讼案。——德尔

② 按指马扎兰。——译者

事情还未完结呢。福盖先生坚称，有其师，必有其徒；所有的大人物，不管是宫廷和枢密院的要人，还是在财政部门，供职的显宦，都过着同样的生活方式；而为了不使人有所怀疑，他一一举出这些人的姓名，以及他们所参与的税务的种类。我们出于某些考虑，不把这种种事情更加精确地说出，但是想了解此事的人，通过阅读福盖先生的讼案，便可以容易地得悉，因为这在法国可能印有两千多份，而且在书店里公开出售，因此对本文作者之所述，不会有什么要加以修正的，因为他并没有说出什么来，只是引证了所有的人都已知道的事情而已。——然而，在这些先生们去世之后，人们却为这一讲话而生气，这实在是大错特错，因为这些先生们活着之时，看到和听到了这一切，而且，人们还按法律手续把这讲话通知了其中的某些人，但他们对此未作任何更正，同时跟主人的继承者们一样，对类似的说法一直保持着冷静或者说谨慎的态度。——最后，福盖先生在结束其人名录，或者说在结束其辩护词时宣称，这一切丝毫不是新鲜之事；所有的大臣和所有政府人员一直都是如此行事的；国王本人也认为这种办法很好，借口是这样做可以使他们得以维护其职务的尊严①。

① 所有历史学家都一致说：马扎兰留下了一笔一亿多的财产，他在柯尔贝尔的建议下，将这财产留给路易十四以便更可靠地传给其继承者。我们在最近出版的一本叙述这两个事实的政治经济学史中难以置信地读到：年轻的国王慷慨地拒绝了这一冠冕堂皇的遗产。这一拒绝所突出表现出来的，远非该作者的慷慨，而是其道德心的反常。因为，马扎兰的遗赠究竟意味着什么，难道不是把这位大臣、神甫和红衣主教通过直接和间接的手段，偷窃自国家的庞大财产物归原主吗？在我们的时代，如果我们不愿意看到所有那些只是由于十七世纪的舆论之令人难以相信的宽容才得以产生的可耻行为重演的话，我们便应给这些事恢复其本来的面目。——德尔

这些人便是主张宁要特别税务和征税官，而不要法国一千一百年中所采取的，以及世界上所有新老国家一直奉行的把固定税收从人民之手直接交到君主之手的办法之奠基者。我们确信这一改变使王国付出了纯损失一半财富的代价，因为没有一个包税契约对食物的破坏不是二十倍于它给君主的金库带来的利益。这种确信，或者不如说，国王和人民——两者并非彼此割裂的——的利益，是与必须不顾司法和理性的一切准则，而在既是法官又是当事人的面前为自己的利益辩护这一现象格格不入的。——人们总企图设想在他们身上有着相当崇高的为国家谋福利的热情，从而可以为了普遍的福利而放弃私人的利益；但是当他们彼此都有瓜葛，而且要他们作出判决时，这种所谓的谋求国家福利的热情也就会步喀特琳·德·美弟奇之后尘而无法设想，也不可能合理地提出来了。因为正如前面所述，喀特琳·德·美弟奇在更为重要的情况下也受到诱惑而不能自拔，假使她没有这种弱点，则对个人的、公共的利益都会有更大好处。——除此之外，在不少其他情况下所发生之事，对于双方来说，究竟哪一方在这样的一些官司中总是败诉，也都已十分清楚的了。

但是，不管这些先生们损国王和人民以自肥的愿望是何等强烈，他们毕竟还远不能为所欲为。这种愿望向来都是不可改变，但却经常力不从心。——倘若这些捐税是按前已指出的原则为方针，对国王和人民产生了过于明显的危害的话，则高等法院和司法团体持有对设置捐税提出诤谏的权力。这便是自从取消三级会议以来，使法国得以存在的帕拉斯女神像[①]或守护神，三级会议拥有这一职责，并且履行得这么出色，以至于自从创造世界以来，没有一个君主国如此国运长久，如此繁荣昌盛，因为三级会议在君主需要之时，向他提供的东西，三倍于诸如征税官这些其他的相反手段，在像今天这样更为紧迫需要之际所曾经提供的。只要举出弗朗索瓦一世的朝代便可以使反驳者及其保护人哑口无言。这三级会议，以及其后的高等法院，举措如此卓绝，以至于每三四十年便使王国的以及国王的财富翻了一番，而且尽管有人作梗（这些人我们上面已作了介绍，他们在一百多年前开始取消了三级会议），这种情况一直延续到1660年[②]。除了这一细节使人很容易便可以设想为什么要这样做的理由之外，我们只要看看在国王的和整个王国的全体审查会上公开发表的讲话，就可以看出包税人以及他们的庇护者是多么舒适惬意，就会同意这些起保护作用的三级会议是为了什么人的利益而被摧毁的。

但是高等法院毕竟代替了三级会议，并起了几乎同样的作用，以至于在1660年时法国处于从来未有的最为繁荣昌盛的境况。但是在诤谏权问题上人们使它遭受到的相同的命运[③]，为它的没落打下了基础，但是今天我们可以说，这只是人民的权力丧失得一干二净，而不是人民的热情，甚至也不是从事贸易和种地的天赋的

① 帕拉斯系希腊司艺术科学的女神，其塑像是特洛伊城的护城圣物。——译者

② 最后一次三级会议召开于1614年，从此直至1789年大革命，只有显贵会议。——德尔

③ 1641年，黎希留已经使高等法院的诤谏权名存实亡，1652年，路易十四完全取消了这一权利。下面在第八章中，我们将看到，他于1667年和1675年还重申这一命令。——德尔

能力，因为只要停止自从创造世界以来自然所曾遭受的最严重的强暴行为，那么损失的最大部分便可以在两三小时内得到恢复，而这一建议正是人民自己提出来的，其条件我们已多次指出，所以人们可能提出的任何反对意见，不管是认为时间太短，或者认为冒有风险，都不是一个证据，而只是荒唐透顶或者极端渎职行为的一种明显的表示而已，否则，本建议的辩护者本人自愿被视为疯子。这便是我们在下文中肯定将会看到的情况，同时，我们也将看到，不如此就不可能摆脱目前这种局面，这一点，在我们简单地谈到这种取消诤谏权，谈到自从 1660 年以来，使法国沦于今天这种不幸，即无法向国王提供必需品，尽管这把比以前所贡献的要少得多的这样一种局面，以及再一次提到，只要两小时的重视法国便可以做到这事之后，便可以完全明白了。

第　八　章

自从 1660 年以来的财政管理。——廉洁的大臣与可怕的弊端。——忽视达依税而偏重消费税和特别税务之不良后果。——谷物与现金交易化为乌有。——酒主不得不以其商品及船只缴纳税款。——瓦朗斯[①]的关税。——一个商店应缴纳二十六种捐税。——为什么剥夺了高等法院的诤谏权。——对职位的爱好或需要。——为维持秩序是否便应维护弊端？——向法官职务开战或消灭羊皮纸币。——征税官陷于绝境

① 法国德龙省首府，在罗纳河畔。——译者

于是，在1660或1661年，两个前所未有的最大矛盾结合在一起，即：大臣[①]的十分清廉和管理的极度混乱。

像达依税这样由人民直接交给君主的固定税收受到极端忽视，这在前任大臣时已经开始；而特别税务，或者不如说承包合同或承包契约[②]则任意设立。这种对达依税的忽视是出于预谋的，以便由于混乱之故使之不足以满足国家的需要，这样由于大臣——不过他是十分清廉的——的纯粹出人不意之举，导致产生特别税务。——没有一种消费品得以豁免；在大路上，没有一个地方，没有一个道口，在经过时可以不报关，不纳税，而这些只是由于税务所职员们采用的办法所造成，结果所有的货物都消耗到比税款本身还要昂贵两倍的费用上去。——不仅如此，我们看到，在同一地方，为了同一个君主，对同一种消费品，主要是对酒类，有好些包税人收税，这种情况本身似乎便应受到谴责的，因为正如我们已经看到的，他们要通过先取权益，赚下他们的财产，以及税务所和职员们的费用，而这些职员各自又要利用贩运者的处境为难与逗留时日来从中渔利，于是通过索取特别费才给予方便的办法，把这种处境为难与逗留时日作为自己的收入来源。必须指出，除此之外，这些先取权益就是对国王的劫持或扒窃，一切向人民征收而不直接从人民之手交到国王之手的东西都不可能有别的称呼。

然而，这只是此类做法中最微不足道的混乱而已，因为如果这

① 指柯尔贝尔。——德尔

② 所谓承包合同或承包契约专指旨在根据新立的捐税或职务而预付现款之一切财政活动；而特别税务则专指为在固定捐税之外另增收入，或者提前动用捐税收入，所采取的一切手段之总称。——德尔

不造成其他损害的话，那么至少也没有任何东西遭到毁灭，而仅仅是违反公道而已；但是，这样一种行为却存在着，并造成了极为可怕的后果。——因为财富就在于一方把自己多余物给另一方以换回对方充裕的东西这种连续不断的交换；一旦没有了这种可能，或者不如说没有了这种贸易，一个国家虽处于绰有余裕的境地，却立即变得贫困不堪。——然而，当比例失调时，这种幸运的局面就必定中止，因为一个商人，不管双方中的某方，在进行交换或以物易物时，和他为了出售而置办货物的费用相比，只能是蚀本的生意。在这种情况下，交易便会立即中断，从而使双方都受到损害，并立即导致贫困的可怕后果，因为一个国家，尤其是法国，它的富足就在于保持了今天为数达到两百多种的一切职业，它们的存在是彼此息息相关的，时时刻刻互相关联，而且都同样地相依为命。

推动周转的是土地的果实，首先是谷物和酒，它们通过主人和所有者到达工人之手，工人以他们的劳动果实来作为交换。这始终是按业已指出的使所有的人都有利可图并必须按比例等条件进行的，否则，稍有失调现象便会马上蔓延开来，破坏整个整体。正是由于害怕产生这种混乱，荷兰人把胡椒抛入海中，而英国人则由公众承担费用，把钱送给从国外来的把大量麦子拿走的人[①]。然而，从1660年以来，由于一种可怕的、出乎意外的举动，法国每天竭尽全力所从事和策动的却是反其道而行之事，而这正是从此时起，王国损失十五亿的唯一原因。——小麦遭受过并时时刻刻遭受着这样的命运，但是因为现在不是谈这个问题，我们已经谈到过此事，

① 指给予谷物输出的津贴费。——德尔

而且我们在谈到有可能在两小时内复兴法国时还将提及，因此，我们现在来谈谈酒的问题，这对于人民的生计和收入来源来说，都是王国的第二种原始时代的玛哪：所有者个人消费的剩余物可以获得他们必需品的多余之物，同样，具有相同需要的工人们，具有获得酒的渠道。——然而，自从1660年以来的所作所为，迫使三分之二的人只能喝水，因为大部分葡萄园主不得不把葡萄拔掉，从而沦于极端贫困的地步。

问题就是这样形成的。这些酒，不管是葡萄酒、苹果酒，还是烧酒，本来是以互相有利的方式从主人之手转到工人和购买者之手的，但是，为了把包税人的赢利——这在几乎所有租约中都一直在增加——以及把献给国王的东西包括在内，结果价格可怕地猛涨，付给税务所和职员们的费用，运货的车辆为了缴纳这些税款而不得不在各地忍受着昂贵的逗留费用，或者为了免于这种逗留而付出的代价，所有这一切费用都要加到商品上去，结果，使得商品价格过于高昂。于是，从前可以购买这种商品的人，如今靠他们的劳动果实却无法办到；这样势必就得不要这商品或者自己大大吃亏而从商人处购得，这种情况，根据已经指出的理由，对于双方的后果都一样，由此便使一个国家破产。人们无法否认，这正是法国今日的局势；同样也无法否认，这种局势是由这样一些原因所造成的。——最后在1677年，一个极其丰收的年份，事情发展到如此变本加厉的地步，乃至于运载着消费所余的葡萄酒（虽然在以前消费多五倍还可以有利可图）过河到某大城市赶集的葡萄农或商人，因为出售所得离他事先担保并允诺缴纳的税款还相差甚远，便想把他们的食物无代价地让给包税人，只求了结一切债务回去；但是

包税人却宣称这笔交易对自己过于吃亏，自己所能开恩的，就是把那些船只也都拿来抵税，这样就可以不对他们的人身采取强制手段了。

用不着请教权威人士，我们便可以承认，法国的破产正是由于这样一些做法所造成；但是为了不使人们对这样一些其实是极其确实的事实表示怀疑，我们看到法国每天在其若干省份所发生之事，其可怕的程度已无以复加，而令人不胜惊奇之至的，正是国王和大臣先生们的权威被日日夜夜运用来维护像这样的事情。

我们知道日本和中国的一切消费品运到法国后，比它们在当地的价格，只不过一份增加三份，从而只是四倍而已，甚至往往还少些。这些消费品出口国君主的税收，——他们除了这些关税外，没有其他收入——三四千法里的路程，暴风雨和海盗，也只要花上这样一笔钱就够了。

但是在法国，从一个省份运到另一省份的酒，虽然两省往往毗邻，却要增加二十分之十九，甚至还要多。葡萄酒在昂儒和奥尔良每一容器往往卖一个苏，甚至还少些，也就是说，价贱伤农；而在庇卡底和诺曼底则卖二十和二十四个苏，可是对商人来说，还没有多少赚头。这就是说，职员和包税者阻碍这一流通，其可怕的程度和对商业的破坏，六倍于海盗、暴风雨，以及三四千法里的路程，乃至于酒类就在只喝白水的人们的家门口不断涨价，他们不得不沦于这种悲惨的境地，或者不得不以比来自中国和日本的酒贵五倍的价格去购买；这样由于已经说明的理由，便使商人和买者都同样破产，因此也使国王遭到损失。

这整个卓绝的管理方式的首创者，便是人们称为国王包税人的人们，因此从这整个叙述——只提到混乱的部分情形，其余可在题为《法国详情》一书中看到——中，或者不如说，从所有的人看来都是尽人皆知的事情中，我们可以看到，君主包税人这个名称与这些先生们多么不称，因为一个掌握着税务所的人之义务与职责就是尽可能多地种植和开发土地，然而他们正相反，认为只有毁灭一切，并造成比从事蹂躏一切的敌国军队所引起的更严重的破坏，才能够为主人谋得利益。由于这些暴行或者说这些天灾从来都为期不长，所以灾难过后，一个备受洗劫的国家立即开始复原，往往比从前更为兴旺，这一点我们已多次指出。——然而这些包税人则不是这样。在一个最明目张胆、最赤裸裸的租约被取消之后，继之而来的人只有提高税收才能有利可图，这样便进一步减少了消费，从而加剧了人民和国王的破产。因为国王的财富只寓于其臣民的田地之上，而臣民们只有根据土地的收成多少和被消费的情况来向他缴税，否则他们就要遭受损失，以至扔掉土地，这种情况我们所见太多了。由于尽了这一如此重大的义务，这些先生们赚下了富甲君王的财产；而由于消灭了百倍于他们交到君主银库里去的财富，他们理应享有千倍于他们着手从事这项工作时所拥有的财产的。——间接税的情况便是如此。我们知道，间接税对法国的破产起了如此巨大的作用，因而停止征收间接税，便可以毫无风险地为人民重获五亿财产而作出巨大贡献，而且并不需要超过半个小时的关注，这一点，我们将在下面加以说明。

现在谈谈王国的关税、渡河税和出口税。对此，我们可以首先说明，由于大臣先生们对事实的错误见解，这几乎跟间接税具

有同样的规定，同样的破坏作用，因而也是同样的荒唐。——还必须指出，在王国内部，从被视为异国的省份[①]到其他省份必须缴纳关税，这是可鄙的现象，而使理智感到羞愧。

这关税是在这些地区不属于法国国王而属于大公们所有时设立的；但这些省份现在属于王室，而由于这些关税中，没有一项不造成运输者路途耽搁，所费不赀，从而成为骇人听闻的欺压行为，结果破坏了贸易与消费，因此这些关税应当取消，但这种税款至多只能并入如达依税等其他捐税上去。如果这样做（因为这是有可能的），国家就可以从中赢得一百倍，其中国王可以充分地获得自己的一份，也就是说，比他现在所得要多三倍。

瓦朗斯的关税是罪行的产物，当时由于不幸的状况，人们容忍其存在，如今，由于恢复了秩序，便应加以取消。在宗教内战时，陆军大臣德·勒斯迪基埃尔[②]成为该地区胡格诺派[③]的首领，他凭着操纵生杀大权，而不是任何君主的权力，设置了这种税收以维持其军队，战事平定之后，人们出于与国家利益对立的个人利益的考虑，把这种税收维持至今。也正是出于这样一些弊端，使人们把其他的关税也保持下来，从而日益加剧了王国的破产。在出口税上，这种情况发展得如此严重，以至于虽然人们均知，

① 一些省份之所以被视为异国的省份，因为这些省份不愿接受1664年的关税。这些省份是布列塔尼、圣通日、拉马什、佩里戈尔、奥弗涅、吉延、比斯开，以及整个奥克财政区、鲁西荣、普罗旺斯、多菲内、弗朗德勒、阿尔图瓦、埃诺、法斯孔—孔太，以及里昂内，也就是说，几乎占半个王国。——德尔

② 弗朗索瓦·德·勒斯迪基埃尔（1543—1626年），亨利四世与路易十三的陆军大臣，法国元帅。——译者

③ 法国的新教徒称胡格诺派。——译者

一个国家的财富就在于输出,但是,仅仅一个海港就有二十六个海关,就是说,光是一条船就要向各式人物、各个不同的税务所缴纳二十六次税,或报关二十六次,然后,才能装卸货物和运输商品。

没有一个税务官或报关员不想发财,他们都很清楚,靠他们的菲薄的薪水是办不到的,因此只有靠正如我们曾在间接税一节中业已指出的那样或类似的敲诈行为才能实现。这种情况发展得如此严重,以至于一个著名的批发商为了交清孝敬费[①]——根据一个不知所据何在的古老敕令,某些消费品的出售者在发货前必须奉献的费用——就是说,为了偿清这种奴役,或者不如说,为了付清人们像对其他捐税一样都孜孜以求的这些方便费,每年必须白白地付出一千五百利弗尔。肯定地说,这些不会使国王有所进益,甚至连国王的所谓包税人也不会有所得,尽管这样,人们还要使他相信,这是施给他的恩典。这样,通过这一样本,便可判断其余。正由于这种行事方式——这还只是最微不足道的一部分——外国人在1660年以前,总算下来,从王国运走的商品比运进来的多一倍多;而从此时起,输入的比买走的翻了一番还要多,也就是说,法国从原来的债主一变而为负债人。

但是人民看到自己被人慢慢摧残,就像被用文火炙烤一样,对于这些蹂躏着他们的办法并不完全乐意,因此他们便发动高

① 无疑,此词指的是产生于惯例而非法律明文规定的一种金钱的勒索;但我们无法发现其性质究竟是什么。——德尔

等法院对设置这样的关税提出诤谏，说明这些对国王为害极大，而只有益于承包者。然而，尽管大臣如此廉正而又英明，却认为这种行为损害了国王的权威，违反了臣民对其君主应有的尊敬。他通过1667年的法令取消了诤谏权。法令规定，任何要提出的敕令，都将预先通过并加以执行，除非在发生意想不到之事后，才可以提出诤谏。但这也完全不起作用，因为每一新税都有保护主的撑腰，谁也不愿树敌；此外，事情拖延旷日持久，使得一切追究均成为徒劳之举，而与此同时，灾祸却猖獗横行。这一法令于1673年再次重申。这便是大约四十年来王国每年丧失十五亿的基本原因和完美结局。正如我们已经指出的，在不止一个半世纪中，尽管人们企图使法国破产，但却未能奏效，而只有动用了国王的全部权力，方才大功告成，否则，这是永远也办不到的。

事实上，在向输入到一个消费巨大的城市里去的饮料和酒类课以第一种税之后，当一个新的包税人提出由新的税务所和办事员来征收第二种税时，如果在还没有接受这一税收之前，人们便进行诤谏，指出这与国王的利益背道而驰，因为这些新的费用不但对他没有好处，并且进而阻碍了消费，这些方式既破坏了消费，又对任何人都丝毫无益；如果陛下想提高税收，那么就应当只有一个包税竞争者，即出价最高者，只有一个办公室、一个收税所，因而对商业只有一个障碍。在听了这样的诤谏之后，难道任何没有丧失理智的人还会说，把所有这些预先提取的利益，把这么多毁灭商业的费用都加到商品上去是符合君主利益的吗？——这种可怕现象愈演愈烈，乃至于像在王国某些城市所存在的那样，对同一种食物，在同一地方，设立了第三种、第四种、第五种，最后第十一种税收，而且收税的情况，或者不如说，敲诈的情况向来彼此相同；从而在发生这种不幸局面的城市里，从前消费六万桶酒[1]，而如今降到几乎不满四千桶，结果，人们拔掉了葡萄树，而达依税的收入比国王从提高间接税之所得要减少六分之五。光是曼特稽征区，每年便损失六百多万的收入，由于各省利益彼此息息相关，因此人们对王国其余地方也按同样的比例而遭受损失便不会惊讶了——关于对一艘船装载的货物所课的二十六种税或报关二十六次方面，情况也都一样。在第一种税收之外，首次增加新税目以来，所收的钱就远远没有达到二十六分之一，只要阐述这一事实，就会令人产生极度的憎恶，从而使国王的枢密院除了咒骂这些税收的炮制者外，就不可能有任何别的看法。

如果一个大公每年要从几个已经作好充分准备并完全有能力付款的人那里收税十万利弗尔，这只要一个人便可以收回所有的税款；然而他的总管却把此事委托给十个人，每人工资一千利弗尔，收税一万，结果每人只花了二十分之一的时间，其余时间都无所事事，有谁不认为这是毫无区别的一回事呢？难道人们不会说总管把他的薪水跟办事员们平分，而他自己则靠损害主人的利益以自肥吗？

自从 1660 年以来，由于废除了人民的诤谏权，发生的情况正是这样。诤谏权的废除并非由于大臣所致，他是十分清廉的，而是来自于宫廷方面，来自于王国所有的重要人物，他们制造了这些混

① 一桶酒通常为二百二十升。——译者

乱，或者不如说，造成了法国在固定收入方面的破产。——首先，只有按比真正的价值更高的价格来收税，人们才愿任税务员和包税人的职位，而一些有地位的人之所以如此则是完全清白的，因为他们并不知道这对国王和王国的利益要付出如此的代价。所有代办的税务，都是一切有身份的人所觊觎的利益所在，这或者是作为给他们仆人的报酬，而避免自己掏腰包；或者是为了从中捞取个人的一份。——这便是福盖先生在其辩护书中所宣称的，在这辩护书中，他举出了遇到这种机会时所有的申请者，包括宫廷和枢密院中所有如今尚健在的人。——因此，不管一个大臣怀有如何良好的愿望，人们只是根据他满足这么多申请者的程度而对他表示拥护，给以颂扬，这种情况，如果只征收固定的税收，甚至只有少量的税务，[①]都是无法满足的，因为这些只能满足觊觎者中的二十分之一，因此他必须对所有这些可耻行为都勉强给以支持。

这便是使王国沦于目前这种状况的做法和这样一伙人，而那些有可能向国王和大臣先生们指出混乱及其原因的人，却出于私利而加以维护，故使这种状况更为可悲。而当有人以隐约的方式、徒费口舌地表示反对这些做法时，这些人的办法便是宣称，说这番话的人是些不安分守己的人，是幻觉者，甚至是想推翻王国之徒，因为他们居然颠倒是非地呼吁制止有史以来最大的混乱。其实，如果法国只有四五百人，这样的一伙人顶多只由这四五百人组成，也就是说，只由一些值得小心应付的人组成，那么他们这样说还有一定道理；但是正相反，法国是一个拥有一千五百万人口的王国，

① 或业已说明的那一类的财政活动。——德尔

由国王领导着，然而却由于这些做法而遭到破产，因此，这样的说法只能被视为绝顶的荒唐。

当这种管理方式毁灭了一切收入，而包税人和征税官已无法靠对食品增立新税——已无新税可立——来发财之时，1689年的战争爆发了。大臣先生们尽管个人极端清廉，却无法设想，除了前面已经加以评论的渠道，即依靠包税人和征税官的效劳之外，还能有其他措施来获得所需的钱，于是大臣先生们在土地和不动产方面也接受了包税人和征税官的服务，使这些东西遭受跟食品和收入同样的命运，因为用他们所使用的话来说，食品和收入方面已无事可做，这直截了当地说，便是他们已无利可图，因为已没有什么东西可以破坏了。他们所造成的普遍的破坏，对所有的人都是显而易见的，这已成为众所周知之事，所以不会使人们产生丝毫的怀疑，认为这种说法过分，和过于激烈。——于是他们向任职的法官，以及任职法官下属的职员进攻，甚至他们在王国中组成或者曾经组成了这么一大批人，并在十五六年中使这些职务遭到了跟收入[①]所曾遭受的相同命运，其结果同样是毁灭了食物和土地产品，即国王的收益为一，而纯破坏的丧失为二十。更为残酷的是，这种做法把树连根砍断，并摧毁了所有的纸币和羊皮纸币厂[②]，因为这种的造币厂只是根据不动产[③]所有者的支付能力而开动的，而这些所有者眼看他们的整个信誉已经消失，因此当他们的地产已经

① 指地产收入。——德尔

② 作者这些话指的是由国王设立的终身官职，以及这些官职在个人间的鬻买。——德尔

③ 此词在这里显然指的是终身官职。（参阅本书第296页，注②）——德尔

有不断消失的危险时，就必须以银钱本身来代替他们的信用。不过人们却丝毫也不能埋怨大臣先生们，他们极端痛苦地实行这些办法，而他们却不可能不这样做，就像一个诞生于谬见中的人，处于一个全是异教徒的国家，因而不可能皈依和宣扬天主教一样。

但是由于这种办法终于已经山穷水尽，并像其他办法一样寿终正寝；由于今天再没有任何包税人前来商谈新税，因为他确信自己无法把它脱手；由于那些愿意接受几乎任何新税的人，对于这种情况感到不满，因为在这方面他们有沦于他们前人的命运的危险，即要再次付钱，否则什么官职也买不到，而白花了自己的钱[①]；因此，我们希望，在如此重要的时刻，为了复兴法国，不再需要同那么多的敌人作斗争了，特别是因为我们宣称，过去的事已经过去，并不想违反通常的惯例，让任何人退出已经落入腰包的钱。——我们详述法国混乱的第三个原因，是为了彻底铲除人们对复兴法国所可能提出的一切反对意见。不仅如此，虽然并不非要取消包税和国王的包税人，尽管此举是人们对国家所可能做的最大的效劳，1660 年以来，这些包税人所造成的损害便是证明；但是，用危害较小的做法来缩小他们的作用则在所必需：因为这对他们本身有益

---

① 伏尔泰说："1707 年，发明了葡萄酒供应人和经纪人国王参议的职衔，而这获利十八万利弗尔。人们想出了王家书记官、省财政总管代理。人们发明了国王参议、木材堆检查官、警事参议、剃须-假发匠管理员、新鲜牛油监制-检验员、咸牛油尝试员。这些荒唐之事今天令人发笑，而在当时则令人痛哭。"

补充一点：所有这些都是从 1689 年以来发明的，而蓬夏特兰（路易·蓬夏特兰，1643—1727 年，在路易十四时代，于 1699 年任司法大臣。——译者）兴高采烈地对国王说："每当陛下设立一个终身官职，上帝便创造出一个傻瓜来购买它。"一件无可争议之事便是：如果每个时代有其自己的播种傻瓜的方法，生长出来的则总是股东。——德尔

而远无害处。然而,由于迄今为止,不管这些行为全都是多么可怕,多么不堪忍受,他们却都被视为圣洁者,甚至认为他们在其职守中的一举一动都毫无瑕疵。因而有必要勾画出他们的嘴脸,并同时指出,这种修会的创始人和保护者远非可以封神入圣的人物,因为设置这样的税收的目的完全不是出于国王的利益。

这一说明可以使人们对拯救王国的事业更为放心,因为它使人们可以考察:对此提出反对是出于什么动机,而提出反对的又是些什么样的人。正是以这种方式,即通过停止自创世以来,自然界所曾遇到的最严重的强暴行为,我们认为,在两个小时内,便可履行在本报告的标题中和开宗明义的叙述里所许下的诺言,因为在所谈到的三种税中,没有一种不是荒唐透顶的行为,这种荒唐行为是自从 1660 年以来,由于对事实的错误了解,由于相信创始者的清廉正直,因而出于无知而犯下的。但是,了解事因后,只要不丧失理智,就不能再支持这种荒唐行径了。通过以下的叙述,必然可以清楚地看到这一点。

第　九　章

通过比较,说明王国的真正的局势,以及可以轻而易举地弥补王国所遭到的损害。——关于公众穷困的第一个原因达依税的改革

经过以上的叙述之后,没有人会怀疑,自从 1660 年以来王国所损失的十五亿,其中八亿的损失,归结于间接税、渡河税和王国出口税,是丝毫也不冤枉的。然而,虽然这一原因比其他两个原因

更为强烈得多，而且只需要片刻的时间便可加以制止，其弊病和顾忌也少，因为这些税收肯定从来都只是出于承包者的利益才设置起来的。

因此，简而言之，在关于造成其破产的这三个原因方面，国家目前就像一个人甚至像一个地区，它们由于一种直接影响着它们的极其强暴的原则而处于极端可悲的境况，因此只要停止这种原则，就可以在顷刻之间使它们恢复极大的幸福。一个因危害国家的罪行而被判处死刑，并没收其所有极其庞大的家产的人，由于得到国王的赦免，顷刻之间，从最不幸的人而转为极其幸福的境地。拉罗舍尔城①在被国王路易十三占领前所经受的艰苦情景是人们所知道的，买一斤②面包要一百个苏，也就是说，每天有一百个或一百二十个居民饿死；但这种情况也不过一段时间而已，而以后由于投降而开放了城门，同样的面包，一斤还花不到一个苏便可以得到。

假如有人在这两种情况中的任何一种情况下，在提出使他们摆脱困境的补救办法时，却遭到人们的反对，其理由是采取他的措施便一定会破坏自然的状况；或者至少认为即使得到这样的恩典，他们也享受不到成果；以及在二百法里处进行的战争尚未结束。那么难道我们不会认为，说这番话的人完全应该进疯人院？或者说，我们还有必要对它给以回答吗？

---

① 法国夏朗德滨海省首府，从1554年起成为新教胡格诺教派的大本营，路易十三时代，红衣主教黎希留占领了该城。——译者

② 法国古斤，各地重量略有不同，巴黎为四百九十克，其他各省为三百八十至五百五十克不等。——译者

我们再次坚称，不管从哪一点说，在法国所损失的十五亿中，五亿年金这一部分的情况便是如此；这些我们可以在两小时内加以弥补，而不会比这个被判死刑的人和受包围的拉罗舍尔冒更多的危险。而所谓会引起麻烦、存在危险或处于战争时期的说法，其荒唐的程度，就跟上面所说的在那两种情况下所可能出现的一样。因此为了首先进入本题，同时为了逐一提出这三个原因以便加以制止，就像为发现这三个原因而逐一加以分析一样，我们不管从一般来说，还是就特殊情况而言，都将看到，要想坚持反对意见而不丧失理智，那是不可能的。

达依税由于其变化无常，使所有的人都处于提心吊胆的境况；由于其分配不公，一批又一批地消灭掉所有的臣民，非要使他们没有饭吃、没有家具、没有房子方才罢休；以及由于其征收方式，迫使略有分文的人不时地替无偿付能力的人缴纳，或者像经常发生的那样，服刑而死；因此它在这三个原因中居于首位，成为消费的不共戴天之敌人。但是只要大臣先生们命令省财政总管们极其严格地执行旧的法令而丝毫不偏袒任何人，就可以使达依税在顷刻之间摆脱掉这三种可怕的混乱。行政法院审查官先生们过去纯粹是为了这一目的而奉命到各个省巡察的，这种巡察只是在一年的某一季节进行。明文规定他们，甚至稽征员们，可以随时强令所有税率与其经营——或者自耕，或者出租——不成比例的人缴税，同样也可以让那些处境相反的人免税。每年发往各乡区的关于达依税的通告也同样命令这一点。但是我们可以保证，从来没有任何事情比这执行得更不好的了；而且根据担任这一职务的人的情况来看，甚至几乎也不可能不是如此。从前这些人都是当地的人，但自

从四五十年以来，却根本不是了，乃至于不管他们的意图多好，却从不可能干出什么好事，因为他们来到的是一个对他们来说一切都是陌生的地区，那里，所有的人都接受了贿赂，来向他们提供假报告，而没有谁会向他们说出真情。

但是，只要大臣先生们发布命令，那么旧法令的执行和秉公行事是很容易付诸实行的，而事情正是应当从此开始。——问题只在于命令各个财政总管，通过挑选一些不仅精于贸易和耕作，而且对该地区和在该地区有财产者的纳税能力有所了解的人，而把稽征区[①]的工作分给这些团体的三四个官员便行了；而只要他们愿意忠实地致力此事，那么这些情况，乃至于一株葡萄、一棵树、一寸土地，都是很容易了解的。——他们亲自了解，或者通过受调查者(付出轻微的报酬，在各个乡区都可找到这样的人)的陈情书而了解到这些情况后，就必须对每个村庄的财产作出估计，同时在纳税人名册上，对分摊的每份税额作出记载：此人有若干租入的或自有的土地，价值若干；若干为耕地，若干为单纯牧场；优质土地若干，一般土地若干：在普通年成，有若干牲畜，和若干葡萄酒或苹果酒；以及其地租每年若干。不管此事粗看起来显得多么惊人，但就每

① 法国在财政与行政方面，分为财政专区、稽征区和乡区或公社。

每个稽征区有一评议会，其成员称为稽征员，除享有向间接税法庭的上诉权外，可审理税务诉讼案。此外，这些稽征员负责在其裁判区或管辖区的乡区之间分配达依税。他们享有豁免个人达依税(按：法国的达依税分按地产征收的真正达依税与向纳税者个人征收的个人达依税两种。——译者)、不必为部队提供住宿，其孩子不必参加民兵义勇队，他们在法律上称为国王参议。我们用不着进一步提出，他们的职务是捐纳的，因为路易十四的大臣们，在1691年，既然敢于企图把圣职可以说都拿来交易，那么还有什么不能出售的呢？——德尔

个个人来说，则是再容易不过的，只要从事者是精于此道的人就行了。而假如一个稽征区由一百五十个或两百个乡区组成，那么，每个稽征区只要三四个人，在十五天或三个星期内，便可以轻而易举地做到这一点；也就是说，由于大家共同努力，一个财政专区的整个财产，就可以在这么短的时间内调查确实而为人们所了解。根据同一理由，整个王国的财产也是如此。——还应载明享有特权者——贵族或教士，或由于其职务而获有——的数目，载明这是原有的，还是新有的，以及他们是否超过其特权所规定的经营的数量。对于只靠双手维生，除了自己简陋的住房外无立锥之地的穷人，也照此办理。

调查就绪后，财政总管让人对其整个财政专区的财产一个稽征区一个稽征区地进行平衡，以便按财产的比例规定每一稽征区的达依税；然后按乡区再行划分，接着再摊派给每个个人，与居民只是为了接受其陈情书才发生关系，因为他们中没有一个人敢于和能够对税务官和重要人物的佃户们规定合理的税率。——这样，使王国岁入丧失三四亿以上的变化无常和分配不公，一下子便得到了挽救；甚至，由于只存在一些有关事实是否出入的问题，财政总管代理或财政总管的官司也可以立刻加以解决。

但是，还必须消除征收方式的弊端，这是易于办到的，甚至在人民普遍赞同下办到。——必须下令：凡在达依税交税期限[①]的头三个月交清全年税款者，可以免于充当收税员，和该乡区征税的

① 达依税不像我们的直接税，每十二个月征收一次；而是每三个月缴纳四分之一。——德尔

担保人；任何人，乃至于最穷的人，都不需要为免除这一奴役而出卖自己的衬衣，而当轮到他承担这一奴役时，通过接受这种办法——这是富人所必定会接受的——不必倾家荡产，也可以享有同样的好处。——同样必须下令：达依税以及在战争期间与达依税同时存在的其他捐税[①]作为一种根本岁入优先征收，也就是说，先于土地和房屋的租金征收。

在这以前的习俗是主人收取租金比达依税提前一年，这种做法是由于达依税的分配不公所造成的，因为分配不公，往往把一切囊括一空。由于消除了不公而恢复了公平合理，这样既然原因消失了，其结果当然也同样消失。于是，在第一次发出征税通告时，当纳税人一向稽征区法庭书记室呈交认税书并同意在三个月内缴纳其全部税款以免当收税员后，达依税的税务官便向每个纳税人发出强制催款书。——即使纳税人不履行其认税书，这也毫无所损，因为这个税先于向主人的缴租；在这种情况下，则将由税务官对此发出命令。

关于缴纳达依税的城市和大市镇，那里只有工业缴纳大笔的达依税，因此绝对必须使这些地方按税率稽征[②]；在这些地方，没有一处不合掌祈求这种做法，而能够获准如此征收者，都获得了偌大的财富，使得人们永远不会拒绝这样的一种恩典。迄今为止，实行这种做法的唯一障碍是法官和税务官全都反对，因为这杜绝了

① 指附加于达依税的原税额上的捐税，如达依附加税、过路部队食宿税，等等，以及情况需要时所设想出来的捐税。——德尔

② 让某地按税率稽征，就是允许该地以它认为可行的税收形式来征收其达依税的份额。——德尔

诉讼和税务官当做固定收入的费用和强制催款，而这些是每个乡区都必须承担一定数量的；否则，在初次分配（他们几乎从来都是分配的主宰者）时，对这个乡区就要提高税额，因为他们借口不照他们的意见办，他们便无法收税。

因为现在新投入了许多人从事这项工作，必须付钱给所有的人，否则他们便不好好工作，这种情况通常都会发生，在战争时更是如此，要想让部队恪尽职守而不抢掠，就必须让他们领到薪饷。幸亏在这一新职务中，有一笔确实而自然存在的资金，不需要国王和人民花任何代价。这样，就不需对乡区收税员每征收达依税一利弗尔就要付给六个德尼；而只需付出纸张和装订纳税名册的费用；而由于这是属于代理人和每个地区负责人的事，所以财政总管便可以根据每个管辖区的工作和管辖区的大小，从这笔资金中，每年分给这些人四五百法郎左右；他们开出收据给达依税税务官，而税务官则把这些收据和余款向审计法庭报账，因为总管的命令是与收据附在一起的。特别的税务官还必须有一千利弗尔或大致这么多的一笔钱款，用来必要时增加一个职员来征收所有这些特别税。最后还必须留下一笔钱，约两三千利弗尔给财政总管来付给向他报告他所委派的工作人员在课税基数上包庇其亲友的渎职行为的密探。遇到这种情况，必须将这些人不留情面地撤职，并要他们赔偿所造成的损失而不得有任何抗拒，因为这是他们的过错。这一切都规定在德·絮利先生时代的1604年的达依税章程中，在这一点上，以及在所有其他方面，尤其是小麦问题，我们都只要照抄不误便行了；这是跟世上所有的政府相一致的。财政总管还必须经常不通知任何人而出其不意地进行巡访，以便实地检查人们

向他报告之事是否属实，这也需要开支。总之，必须使所有的人了解，不可能要奸弄滑而不会受到儆戒性的惩罚。

但是，由于各种付款，因此也包括达依税和其余各种税收的缴纳，其本原就在于出售食物，所以这种收税通过今后提高食品、尤其是小麦的价格，将是极其容易的。然而决定万事节奏的小麦，目前的情况却使耕种者得不偿失，因为其价格甚至还不够耕种的费用，我们在下一章将看到这一点。

第　十　章

关于公众贫困化的其他两个原因——小麦制度和间接税与关税——的改革。——小麦贬价及其有害的后果与事情的性质无关。——间接税和关税使国家收入减少。——阻碍产品流通的可笑行为。——取消王国内部关税和出口税的必要性。——维持输入税，同时废除一切妨碍贸易的手续。——关于设置四分之一税[①]的细节和降低这一税率。——降低非课征达依税的城市的进口税，和把所有这种性质的赋税合并为分配额确定不变的一种税。——取消容量税[②]和对拥有免税通行执照的商品征收的一切杂税。——消费的增加可弥补包税人由于税目减少所造成的亏损。——烟草税额降低和证件费提高所产生的相反的后果。——税收和纳税人的财产成比例的必要性

由于小麦价格低贱（破坏了在小麦耕种费加上地租与购买小

① 参阅本书第 361 页注①。——译者

② 同上。

麦的价格之间应有的比例)所发生的失调,阻碍了这首要的贸易,而这一原始的玛哪正是纯粹通过这种贸易才能到达只靠自己劳动来取得这一食物的人们之手的。这种情况毁灭了双方,同时,较之由于同样的比例失调而产生悲惨后果的相反情况来说,这对于一个国家即使不是危害更大,至少也是同样有害的,因为一切过分的现象,尽管截然相反,都同样会造成损害。这种失调,既非偶然所致,亦非天意造成,因为根据其职守,造化总是体察下情,并且始终安排得如此完善,乃至从来没有一个行业和职业不能养活其主人,就像造化不会诞生任何动物而不同时保证其食物一样。

这种不幸的安排使王国目前付出的代价超过了国王需要的四倍,从而使所有的人都极端贫困,而工人则比任何人尤甚。人们出于这种残酷而错误的想法,即:谷物的性质跟块菰和蘑菇相同,进而像1660年那样,认为小麦是自然的免费赠予,因此,国家的利益,尤其是穷人的利益就在于强迫所有者以尽可能便宜的价格出售小麦。于是六七年来,人们极其雷厉风行地,甚至以极大的费用来实行这种坚定不移的意愿,其结果便产生了这种不幸的安排。在认识了这种错误之后,人们坚持这一行为,只是由于一些备受恭维的人不愿承认他们居然会犯下如此的错误。他们认为,顽固地维持祸患比谴责他们过去的行为,不管对王国会带来多大的好处,但对他们不利会更小一些;他们以为,国家要想避免一个极端,即过于昂贵,只有转向另一极端,即贬低价格,虽然后者本身也同样有害,因为正如我们在本书末尾的一章中可以看到的,仅仅由于粮价过贱便会造成粮价昂贵。但是,因为我们并不怀疑,那些心中并不怀有如此卑劣的私利的人们终究会擦亮眼睛,所以我们满怀信

心地转向讨论补救办法。

我们首先要指出，国王和大臣先生们是谷物价格的绝对的主人，因为他们可以不管在什么时间、在什么季节任意地降低和提高其价格。由于目前价格低贱的状况是外国人一手造成，而非造化运营之结果，同样，我们可以代价小得多的相反的方式，使这一食品恢复应有的价格，使之处于应有的状况，以便能够承受其负担，即承担耕种费用，并使之流通到只有臂膀而无其他财产的人们手中。我们对此不作更为精确的说明．因为虽然这在无数地方，诸如在罗马、在英国、在荷兰和在土耳其都是如此，而法国在 1679 年也是这样行事，否则，这一年就会跟 1693 和 1694 年一样悲惨的了。但是这种做法绝对不要公之于众，这对它来说是有好处的，因为这种做法带有机密的性质，机密一旦暴露于光天化日之下，便立即失去生命了①。

我们所能告之于众的全部看法就是：尤其是在一个像法国这样富饶的国家里，价格的贵贱，严格说来，完全不是由于维持所有人的生存的小麦欠缺或者丰足的结果：粮价低贱从来都是由于像今天这样坚定不移的关怀所造成；而粮价高昂则始终都是人民的疯狂与盲目所致，他们自相惊扰，而身受其害。总之，人民无疑就像一群羊，人们要想让它们从一扇十分窄小、十分壅塞的门里进

---

① 我们并没有发现作者在本段所要说的那些半神秘的方法，但我们相信荼毒欧洲的饥馑只是由于政府企图支配经济秩序而造成或者加剧。这些政府因为看到人们服从它们，所以设想自然界也一样会唯它们之命是从，于是它们便企图以它们的敕令代替自然的法则。路易十四于 1709 年自己当上小麦商人，而我们在《圣西蒙公爵回忆录》中可以看到（卷七，第 99 页及以下），投机活动对于当时的人是多么有利可图。——德尔

去,那就只有扯着一二只羊的耳朵,用力拉,于是其他所有的羊就以人们赶头两只羊用的那样的劲死命往里挤。而如果就在附近,在它们一眼看得到的地方,有一扇通往同一地方的极大的门,可以让它们方便得多地通过,即使鞭打着要它们从容地走也不可能,它们还是彼此你拥我挤地跟着最前面的羊走。这便是人民的画像,以及他们在其喧嚣杂乱的活动中,尤其是有关小麦问题上的行为。——这样,由于在顷刻之间,这笔资金得到恢复,所以我们坚称,这可使王国转眼之间重新得到三亿多岁入,因为比例失调破坏了商业,而如今比例将开始恢复,从而定能为所有这二百个职业提供生计,他们是只有从农民那里才可得到食物。正因此,我们现在转而叙述王国的关税、出口税和渡河税,以及酒类的间接税,这些税,正如我们已经说过的,每年使王国的财产损失八亿多。

整顿这些税收更为容易,因为尽管人们夜以继日努力不懈地加以维护;尽管有两万多人,也许有三万多人,除了这一营生,就是说除了使人民破产、因此使国王遭到破产外,别无其他职业;但是不管是谁,没有人不憎恶他们个人,没有人不同意,如果人们想毁灭王国,那就用不着采取别的措施了。由于土地荒芜、商业凋敝而在我们眼前展现的尸体横陈,使人们不会怀疑这种说法是诬陷不实之词。

因为,如果一个商人,店里堆满上等食物可以供所有人食用,却非要等到人们向他那二十六名分散在城里各区而且常常不在住所的送货人和职员报关,从而要花掉许许多多时间方能了结这些奴役之后,才在他的店里出售这些食品,然后才愿意交货,那么人们难道不会立即认为此人精神失常,因此,所有的人都离他而去?

然而，一个地区跟另一地区的贸易，就跟一个商人跟另一商人做生意完全一样。在这种贸易中，应采取同样的衡量标准，实行同样的便利措施，但在一种情况下，人们认为是同样荒唐，而对另一种情况，也同样可以适用。因为这个要人们报关二十六次然后才肯交付其食物的批发商，如果他的某个朋友向他指出应当放弃这种方式，否则他就要自己毁灭自己并被人视为疯子，而这个商人却反驳说，他承认这种行为荒唐，但他目前却不能放弃，因为害怕会打乱他经营生意的秩序；至少必须等待在离他住所二百古里处的一场官司结束之后，才能办到，那么，这么一来，难道人们不要把他关起来，并绝对不让他管理他的财产吗？然而，在关税这个问题上，不管是从王国出口，还是从一个地区经过另一地区，法国的局面正是如此。而人们提出不让别人抓紧时间来制止混乱的理由，正如我们刚刚所说的出于这个具体的商人之口的理由一样，都属于同样的伎俩和意思。

间接税大致属于同一性质，尤其是在鲁昂、冈、亚眠和阿朗松四个财政专区更是如此。在这些财政专区中，对所有零售酒类者所征收的四分之一税，税率并不是四分之一，而是三分之一，因为人们根本不考虑沉淀物和每日的减少量，而是仅仅以酒桶的容积来计算，再加上可怕的进口税，尤其是进入这些地区的非课征达依税的城市的捐税，使得这种索取完完全全不是、也不应称为一种捐税，而是一种没收，这一点，从它所产生的后果已经说得够清楚的了。正如我们已经说过的，光是曼特稽征区每年在葡萄园上就要征收二百四十万利弗尔，而这只不过是王国其他地方的一支晴雨表而已，因为这种情况是由一种普遍的原因造成的。在诺曼底，代替葡萄酒的苹果酒，由于这同一原因，而同样处于如此混乱的状况，以至于在丰收年间，有一半以上由于人们完全忽视加以利用而浪费掉，或者由于保管不善发生腐烂而毁掉；而与此同时，四分之三的人——不仅诺曼底的，甚至毗邻的布列塔尼、皮卡迪和博斯的人——却通常只是固定地喝着白水而已。——勃艮弟作为一省管区，免征间接税，但也枉然；她的供人食用的玛哪，即葡萄酒（靠着这种玛哪及多余的食品，它才能换回她的其他特殊的必需品）也一样彻底破产，就像在她内部也要缴纳这些间接税似的。因此，我们所捍卫的正是她的利益，至少来说，就跟捍卫这四个财政专区的利益一样。因此，由于了解了自己的利益所在，她就应当为消除在一次丰收后经常引起这一食物贬价的原因做出贡献，而不管她付出什么样的代价，即使两倍于国王目前的收入，她仍然从中赚了三倍，王国其他地区也是如此，因为不管距离发生毁灭性的混乱的地区有多远，它们彼此都要遭遇相同的命运；而反过来，基于同样的理由，弥补或者制止灾害，对她们便会立即产生同样的后果。在勃艮弟、奥尔良、小香槟以及昂儒，葡萄酒每一量器只卖一个苏，其价格所以如此少得可怜而低于葡萄农的费用，只是由于在皮卡迪和诺曼底卖到二十四个苏之故；而它在这些省份如此昂贵，则跟拉罗舍尔受围时，一斤面包一百个苏，出于同样的原因。

一万个收税的职员制止了这些酒类的流通，就像国王的军队阻碍谷物进入这个城市一样。而当城门打开时，如果有人提出，只有在离这些城区二百法里外进行的战争结束之后，这些饥饿的居民才能以一斤一个苏的价钱（因为城外也不超过一个苏）买到面包来减轻贫困的境况，岂非同样的荒唐！如果有人认为，把使王国半数的人一部分由于酒类充裕，另一部分人又由于价格过高而辗转沟壑的这一万个职员辞退掉，就会使国家覆亡，或者说，要辞退他们，至少要等待在德国、意大利和西班牙进行的战争结束之后，这岂非同样的疯狂！

我们从王国的关税、出口税和渡河税开始整顿；把王国内部征收的这些税全部取消，这对于国王及其人民乃是一笔巨大财富，因为既然各个大公们设立这些税收的理由已不存在，那么这些税收便也应停止，因为这些税收带来了可怕的后果。关于法国的进口税，税额应保持现状，但应消除手续上的麻烦，因为这对国王丝毫无益，却会使外国人望而却步。至于出口税，则丝毫不应轻饶，而应全部取消，因为这是国王和王国前所未有的最大的敌人。

事实上，既然贫穷是一个国家所能发生的最严重的灾害，而果实价格低贱不足补偿种植的费用，则是毁坏的最大的原因，那么对待这些情况，就应像对待前来侵犯的公开敌人一样：当看到敌人打算撤退时，便应拱手相送。但是，对于价格低贱这个前所未有的最大的财富破坏者，如果在同一处地方，设置多达二十六个的障碍，由二十六个出钱雇来的人看守着，而这些人的生财之道，正如我们前面谈到王国的出口关税和渡河关税时所指出的那样，就在于使价格低贱这种状况存在于国家中，以继续其破坏行为，难道这便是拱手相送吗？这是跟对待小麦问题和达依税的管理问题同样的行为。我们所描绘的所有这些残忍之徒日夜操劳的，无非就是保持这种低贱的价格。因此，为了继续与这种可怕的行径作斗争，绝对必须在这四个财政区和其他所有征收间接税的地方，把**四分之一**

税减少到八分之一税[1]。

在大约接近1640年时，农村还没有这种税，当设立此税后，据说，所有的地区都缴纳一笔钱以求免征；但只有在上述四个财政专区，士绅显贵们几乎不花分文地贸然买下了这种税，因为明知，如要按章严格征收这种税，非使所有的人全都破产不可，所以他们没有抽取税收的三分之一，而是以极高的价格，分包给小酒店老板。但是在1660年以后，治理朝政者认为，在这笔买卖中，国王利益受到了损害（确实如此），于是就把这个税收回，但是对买主没有给以补偿，认为原先享有这种税收便足以补偿了（这也是实情）；而如果他们像最初的买主们那样，继续使这种税发挥作用，那么这对任何方面都毫无损害。但是，由于极其雷厉风行地征收这种税，这样便等于没收了葡萄和酒类，从而迫使王国三分之二的人只能喝水解渴。同时，特别由于在这四个财政专区的非课征达依税的城市里，设置了各种包税人和税务所，使输入税增加了三倍，所以这种情况就变得更为严重。这些包税人和税务所，通过这种手续，加上车辆的耽搁或逗留，使得由于税款过大已经造成的损害，又增加了两倍。

---

① 四分之一税和八分之一税，顾名思义，便可知其税率。此税只就零售酒类稽征，并区分按壶出售和按座出售两种情形。前者只零售壶装或瓶装的酒；后者则由提供座位和桌子的小酒店老板或别的人出售。对于这些人来说，八分之一则比较重。1785年左右，对按壶出售的八分之一税，包括附加税在内，每米伊（古代法国酒类、谷物等的容量单位，因地、因物而大小不同。巴黎每一米伊的酒合二百七十四升，每一米伊的小麦合一千八百七十三升。——译者）征收六利弗尔十五苏，而不问酒质优劣。对按座出售者，征收八利弗尔二苏。相反，四分之一税则按酒的质量征收。四分之一税一般在没有葡萄或葡萄很少的地区稽征，而八分之一税则在种植葡萄的地方稽征。假设每一品脱的酒卖一个苏，则第一种税，每一米伊或二百八十八品脱（二百六十八升）征收三利弗尔十八个苏。——德尔

结果，这些城市的消费减少到从前的十分之一或十二分之一；农村情况尤甚，因为从前从未有一个村落没有二三家小酒店的，而如今，十个村庄中只偶尔见到一家酒店供应着整个地区。由此我们便可看出，包税人在使国王和人民破产的同时，自己所获得的利益了。

因此，在把四分之一税减为八分之一税时，我们并不会使国家覆亡，也不会把这些人辞退掉，同时我们也不是像对拉罗舍尔所做的那样，一下子便使法国摆脱掉这些人。相反，我们照顾这些人，并愿意同他们一道生活下去，只是请求他们允许我们开一扇方便之门，使由于食物丰富而破产的种植葡萄的省份一下子富裕起来。出于同一原因，必须把这四个财政专区内非课征达依税的城市的进口税，整整减少到目前的一半。而因为有好几个包税人，因此必须根据他们的租金的价格，按比例地减少，即使这样，他们还可以大大有利可图，因为在情况需要时，如果他们能干，自己也会每天这样打折扣的，他们知道，不这样就什么也卖不出去，而会把一切丢光。

还必须把所有这些五花八门的税缩减为一种，而且甚至税额确定不变，就以银币作为名称，而不像以前那样，另取一个化名，如巴黎币、贡银、短途过路费、储备金、过桥税、大税、小税和新税；这些税往往都结合在一起征收。这一切全都是对所有不会读书写字的运货者设下的陷阱，以便把全部货物没收，倘若他们不愿花钱赎买，则他们就会在路途耽搁中被搞得倾家荡产。

容量税[①]欺人之甚，无以复加。人们自然不可能造出一个高

---

① 1689年10月10日的声明规定：经纪税每米伊葡萄酒为十个苏，每米伊烧酒为三十个苏，每米伊啤酒、苹果酒和梨酒为六个苏。容量税为经纪税的一半。——德尔

度准确的酒桶,连一杯或者一个塞蒂[①]都不多也不少;除此之外,一个测量员同样也不可能在计算中保持这样的高度准确性,而且正如我们有时进行试验所表明的,两个测量员在测量时从来都不会彼此相同,而甚至相差甚远。这些测量员行为如此卓绝,乃至于对职员或运货人双方只要谁给钱最多就支持谁,并根据酒桶的容量给这一方或那一方开有利的证明。必须坚决取消这些测量员,而各个地区尽管要出钱打发走这些人,但所得的利益却百倍于此。可以下令要尽可能精确地制造酒坛,并标出容量;而当进口时,如目测发现酒桶不合规定,不能扣留酒桶,而应向法官告发酒桶的所有者,处以罚款,就跟对小酒店老板因其酒坛容量不准所作的处置一样。这种做法只有当损害巨大时方可实行,应不花费用,而且当着财政总管或其代理人之面进行,否则这种补救办法的危害更甚于祸害本身。

还有一个妖怪必须剪除,即申报过路税,这种税是对免税通行各个地方的货物稽征,它引起了我们已经谈过的那样的敲诈行为。如果想增进消费,从而提高收入,就必须使道路畅通无阻:然而只要每走一步都要受到人们雇用者的盘查,那么这一点就无法做到,因为这些人就靠阻碍一个地区与另一地区的贸易,不让一方通过以自己丰足的食物(这造成他们的破产)来弥补对方的欠缺(这使他们同样穷困不堪)进行互相帮助,而大发其财的。为此必须下令,任何运货者,不管是靠水路,还是用大车,想把酒类运到不管多远的某个地方,就必须从离得最近的间接税税务所——如果设有

① 古时液体容量单位,合八法国品脱。——译者

税务所的话，否则便向治安法官——领取一张免税通行证，这包括所有的费用在内，只要花十个苏就行了。这一文书上载有车辆的数量和发往的地点。然后，带着这份旅途必备品上路，任何人都不能半路把他扣留在村镇或者筑有城垣的城市里，任何税务所除了检查他的通行证外，都不能索取其他东西，也不能让他和他的车辆耽误片刻。在他必须过夜的地方，不管是征收间接税的城市或城镇，他都不能卸下，也不能触及他的食品，除非是有什么毛病，必须加以整理。在这种情况下，他必须向当地税务官报告，否则，没收其全部商品、大车和马匹，并对违章者投宿的旅馆，罚款一千利弗尔。如果运货者认为在半路上出售他的货物比原定点更合算，他在缴纳了当地的税款后，便可以出售；而如果在一个不必缴纳任何税的村落，那么他就可以不必付款。

像这样，我们不仅没有推翻国家，相反，原来国家一切都混乱不堪，如今，我们却使之恢复了无上幸福。总之，在这个问题上就跟在其他两个问题上一样，这是撤除对拉罗舍尔城的包围；而如果在拉罗舍尔城的情况下，有人提出反对，坚持认为在城门打开之后，尚须等待时日，面包价格才会达到过去的百分之一，即一个苏，这种说法极为荒唐；在目前情况下，如果有人认为一个按这种格调而公布的声明，不会使一切事情都卓有成效，因此，不会使人民立即处于无上幸福之中，并向国王提供一切必需品，而且自己又有利可图，那么，这种说法也同样是荒唐透顶的。

关于削弱包税人的职能及其收入基础的问题，我们坚认——正如上述——，这丝毫不会损害他们的利益，而且由于消费的提高，他们还可以赚得大批的钱。他们今天所提出的理由，由于歪曲了细节，因此便不可能成立。每当遇到这种情况时，这种现象便必然会发生的，而就在最近烟草的分配中，税额降低了之后，收入却增加了。关于证件费方面，情况却相反，而我们知道，由于税收的增加，收税所明显减少了。总之，我们认为，在这四个财政专区减税——间接税在这些地方所造成的破坏，同样也使王国其他地方破产——，不会因为从四分之一税降为八分之一税，以及进入非课征达依税的城市的输入税的降低，使租金价格减少了一个苏。

即使今天的包税者不愿理解这一点，这也丝毫无妨，因为既然没有一个人能够把捐税全部包下来，而所有的人每年都由于天灾人祸而要求赔偿，那么便有人时刻准备着以毫不减少租金的条件，来取而代之，而且我们确信，他们在承包中都会有利可图。

还剩下王国的和号称异国省份间的渡河税和出口税，这些税收的建立是出于一种可怕的意外。国王目前从中肯定收不到一百五十万利弗尔，这不包括波尔多船队，我们对此不加涉及，因为几乎只有儒瓦尼[①]桥收入巨大。然而即使国王把这一百五十万利弗尔作为自己纯粹的损失而交给人民，那么，由于普遍的富足，他从全国的群众身上赢得的也远不止是这笔款子，如不肯同意这一点，那就跟把播在地里的小麦视为白扔，因而不愿为了收获二十倍的东西而去播种如出一辙。我们通过提高捐税而从人民身上得到八千万，对此所有在这方面没有任何嫌疑的人都会表示赞同和感激，这就保证了这笔钱是以现金支付的；必须指出，这笔钱是一次相当大的丰收，因此不能不做这样的播种。

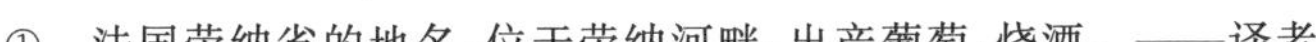

① 法国荣纳省的地名，位于荣纳河畔，出产葡萄，烧酒。——译者

而为了无可辩驳地表明，一份按这种模式，通过整顿这三个方面——人民的贫困纯粹由这些原因造成——的问题，不要花三个小时便能写就的声明，会产生极其真实无讹的后果，我们只要做个试验，仅仅把这声明加以公布便行了，因为该声明的实行还要暂缓一二个月。我们坚信，所有的财富立即便会大大增加；于是通过这一样品，我们便可以判断这一文件所能产生的效果，同时也可以判断究竟谁是幻觉者；是本文作者，还是反驳者！

因此，我们可以指望，由于效果迅速可见，和由于像拉罗舍尔那样，停止了暴烈的行动，消费提高了五六亿，这些就必须归结于国王，因为人民在这样增加了财产之后，如果拒绝缴税给国王，那么这就跟以前把动产和不动产全都没收作为固定税收这种令人诧异之事，是同样的非正义的行为。一方的拒绝缴税——只是由于不可能实行才使他们不成为罪人——和另一方尽管极其强暴、但却是徒然的强制行动，使君主和臣民都深受其害，这种情况，比起自从建立君主国以来，王国最大的敌人所曾取得的最彻底的胜利来，所毁灭的财富更多，所造成的破坏也更大。

必须使捐税像百川归大海一样，即安稳平静地流入君主手中：当捐税——不管是对物还是对人课征——与纳税人的财产符合比例时，这种情况是一定会发生的，而人们对这一规则的违犯，便是整个混乱局面的唯一原因。一个国君对待其人民，应当采取像上帝所宣称的对待基督徒的那种态度，即对拥有多的人索取得多，对拥有少的人索取得少。而一个教会经师以同样的方式证明，不管天堂的价格是何等高昂，也不管信徒是多么贫困，上帝只是以信徒们买得起的价格，出售给他们：这便是捐税的唯一标准，这也是我们在下章将要确定的提高收入八千万的唯一标准。

第 十 一 章

对一切动产和不动产按十分之一征收人头税乃是提高国家收入八千万的办法。——这一捐税目前的荒谬的基本原则。——它向穷人课征而照顾富人。——人头税应与每个公民的财产成正比。——对认为不易算出个人收入的比率以及要求申报个人所得是专横的行为这种反对意见的答复。——应以现款而不是实物来缴纳按十分之一征收的人头税。——对《国王什一税》的批评。——我们所抨击的这一制度，不可能加以辩护。——为什么必须把柏柏尔国家①的小麦从普罗旺斯排斥出去

在这本陈情书的开始，我们便说过，最富有的王公便是拥有的捐税名目最少，而且这些捐税不通过其他地方就最直接地由人民之手交到他们之手的王公。

但是，为了设置这样一种捐税，并不需要另立任何新的名目，只要求助于人头税便行了。它最初便具有这两种优点，无需费用，直接由人民交给君主。然而，在目前情况下，要使得它达到满足君主需要的水平——这是它远没有做到的，尽管即使从这税的名称上也可看出设立者的意图——并不需要使人头税尽善尽美，而只要使之不再荒唐可笑便可达到目的。因为，我们在人头税中看到，

① 过去指埃及西面、北非地区的摩洛哥、阿尔及利亚、突尼斯等国家。——译者

在处理每个人的纳税等级时，不顾其极为富有或者极端贫困，而是按照身份或职务的原则来决定；这种对富有状况丝毫不加区别的纳税标准是一种荒谬的衡量标准，这如同一条法律规定人们向商人购买呢绒、向小酒店交付费用时，不是根据人们从这两家商店中购货的多少，而是根据买者的身份和爵位而定。捐税是上帝亲口要求偿清的一种债务，这就跟要求还清任何欠款一样合法。捐税是根据人们在一个国家中所拥有的财产按比例征收的；因此，如果在征收中确定一个标准，使得一些人缴纳四倍于他所得到的收入，因而也就是四倍于他所应当缴纳的税款，而根据同一法律准则，却使另一些人只缴纳他们应交的五十分之一，那么这就是反其道而行之了[①]。

一个人的身份和爵位，就如其身材或者头发的颜色一样，并不能说明他的财产多少，这是肯定无疑、也是众所周知的。因此，规定一个律师、商人，或者一个乡区领主和一个官吏缴纳同样的税款这就跟规定所有瘸腿的人缴纳同一税额，而步履正常的人缴纳另一种税额是同样的荒唐可笑：这后一种处置之所以荒唐就在于，在这两类人中，都有一些人极其有钱，而另一些人则一无所有；富足或者贫困，并非必然是某一职业所固有，就跟它与任何一种身材或者毛发的颜色无关一样。因此，既然在律师、商人、官吏、乡区领主中存在着这种差别，我们便不能否认，同样的错误或笑话也同样会在目前所实行的规定，以及在我们前面所指出的规定条文中发生。

① 关于捐税的平等原则，或捐税的按公民收入的比例原则，参阅《国王什一税》的正文及注解。——德尔

对于受大臣先生们的委托来管理此事的人们，除了认为他们企图通过使这一税收之所得不足以满足国王的需要——如果他们不是如此行事，这种情况便不会发生——从而使本文开头提出的取消特别税务的打算化为泡影之外，我们是无法设想他们还会有其他目的的。而这一点，跟人们以分配不公的苦难来破坏达依税，以便为包税大开方便之门，出于同样的想法；以至于达依税原来可收入五千六百万，如今却不得不减少到三千二百万，与此同时，间接税则翻了两番，但是间接税的增加远不能弥补国王的亏损，而对于人民来说，却要付出十倍于达依税的代价。然而不应说一部分达依税丢失了，因为这是翻手覆手变的一种戏法，处理这一转手货的派税员从中赚了大笔的钱。所以如此，因为今天达依税加上人头税和部队寄住食宿税，竟达五千六百万以上，尽管农村比过去穷了三倍，他们从中却一无所失。或者至多是因为他们分沾了巨大的利益，因此他们不愿根据财产，而要以头衔来决定这一捐税的标准。因为这种办法要求普遍都能缴纳得起，所以便以最穷的人作为标准，于是，比起他们所拥有的财产来，他们只要缴纳极少的钱，这样便保住了他们富有的财产。但是在这一点上，他们比君主们更加打错了算盘，因为特别税务已变本加厉重新开征，由此引起国家广大群众的贫穷衰落，使他们花的代价比人头税增加三倍还要翻两番，而本来为了使他们避免这场风暴，连人头税都不需要增加的。我们可以让整个穿袍贵族、所有的商人和乡区领主们作证，不管他们多么不愿说出实情，但他们必定都会承认：发生了如达依税所发生的情况：即富人逃脱了他们应交的合理的税款，而把它转嫁到穷人头上，从而

使穷人无法充分利用那优美的牧场，这我们已经谈到过①，一般说来牧场就意味着一切财富，结果使牧场主遭受全部损失，他们由于这种所谓的特权而彻底破产。

有一点必须注意，但任何人都从未加以深思的，那就是：国家就像人体一样，人体各个部分和所有的肢体都同样要为维护共同的利益而出力，因为身体一部分的损坏立即就会发生连带作用，从而使整个人体死亡。正因此，既然并非一切部分均同样有力健壮，那么最粗实的部分就要招受，甚至要主动承受可能落到最脆弱、最娇嫩的部分的打击，而这些部分却连最轻微的打击都经受不起，且不说像蛇那样了；《圣经》里把蛇作为谨慎的象征，因为当它受到攻击时，它便以其整个躯体来盖住自己的头。自然难道不是也同样教会人们，在类似的情况下，当人们打自己的眼睛和头时，要用手和胳膊来挡开或者承受这些拳头吗？

在一个国家中，穷人好比眼睛和头颅，因此他是娇嫩而脆弱的部分，而富人则是身体的胳膊和其余部分。人们为了国家的需要而打出的拳头，如果落到这些强有力的部分，那几乎是若无其事的；而如果落到脆弱部分，也就是落到穷人身上，那就要致命，而反过来却又损害了那些拒绝给穷人帮助的人。

我们知道，一个穷人的家是如何维持的：他的全部财产往往就是以一两个埃居为基础的，由于不断循环，他和他的全家就靠这一两个埃居来维持生计，并消费富人田地上生长的食品，否则，富人的这些食品都要糟蹋了，这便是今日的局面。——如果由于捐

① 参阅本书第297—299页。——德尔

税的分配不公，或者由于权贵们根本不愿缴纳他们的份额，结果固定的捐税不足以满足国王的需要，因而设置了某些特别税务，当穷人们突然被剥夺了这一两个埃居，于是头颅和眼睛便受到了致命伤，同时也使那些不愿为它们挡住打击的粗壮的肢体也归于灭亡，对于这些肢体来说，挡住打击本是轻而易举之事，自己只不过受到轻微的一击而已。因此，为了富人的利益起见，他们必须以所有土地和工业财产的十分之一来缴纳人头税，而这不管从已提到的三方面来看，还是从最后这一理由来说，对于他们都是有利可图的。我们不怕有人坚持认为没有一个纳税者能从他们的纳税中赢得十倍的利益，从而对我们提出驳斥或者反对，因为这种驳斥或者反对完全是荒唐的。

在任何时候，在世上所有国家，都有人头税。从前在法国，在约翰和弗朗索瓦一世朝代，而如今，在英国和荷兰，所有的国家，因为除了财产比率之外没有其他标准，所以不管在征收还是在纳税中，从来都没有引起任何议论，也没有造成丝毫的混乱。由于意想不到的情况，我们才会制定像今天法国这样与此不同的标准的。但是，经过这些说明之后，那就只有犯罪的行为才会拒绝我们所建议的这种世上所有国家都采用的方式了。

认为难以算出每个人的财产比率，或者认为弄清这些问题，未免对待这些人过于严酷，这种说法是完全不妥当的。因为，在前一种情况下，可以说，这就是设想，从前的法国人，以及英国人和荷兰人，都是些巫师术士，才会得到这样的启示，相反，今天的人则是丧失了理智；而在后一种情况下，人们居然把一种在目前的局势下可以拯救国家，而且在千百次其他不重要得多的情况下每天都心安

理得地采用的办法，视为残酷的行为了[①]。

事实上，如果需要重建一座教堂，或者一所本堂神甫的住宅，费用一定是根据人们在该教区拥有财产的情况按比例摊派。在父母去世后，如果需要在一个女孩和她的兄弟间处理陪嫁财产或者遗留份的问题，那么这从来都是当着亲戚们之面，或者由法庭，根据文件字据来处理。债务也是一样，在身后长时间依然存在。由

① 的确，如果人们把为了将捐税负担专门压在劳动阶级身上而花的精力的百分之一用来公平合理地分配捐税，那么所得到的结果将与我们现行的理财术所产生的后果有着巨大的不同。此外，我们还可以肯定，在这一改革中，除了公平合理外，同样也能增进国力。以下数字便可证明：

税款为十二亿。——由载在个人税和动产税纳税人花名册上的六百万户家长，不管是地主、资本家，还是普通的雇佣劳动者缴纳(1837 年官方数字为六百一十一万一千二百一十八)。——因此，每个纳税的家长每年平均纳税二百法郎。——所以显然，如果像沃邦(塞巴斯蒂安·勒·普勒斯特尔，德·沃邦侯爵，法国元帅，1633 年生，1707 年卒，晚年发表《国王什一税草案》，主张捐税平等，故触怒路易十四而失宠。——译者)在其《国王什一税》中所要求的那样，捐税与收入成正比的话，那么，无产者所摊到的份额是极少的。——但是，事实上，目前事情却远非如此，而如下的看法便足以证明。如果计算一下巴黎一个五口的工人家庭光是缴纳给国王的税务机关的钱(因为市政税是在十二亿的捐税之外的)，我们便可相信，这一开支估计不会低于一百法郎。我们甚至可以向最能干的统计学家、最精明的数字归纳者挑战，敢问他们能否证实这种说法是错误的。——于是雇佣劳动者，即除了靠自己的智慧和臂膀，没有其他收入的人，就要缴纳法国总税额的平均数的一半。——但是，陈述这一事实，岂不是不言而喻地表明我们财政制度的不公和荒谬！这种制度实质上与我们祖先的制度并无多大不同，然而，我们对于过去的制度却每天都在滔滔不绝、连篇累牍地咒骂不已呢！——不公，这是昭然若揭的。——荒谬(就民族利益与国家威力而言)，其产生原因就在于，根据事物的常理，公共税收的分配不公，限制了捐税的正常增长，因为对于许许多多公民来说，由于从他们身上取走的已经远远超过他们所能给予的东西，他们已经不再有什么可以牺牲的了。——另外不应认为，不公之事会一直不受惩罚。这种极力使富者愈来愈富，而贫者愈来愈贫的制度，其不可避免的后果，便是随之俱来的苦役所、监牢和医院的大量增加，而最后，必然是内战和一场大革命的灾祸。这便是历史所提出的警告，听不听请便。——德尔

若干旁系平分的遗产中承担。

从最大的领主到最微贱的工人，富足的程度都有确实无误的衡量标准，这种标准，对于有个人生活实践的人来说是一目了然的，而对于所有只知单纯理论的人，则是不解之谜，省财政总管先生们便是这样的一些人，不管他们是出于何等的善意。作为巴黎土生土长者（他们都是巴黎人，而在从前则远非如此），他们完全无法使人们对一个国家有所了解，因为在巴黎，人们可以拥有极大的财富而无一法尺[①]的土地，人们把土地视为最末流的财富，尽管土地原是其他一切财富之本；在这些地方，人们把他们对乡村的全部关心，只局限于把别墅美化和装饰起来。

再次指出，只要我们任用就在这些地区办事的那些人来负责这什一税的工作，而且这些人能够承担风险，使得大臣先生们不会被收税中可能发生的不公现象弄得头昏脑涨，那么这个什一税在这个王国就跟在其他地方一样，都是易于得到的。必须缴纳的是一种银钱的、而不是实物的什一税或国王什一税，这种国王什一税是一位由于个人的功勋才能和职位的显赫崇高因而极受尊崇的人物，听信了某个人的说法而打算向国王建议的，此人替他草拟了《国王什一税草案》，但本人却从来没有从事过商业和农业，这种情形下所产生的国王什一税只能是怪物而已。[②]

事实上，认为可以对一个村庄的全部食品征收什一税，并找到人承包出去，可又不给一个地点来存放食物这种看法确是闻所未

① 法国古长度单位，相当于三百二十五毫米。——译者

② 这一段及以下，乃是作者对沃邦元帅的批评。——德尔

闻的，因为既然人们往往无法供养最起码的生活必需品，所以世界上没有一块地方会有无用的食物的[①]。此外，由于必须像缴纳国王的献金那样交付保金，必须像缴纳达依税那样每三个月一次，必须向从前免征此税的贵族和特权者征收这种什一税，这些条款使得乡村的居民谁都宁愿把钱白扔掉，而不愿以这样一种包税的真正价值之四分之一的代价来投标。从扣押属于乡绅的土地中，可以看到这样的一个例子，因为所收的税往往得到的只是该税的真正价值的十分之一，债权者不能不这样做，而财物被扣押者本人也不会为此使用暴力。所有在偏僻的村庄拥有什一税的人都十分清楚，如果他们必须预先交付保金，而且尽管根本没有按季度缴纳的钱，却必须每三个月上缴一次，如果根据这些条件来宣布征收什一税，可又不提供用以贮存的建筑物（因为当什一税税额稍大一些时，都应有这种建筑物）的话，那么他们就将什么也得不到，或者至多只能得到先前价值的十分之一。因为，即使免除了所有这些条款，当像今天这样，食品价格低落时，他们也往往会丧失其最大的利益。这种情况对于替代达依税和其他捐税的一种税收来说是不能忍受的，因为按期缴款必须严格执行，维持国家存在的关键就靠收税，所以不允许推迟。

我们重提此事，为了表明，振兴法国没有两种办法，只有以往法国各个时代所奉行的以及世上所有国家过去采用、目前仍然采用的唯一的一种办法，即我们再次所建议的使人民有利的做法。因为，虽然通过忠实执行这种制度而按时以十分之一的税率缴纳

① 参阅《国王什一税》中对这一诘难的答复。——德尔

的人头税,可以始终都达到一亿以上,但是,在国王于顷刻之间可使其人民重新获得的财富中,肯定还不到五分之一或六分之一。国王这样做可以不怕人们提出任何反对,认为会引起麻烦,更不怕说是时机不宜,或时间过短,因为这种反对会立即使人看出这是不顾理性与常识之谈。因此,正像我们多次提到的,我们坚称,只有完全被上帝及人类抛弃的人才敢于通过署名文章提出这样的反对意见。

人们对其所反对的那些做法的斥责,以及对这些做法的众所周知的后果的咒骂,清除了大家认为这些说法是鲁莽、甚至是荒唐透顶的怀疑。如果不是全王国的人都能证明作者所阐述的事实,那么也许既鲁莽又荒唐了。如果这样,作者愿意身受肉刑的处罚。这纯粹为了国王和人民的利益,才促使作者把这些事实置于光天化日之下,作者对自己的这种行为抱有充分的信心,因为大臣先生们的清廉正直——这一点跟我们所反对的混乱无序是同样遐迩皆知的——使作者深信自己丝毫不会有损害大臣先生们的危险,而是对他们极大的效劳。

但是为了预防反对意见以及当有人企图提出异议时不必再费力气加以反驳,我们首先确信,人们只有认定这被驳得体无完肤的三个方面都有巨大价值,因此要加以维护,才会非难本文的整个内容。然而,只要想想世上根本找不到一个如此不明事理和丧失理性的人,或者不如说,一个完全与上帝和世人为敌的人,敢于公开宣称他便是这三种做法中任何一种的创始者,我们便可以让人们看清这种角色是何等可鄙可恶的了。

事实上,难道会有人竟厚颜无耻地这样说:“是我造成达依税的分配不公，以至彻底毁灭了穷人，使之根本无法进行贸易和消费，结果富人比承担自己应摊的部分还要多丧失五倍，而这一捐税的混乱又反过来影响了国王的收入?”关于小麦，也是如此。一个相当明智的人难道敢于说：“是我下令并确定谷物的价格应当如此低贱，以便所有的人生活均无困难，乃至于佃户连一个苏也无法交给其主人，因此主人也无法雇用任何一个工人；同样，因为这种低廉的价格无法承担耕种的费用从而阻碍了人们去耕种贫瘠的土地，而弃耕则是避免荒年时粮价极端昂贵，以及避免像今天所发生的那样把谷物用来喂养牲畜的绝妙办法?”关于间接税、关税和渡河税，岂不是只有无耻之尤和荒唐绝顶之徒才会自称是发生于这一切税收中的卑鄙勾当的首创者；才会公开宣称，一个商品在同一地点，必须向同一王公报关二十六次，或者缴纳二十六种税，然后方能装船，这种做法是合理的；而在酒类方面，才会认为由国王和公众出资雇用一万人来拔掉王国一半的葡萄，并迫使三分之二的人只喝水解渴，这是完全应该的?

这便是对这种做法的自供，我们不相信会有人来索取这一荣誉的。

借口时机不当——这是热衷于使这种情况保持原封不动的人所最常用的办法——而提出的期限问题，其荒唐和丧失理智的程度并不稍次一些。因为上述那些问题中任何一个问题，即使单独提出来，也比国王的一切敌人对王国所能造成的损害更为严重；而且，引起所有这些混乱的原因跟战争与和平没有什么关系，就像跟中国国王的生死无关一样。因此人们如果使用这样的理由来耽搁治疗，那必然就表明他是无法无天的了。

另一方面，因为要想摆脱目前这种局面需要很大一笔钱，我们坚称，在王国内部，在一方面承担国家日常必不可少的费用，以及偿还一切以国王名义欠下的过期未付款，另一方面承担普通收入所能提供的东西的人们中，现在没有一个人，不管他多么能干，能够有办法仅仅弥补国家财政收入赤字的四分之一，更不用说能够使收入完全平衡的了；尤其是没有一个人愿意抵押财产以担保其办法的成功[①]。所以，斗争是在这两种情况中间进行：本陈情书的作者只是作为人民的辩护士，以人民的名义，建议采取全世界都通用的措施，对此，要想加以反驳，只能是失去理智，并使自己沦于荒谬可笑；而作者的敌手则是这样的一些人，他们想使人们把希望寄托在连他们自己都耻于以书面提出的办法上，以及他们极其不乐意以自己的财产来担保其成功的基础之上。

总之，为实行这些措施而必须进行斗争的唯一最残酷的敌人是：这种恢复人民的财产并使之有可能将其中一部分奉献给国王的伟大之举，纯粹是建立在停止业已确立并已奉行的措施的基础上的，对于这些做法，只有阿谀奉承或者愚昧无知的自私自利之徒

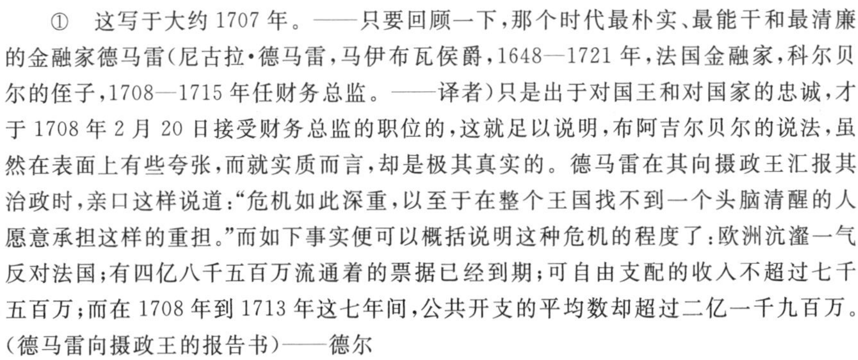

① 这写于大约 1707 年。——只要回顾一下，那个时代最朴实、最能干和最清廉的金融家德马雷（尼古拉·德马雷，马伊布瓦侯爵，1648—1721 年，法国金融家，科尔贝尔的侄子，1708—1715 年任财务总监。——译者）只是出于对国王和对国家的忠诚，才于 1708 年 2 月 20 日接受财务总监的职位的，这就足以说明，布阿吉尔贝尔的说法，虽然在表面上有些夸张，而就实质而言，却是极其真实的。德马雷在其向摄政王汇报其治政时，亲口这样说道："危机如此深重，以至于在整个王国找不到一个头脑清醒的人愿意承担这样的重担。"而如下事实便可以概括说明这种危机的程度了：欧洲沆瀣一气反对法国；有四亿八千五百万流通着的票据已经到期；可自由支配的收入不超过七千五百万；而在 1708 年到 1713 年这七年间，公共开支的平均数却超过二亿一千九百万。（德马雷向摄政王的报告书）——德尔

才会向这些作者表示鼓掌欢迎。由此便产生了一个极其可悲的后果，即：只是由于容忍需要摧毁的东西已造成极大的祸害，并使国王和人民同归破产时，这种摧毁才会具有极大的好处。然而，朝臣们却并不是这样说的。但是，因为今日的大臣先生们在这个问题上的责任不在别的，就在于他们以己之心度人，设想他人跟自己一样清廉正直，从而出于对其前任们过于信赖而亦步亦趋，所以，承认这一意想不到之事丝毫无损于他们的声誉，相反，由于否定了那些给他们留下了一个如此可悲的制度的人，会给他们带来无上荣光。

总而言之，通过全面恢复人民的财富，使国王的财富随之而来，从而像德·絮利先生的时代那样可以还清其债款，以摆脱目前的状况，这是一宗极其有利的生意。但是，不管这会给王国带来多大好处，也不管这一巨大好处的代价是多么低廉，我们却从来不会得到那些人的同意。对于他们来说，跟个人发财希望的破灭，或者跟害怕失掉以极不正当的手段取得的名誉相比较（他们从中渔利，仿佛这种名誉是他们理所应得），普遍的动乱是完全无足轻重的。再次指出，因为大臣先生们远非这一类人，因此我们相信他们一定会善意看待这一篇别无其他目的，只求为国王、为公众和为大臣先生们效劳的文章，特别是他们会以其真知灼见，来弥补本陈情书之不足，使之更为完善，而且他们从本陈情书结束之处，按阅读过本文的人的一般看法，完全深信作者是履行了在作品的标题中所提出的任务的。

作为说明这整本《详情》所说均为属实，无可辩驳而又极其有力的证据，就在于笔者公开自称是向人民增税八千万的创始人，而且由于会出现与此俱来的局势而等待别人向他致谢；与此同时，那些企图加以驳斥，或者提出少得多的税款的人们（用现行办法所能征收到的），则不敢暴露自己的内心想法，也不敢自称是这种计划的作者。这两种行为的原因非常显而易见，就前者而言，作者只打算让纳税者缴纳所恢复的财产的五分之一；而后者，则必须强求不可能办到之事，这种情况并非没有前例，或者不如说，过去，这种例子只是太多了。

既然向人民要求缴纳他们无法缴纳之物，这是闻所未闻之事，那么在君主使人民重新拥有财产之后，人民拒绝将其财产的一部分交给君主以满足其需要，这也是犯罪的行为。为了做到这一点，我们当着全世界的人之面，再次表示，不怕受到书面驳斥，并坚认，这并不需要大臣先生们花三个小时的工作，人民十五天的执行，因为问题只在于停止一种极其严重的残暴行为，就像在拉罗舍尔围城战时一样。

当柏柏尔国家的小麦一旦从普罗旺斯排斥出来，便使朗格多克税收重新提高五倍，而普罗旺斯也是如此。尽管该省购买谷物较贵（因当地小麦种植极少），但由于它出售的油类、橄榄、葡萄和干无花果价格上涨，数量增多，因而从中还会赢利两倍。我们知道，这些东西在该省经常被当做废物，而之所以处于这种可悲的境况，只是由于那些靠出售小麦，以换回自己其他所需之物的省份，因为麦价低贱而无法做到这一点。柏柏尔国家输入小麦至多只是在荒年之时才有益；但是，由于这种情况继续存在而成为定规惯例，这就再有害不过的了。这种情况之所以能继续存在，甚至完全由于军粮供应官的个人的特殊利益所造成，他们通过更合算的价格，囤积居奇，以便在小麦交易中赚钱，根本无视国王和人民的普遍福利；除此之外，还有承包商的特殊利益，他们通过花钱，买得保护，从而在这一贸易中把自己保存下来。

在不是歉年时期，允许外国小麦输入，尤其是输入到像法国这样富饶的国家，这种违反策略的错误是如此严重，以至于除了英国以外，——她花钱购买的情况正相反，她输出谷物——，西班牙由于其绝大部分最好的土地上的作物几乎始终荒废，似乎犯下这种错误是十分可以原谅的，因为在西班牙，粮价昂贵比价格合理的情况更为经常。然而西班牙完全了解，在丰年时使这种性质的食物贬价，具有极其严重的弊病，所以，自从那两个君主国由波旁王族联合起来后，她便请求人们在丰年时不要向她输入粮食，尽管按如此长期流行于法国的错误说法，这对于小民百姓还是有利可图。因此，我们坚称，拒绝来自于柏柏尔国家的一米伊的小麦，就会使王国生产增长百倍，其理由业已指出，并为所有的农夫所熟知；但对于这种计算却是不解之谜，而这种计算却正是这种意外行为的唯一原因，而且除了生产百倍增长之外，收入也同样增加，因为从普罗旺斯，就是从法国驱赶出来的这些米伊中，由于相同的原因，每一米伊自己都同样能够提供四千利弗尔的收入。

最后，作为本陈情书的最后部分，我们确信，人民只有通过出售他们的食物，才能向国王纳税；而君主通过停止这种消灭了或中断了一半以上的销售量的残暴行为，便可以在顷刻之间使这销售量翻一番。因此，把前来宣布国王也可以使赋税翻一番而不仅不会使任何人破产，相反会使所有的人富有起来的人作为想入非非者看待，这是极端荒唐的行为。因为食品价格的提高使地价上涨，而只有土地可以养活从最高贵的到最卑贱的一切等级。总之，农夫是为自己也是为其他各种身份的人耕耘的，因此也把自己在贸易或出售中得到的好处和遭到的损失按比例地分摊给这些人，虽然这正是世上万事中，穷人们所最不理解的；那些充满善意的投机商也是如此，当他们像我们已经说过的那样，在不了解事实的情况下，激动地对他们所办不到之事高谈阔论时，他们却听任自己受那些思考问题还不如一些傻瓜的人的欺骗了[①]。

那四个摆脱了间接税的财政专区会立即使王国毗邻的各个省份经济复苏，而这些省份又马上把这种好处传到最偏远的地区，以至按财产十分之一的税率缴纳的人头税还不到这些省份在这一交易中所得到的利益的四分之一。

第十二章

综述：国王可轻而易举地为自己创造出一笔三亿的固定收入。——君主应像明智的地主尊重其佃户一样尊重其臣民。——使臣民遭受损失必将自食其果。——对这一建议的进一步发挥。——最好将雅典的风习引入法国，而作者遵守这一习惯

① 谷物贸易的充分而完全的自由问题，是十八世纪下半世纪的经济学家讨论最激烈的问题之一。J.-B.塞(让-巴蒂斯特·塞，法国经济学家，1767—1831年，自由贸易派的鼓吹者之一。——译者)在其《政治经济学教程》第六部分第十一章中完整地概述了主张自由贸易者和相反主张对贸易给以不同程度的限制的人的主要论据。——德尔

为对本文全篇作一综述，我们认为，国王只要愿意，便可以像国王弗朗索瓦一世时代那样，恢复三亿的固定收入，而且无需像过去那样，对人民使用强制催款书，和对其财产强制执行，而是使他们重新占有其全部的财产：这财产的一半便高达十五亿以上，但这一切都被那些做法而剥夺了。我们已经指出，这些做法纯粹是罪行的产物，而从1660年以来，则是由于意想不到的行为而一直延续下来的。

为此，国王必须把法国和法国的一切财富视为唯一归他所有，而把财富的全体拥有者视为自己的佃户，总之，他必须相信，一切妨碍这些拥有者从事耕作、贸易和运输之事，就是对他本人在王国的某些省份所拥有的一些地产的损害行为。

然而，因为有无数机构向人民征收各种杂税，并且首先要为这些税收付出各种费用；同时，因为随着收税而被毁灭的财富，二十倍于君主从中之所得，这犹如自己损害自己，因此，停止这一祸害——这可以立即办到——使人民富有起来，便可向君主本人提供富裕的生活，这岂非万古不易之理？

我们很乐意向所有反驳者讨教（他们只不过是靠国王和人民的破产而过活和发财的一伙人），今天，在法国，在众所周知的一万种捐税中，有哪一种税的资金不是由达依税缴纳者或者由应纳人头税的人凑齐，并向这种人索取的？这两种税也包括了贵族、资产阶级和平民、也就是说王国所有的人全部包括在内。——因此，估计国王从这一万种捐税——它们为十万人提供了工作——中所得到的全部收入，并把这些收入分摊到达依税和人头税上，这样一下子就省下了付给十万人每人每年一千利弗尔的工资（这还是便宜的)，也就是说，为国王和其人民节省了一亿利弗尔[①]。这还只不过是最微不足道的好处，因为，这种管理方法所造成的对财富的大部分破坏可以立即恢复，使人民得益，因而也就使君主得益。因为，认为通过征税官的办法可以一无所有地获得钱财(因征税官通常是毫无财产的)，这是不顾理智、骗取公众信任的行为，而公众所知情况正相反，恰恰由于征税官的手如同火一样，把所触及的东西全都烧毁了。

只要从一个问题上，便能更清楚地说明这一真理：只有饲养着牲畜的达依税缴纳者向城市里的肉铺供应。然而要把这些牲畜运进这些城市，难道不会遇到包税人、税务所和办事员？对于肉和油脂的零售，难道就不存在包税人、税务所和办事员？同样，难道没有包税人、税务所和办事员对羊毛、羊绒等货物的摆渡和出口收税？不仅如此，同出一源的皮革，岂不是也同样单独抽税，而且只要一发货，不管走多么一点点路程，甚至都要收税四五次之多？——所有这些费用和预先提取的钱款都应由羊的主人，即一个饲养羊的达依税缴纳者或人头税缴纳者支付和承担，因为此人是国王的佃户，由于反响，这笔钱就仿佛是从君主钱包中掏出，或者由君主慷慨赠予似的。这种混乱还只是最不足道的，对于这一点，我们再次重复并不过分，因为它所造成的破坏比这些工资则多十八倍。为了说明这一点，我们认为，今天王国的牲畜还不到四十

① 达依税和人头税是直接税，征税的费用比作为间接税的辅助税和关税少得多。另外，国家对前者直接征收，而对后者则采取包税制。正因此，笔者如此着力强调要以对纳税者负担较轻、而且在收税方式上弊端较少，不会使纳税者望而生畏的这种税，来代替这些捐税中的一种。——德尔

年前的四分之一，这种情况对于土地的耕种带来同样的损失，因为农作物收成的好坏是与在田地上放牧的畜群的多寡成比例的。

葡萄酒也是如此：为对酒类收税而开设的十个或十一个税务所，加上包税人的工资和从中发财，这些首先就由达依税缴纳者或应纳人头税者承担。如果没有这倒霉的章程，直接从这些人手中接受本应属于君主的东西，那么这对于他们和对于君主来说，就会有一笔巨大的财富，而对于所有人民来说，则结束了贫困。因为这种可怕的理财术的后果很简单；除了农夫和葡萄农破产以外，许多大城市，尤其是卢瓦尔河这边的大城市，甚至巴黎，以及农村的一半以上的人一点肉也吃不到，只能喝水，这样，他们的体力便大大衰退，因而大大削弱了他们的劳动。

对于木柴税、煤炭税、干草税、家禽税、蛋税、牛油税、鱼税、烟草税也都一样，总之，对所有其他食物的税收几乎无一豁免。我们会看到同样的税务所，同样的办事员，同样的包税人，同样的工资，或者不如说，同样的发财致富，以及达依税缴纳者和人头税缴纳者所要受到的同样的摧残，所以他们准备以三倍于他们应缴给国王的代价，甚至以四倍于他们的利润的代价来对这些可怕的做法加以赎买。

请大家不要以为这是胡说八道，这完全是事实，只有那些自认不荒唐、而且不显露自己是毫无顾忌者才会坚持相反的看法。而我们所建议的，归根结底就是请求人们按世上其他国家的方式，甚至像国王弗朗索瓦一世去世前那样的方式来治理法国。总之，我们仅仅恳求大臣先生们愿意同时使人民和国王富有起来而已。

事实上，如果人们让农场主增加其农民土地的产品的话，那么，没有一个佃农会对提高租金表示不满的。人们可以召集王国各个地区的一百名农夫、资产阶级或商人，只要不贿赂他们作违心之谈，那么，没有一个人会不同意缴纳四倍的人头税，甚至可以预付，只要他们能够摆脱掉所有那些倒霉的特权，这些特权只是为了使国王和人民破产，而使包税者发财才发明出来的。

可是，骇人听闻的是，在目前法国需要其全部力量以抵御那么多敌人的形势下，人们恰恰采取相反的做法，每天层出不穷地设立了一个又一个包税人，其后果业已指出，即国王得益一分，就要损失二十分的资金。仅从 1660 年以来，虽然这只是大臣先生们的意外之举，但是当我们建议停止这种做法时，人们却仍然说我们想颠覆国家，仿佛国家就像我们已经说过的那样，是由那些毁灭其耕作和贸易，从而使国王及其人民破产的人所组成似的。但是，因为事实正与此相反，而我们与之斗争的这一伙人正是王国最大的敌人，因此，我们要以厌恶的目光来对待这些可怕的断言，即当我们谈到制止这种旷古未有的最大破坏时，认为我们企图颠覆国家。相反，我们是想使大臣先生们和财政审计院获得充分的闲暇时间，因为他们如今从早到晚只是忙于驾驭这些本来绝不应使之存在的怪物，并与之斗争，难道不应同意这样做吗？虽然他们所以这样，是出于极端的清廉正直，然而其属下和第二手的人则远非如此，而这些人的数目却无限庞大；因为没有一个包税契约——不管包税多么有限——不会给一百多个人带来好处，所以这些人尽管不是包税者，也同声附和说我们是企图颠覆国家。

因为疾病是以与产生疾病的原因相反的药物来医治，所以当国王需要救援时，只要他对待人民如同我们刚才谈到的农庄主那

样的做法便行了;农场主可以轻而易举地提高承租者的地租,因为承租者可以同时扩大他的经营。国王可以万无一失地对人民说:"你们要向我多缴纳若干达依税和人头税,因为我将取消某一种包税合同,它曾使你们付出十倍多的代价,这样,在这一交易中,你们之所得将比我多四倍有余。"但是,人们只要向前面提到的那伙人征求意见,他便不会采取这种决定,因为这伙人对自己的财产遭到破坏比对王国的毁灭更为痛心。这一点,每当发生这种情况时都已得到了证实。但是,因为这并非大臣先生们的性格,他们尽管受骗太深,却是十分清廉的,所以我们希望为了目前局势——为拯救国家而不允许采取任何其他药物——的需要而取得某种成功。何况我们向王国的破坏者作了某种妥协,因为我们只满足于请他们稍为缓和一些,这样,他们不仅自己有利可图,而且可立刻使人民重新获得相当多的财产,以便向国王提供他所需要的八千万的增税;这将确实无误地证明:彻底消除这一祸害后不久,王国就会像弗朗索瓦一世时代那样,国王可有三亿的收入。

迄今为止,人们对银钱持有错误看法,他们把钱视为财富本原,认为只有秘鲁才是如此,然而,在阅读了我们写的有关章节之后,这种看法就无法再提出了。在那一章中,我们指出银钱完全是消费的奴隶,步步紧跟消费的命运,彼行亦行,彼止亦止。当进行无数次出售和再出售时,一个埃居在一天之中经历一百只手;而消费像目前这样遭到毁灭之时,这个埃居在整整几个月中都只待在一个地方。因此,由于顷刻之间可使这种消费恢复到五亿多,这将有五亿多次的银钱的流通,而不需重新铸造五亿多新货币。根据这一点,便可以彻底洗刷掉所谓如此迅速提高收入,纯属荒谬可笑的指摘,并把它掷回给反驳者;他们只是凭借大臣先生们的错误才拥有这种权力的,但当他们没有这权力时,他们就将不能保住他们的制度了,因为他们的制度只是像《可兰经》的制度那样,即靠禁止发表反对意见,以及当人们不服从时,便威胁要毫不留情地以木桩刑处死,才能够维持至今。另外,关于所有这一切,我们只不过是人民的喉舌或者辩护士而已,我们不怕被否认,我们可以听从吩咐,呈上一份十万人的签名,他们每人平均有一万埃居的财产;因此,这是一笔无须害怕、没有危险的交易,而这笔交易只有我们已经谈到的那些人才会加以拒绝。

作为结束语,正如本文的标题所指出的,我们坚称,世界上如果有任何一个人,以任何借口来反对征收八千利弗尔(这只不过是我们通过三小时的工作,使人民恢复的收益的五分之一而已),那么,这个人一定是绝顶荒谬,并为上帝和世人所不齿;而我们这一建议则相反,充满了上帝的恩典。同样,我们始终认为,在目前的局势下,也不可能以另一种办法来供应国王的四分之一的必需品,而且世上也没有一个人愿意担保,别的做法会取得哪怕是极其微小的成功。由此,我们可以看出,在一种根本不应发生误解的情况下,人们摒弃我们所提出的办法,而指望另一种毫无确实把握的办法,究竟依据何在。

最后,这些陈情书的作者根据一个条件——反驳者对此肯定不会表示羡慕——把它们献给公众,这便是曾经由雅典人所遵循的条件。雅典人规定:人们对任何提出新章程的人,不管他是谁,都会安静地听取他的意见,但此人必须一开始便把绞索套在脖子上,以便如果这些章程的执行对国家无益有害时,立即将被绞死。

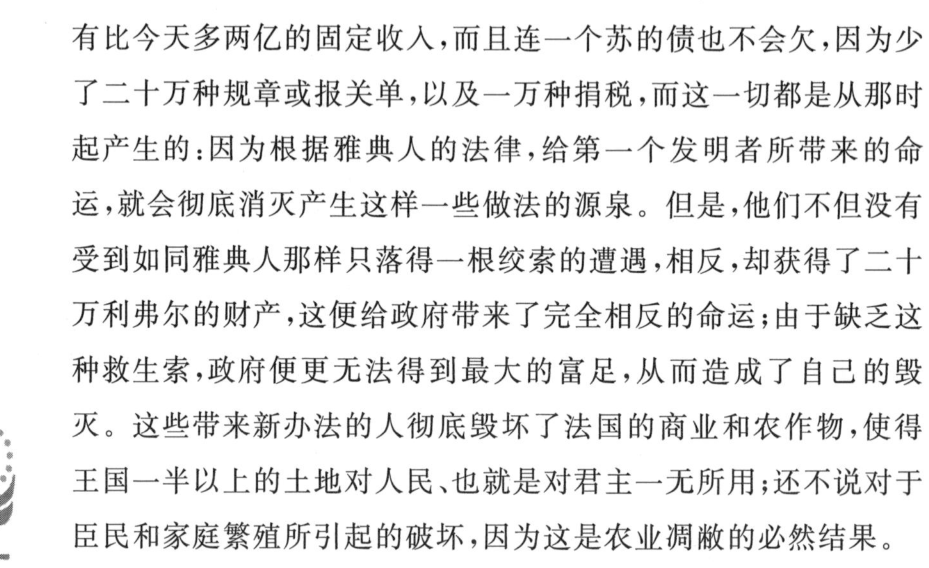

如果一百五十年前，当意大利人刚刚播下使法国沦于今日这种境况的首批种子时，法国就如此来对待他们的话，那么国王肯定就会有比今天多两亿的固定收入，而且连一个苏的债也不会欠，因为少了二十万种规章或报关单，以及一万种捐税，而这一切都是从那时起产生的：因为根据雅典人的法律，给第一个发明者所带来的命运，就会彻底消灭产生这样一些做法的源泉。但是，他们不但没有受到如同雅典人那样只落得一根绞索的遭遇，相反，却获得了二十万利弗尔的财产，这便给政府带来了完全相反的命运；由于缺乏这种救生索，政府便更无法得到最大的富足，从而造成了自己的毁灭。这些带来新办法的人彻底毁坏了法国的商业和农作物，使得王国一半以上的土地对人民、也就是对君主一无所用；还不说对于臣民和家庭繁殖所引起的破坏，因为这是农业凋敝的必然结果。

为了通过对比来说明，如果这种制度几乎没有阻碍了国家的力量和财富的增长，法国会是什么情况，我们且回顾一下：犹太在其国王们最强盛的时代，从来只拥有长七十法里，宽二十五法里的领土，即比法国的领土小九倍，但据《圣经》所载，其君主却建立了一百六十七万人的军队①。而且，由于一个地区中适于作战的人还不到其人口的五分之一②，而老人、病人、妇女和儿童至少占其余的五分之四，那么这个国家所拥有和养活的人接近九百万，也就

① 《圣经》中的一百六十七万人的军队比大卫王在四十年中积累一百二十亿的财富更为离奇：必须尊重《旧约》和《新约》，但在政治经济学中，则绝不应加以引证。——德尔

② 作者本应说是三十分之一的：的确，在这种情况下，要估计犹太人的人口是相当困难的。——德尔。

是说，如果两者情况相等的话，相当于法国可以养活的一亿人[①]。然而不需再提犹太土地的富饶，其实，这富饶不是别的，只是其居民的数目和劳动而已，因为今天由于犹太所遭到的破坏，情况已发生巨大的变化，这一地区的人口还不到十万，这里的土地自然显得十分贫瘠，因此，《圣经》中所吹嘘的犹太的富饶，只不过是这个数目和这种劳动的结果而已，就像阿尔卑斯山区的巴尔贝人[②]的舒适的住宅一样。

我们作这样的评论是为了指出：过去法国有可能按年收入三亿的标准来供给国王弗朗索瓦一世，是因为当时没有她以后所受到的、使她一半以上地方失去活力的障碍；这一点同时也是一个确实的保证：当那些使法国沦于如此可悲境地的暴烈的原因一旦消失，法国便可以轻而易举地恢复其自然状态，因为这种情况是可以在顷刻之间出现的，就像自然界每当受到暴烈行动之害时，根据哲学家们关于**一切暴烈的东西均不能持久存在**的原则，所必然出现的那样。这使人产生一种对不久便会看到王国复兴的信心，因为祸患与福利均有其延续时期，在这时期结束之后，必须进行一场彻底的变革，以使事物尤其是福利恢复原状；而只要使人民有可能发挥其善良的愿望，人民之心总是时刻以行善为念的；而这不幸却与很久以来直至今日所采取的做法相反。

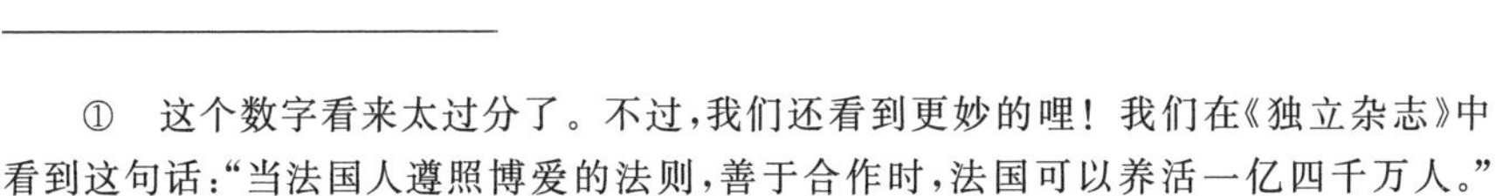

① 这个数字看来太过分了。不过，我们还看到更妙的哩！我们在《独立杂志》中看到这句话："当法国人遵照博爱的法则，善于合作时，法国可以养活一亿四千万人。"（卷Ⅱ，191 页）——德尔

② 巴尔贝人(Barbets)指法国多菲内和皮埃蒙的瓦尔多教徒，以及十六、十七世纪塞文山区的加尔文教徒，因为他们把他们的牧师称为 barbes(伯伯)。——译者

附：

布阿吉尔贝尔生平和著作年表

布阿吉尔贝尔生平和著作年表

(1646—1714)

刘玉珍编写

一六四六年　　诞生

▲二月十七日：皮埃尔·勒·庇逊·德·布阿吉尔贝尔*（*Pierre* le Pesant, sieur de *Boisguillebert*）出生于法国北部诺曼底省的鲁昂（Rouen，在塞纳河下游）。

△他的表兄塞巴斯提安·勒·普雷特尔·德·沃邦**（*Sébastien* le Prestre de *Vauban*，1633—1707）十三岁。

●法国国王路易十四（Louis XIV，le Grand，1638—1715）在朝（1643—1715）。国王年幼，母后奥地利的安娜（Anne d'Autriche，1601—1666）摄政，宰相、红衣主教马萨利（Mazarin，1602—1661）实际治理朝政。

* 又译：布瓦基尔培，见卢森贝著，张凡、翟松年译《政治经济学史》三联书店1959年版第95—97页；布阿吉尔贝尔，见施托贝尔格著，吴衡康、许素芳、吴儁深译《资产阶级政治经济学史》商务印书馆1963/79年版第33页；布西古叶伯，见杜兰著、段昌国、张炳文等译《世界文明史·路易十四与法国》〔第二十四册〕台北幼狮文化事业公司1977/79年版第274页；布瓦吉尔伯，见《世界通史》第五卷第134页；包尔久卫，见施建生主编《云五社会科学大辞典·经济学》〔第五册，全十二册〕台湾商务印书馆1970/76年版第135页，北京图书馆藏。

** 又译：伏邦，见法国史研究学会筹备组编译《法国史通讯》(1978年11月)第85页；范邦，见施建生主编《经济学》第135页；符邦，见《路易十四与法国》第288页。

马克思、恩格斯在许多处把这一对表兄弟相提并论，见《马克思恩格斯全集》7:95，16:286，22:301、620，23:161，32:428。

一六四八年　二岁

●投石党(Frondeur)运动(1648—1653)爆发。巴黎资产者、贫民起义，受到王军包围，得到诺曼底、基恩、波亚图等省城乡贫民、农民声援。次年，运动被巴黎最高法院内的资产者操纵，最高法院与宫廷签订和约。史称1648—1649年间的这一运动为最高法院投石党运动。

●全欧洲都卷进去的三十年战争(1618—1648)结束，哈布斯王族一方建立天主教大一统帝国的反动计划遭到惨败，签订威斯特伐利亚和约，法国乘胜准备争夺西欧霸权。

一六四九年　三岁

●英国人民处死国王查理一世(Charles I，1600—1649，1625—1649在位)。消息传来，巴黎出现传单，号召处死国王母子，出现标语，号召建立共和国。

一六五〇年　四岁

▲五十年代:在波罗雅尔修道院学校上学。

●投石党运动沉寂一段时间后再起，史称贵族投石党运动(1650—1653)。运动逐渐为贵族所利用，他们的要求得到承认。资产阶级势力在各城市继续反对专制制度，巴黎始终不平静，有“叛乱的巢穴”之称，宫廷终于迁到十八公里外的凡尔赛。路易十四耗费巨资，在此建造极为豪华的宫殿。

一六六一年　十五岁

●宰相马萨利死。路易十四宣布:从此“我是我自己的宰相”，逐渐削弱地方上刚刚抬头的资产阶级势力(主要在法院)，加强中央集权，掌握王国会议，亲自掌权。七十年代大肆对外扩张，争当西欧霸主。1683—1685年，专制王权达到顶峰。

★“布阿吉尔贝尔和沃邦以路易十四统治时期的法国为例，出色地描述了由于从自然经济转变到货币经济这个为工业资本建立国内市场的主要手段而引起的农民的破产。……法国农民是逐渐地被引入工场手工业的范围。”(见恩格斯:《德国的社会主义》。《马克思恩格斯全集》第22卷第301—302页)

一六六五年　十九岁

●科尔贝[*](Jean-Baptiste Colbert,1619—1683)出任财政大臣,推行重商主义政策,保护资本主义大手工工场(如亚眠阿布维尔呢绒手工工场,有六千工人),奖励对外贸易,创设东印度公司、西印度公司(1664)等,建立大商船队,在印度、非洲、北美各地建立殖民地,法国跃居商业大国地位。

★“在法国也是通过科尔贝[**]的保护关税制为工场手工业创造了必要的条件;二三十年以后人们才清楚,在当时的条件下,本国的工场手工业只有靠牺牲农民的利益才能建立起来。农民的自然经济被破坏,为货币经济所排挤。国内市场建立了起来,同时,至少在一定时间内又几乎完全被破坏,其原因在于这个过程的本身和经济必然性赖以实现的从未有过的力量的作用,还在于对钱和人的需求增加,这是采取征兵办法建立常备军的结果,……当最后有一两年歉收的时候,全国就呈现出布阿吉尔贝尔和沃邦元帅所描述的普遍困苦景况。”(见恩格斯:《致尼古拉·弗兰策维奇·丹尼尔逊》。《马克思恩格斯全集》第38卷第305页)

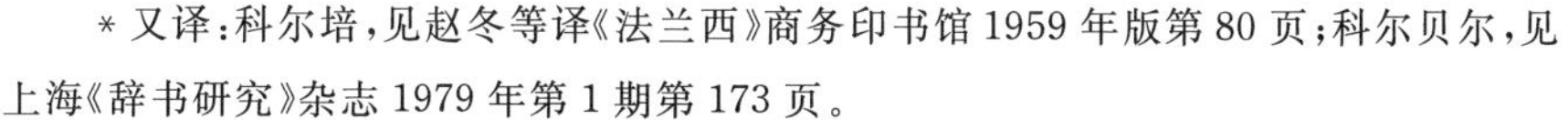

* 又译:科尔培,见赵冬等译《法兰西》商务印书馆1959年版第80页;科尔贝尔,见上海《辞书研究》杂志1979年第1期第173页。

* * 此处原为柯尔培尔,为统一译名特予改动。

一六七〇年　二十四岁

●从布龙纳省贫民战争(1662)、西南部加斯科尼省欧迪若(起义领袖)起义(1664),直至本年南部兰奎多克省农民起义,进入了“瓦罐要打碎铁罐”(1670年起义檄文)的时代。其后,1674—1675,各省起义由于歉收和重税而规模日益扩大,动摇着封建专制政府。

★“路易十四统治下的法国农民极端贫困,这种受到布阿吉尔贝尔、沃邦元帅等人如此有力地斥责的现象，不仅是由重税引起的，而且是由实物税改为货币税造成的。”（见马克思：《资本论》第1卷。《马克思恩格斯全集》第23卷第161页）

一六七一年　二十五岁

△约翰·劳（John Law，1671—1729）出世。这位重商主义经济学家、英国金融家晚年到法国任财政大臣（1719—1720）。德国经济学家杜林居然认为布阿吉尔贝尔和罗之间有理论上的联系，马克思为此批判了杜林。

★“布阿吉尔贝尔断言，贵金属在商品流通中执行正常的货币职能的时候，可能被信用货币（un morceau de papier〔一块纸片〕）所代替。相反地，罗以为这些‘小纸片’的任何‘增加’，都是增加国家的财富”；“活见鬼，他怎么可能仅仅由于认为贵金属在那种作用上可以被纸片所代替，就有这样的愿望，要以重商主义者的迷信见解，去代替他自己对贵金属的货币作用的合理见解呢？”（见《反杜林论》。《马克思恩格斯全集》第20卷第256、257页）

一六七五年　二十九岁

▲任鲁昂地区法院法官。

★“布阿吉尔贝尔虽然身为路易十四的法官，却既热情又勇敢地替被压迫阶级声辩。”（见马克思：《政治经济学批判》。《马克思恩格斯全集》第13卷第44页）

一六八一年　三十五岁

●兰格道克运河凿通（1666年开凿），从而加强了地中海和大西洋的联系。与此同时，改善了公路河道，并取消一部分关税，提高进口关税（1667年），促进了国内贸易。

●路易十四合并斯特拉斯堡，连同1679—1680年合并的亚尔萨斯、洛林等，由“拓殖院”管理，从而完成了北部扩张的格局。

一六八五年　三十九岁

●废除南特敕令。亨利四世（Henri IV，1553—1610，1589—1610在位）

在1593年颁布的这个敕令，给予雨格诺*（Huguenot）——基督教新教徒以多种自由权利，他们可以建立教堂、修道院、学校，担任公职，婚姻得到保护。敕令废除前后十年间，四十万教徒（大多聚居于西南部），其中包括许多技术工匠、富裕商人、工场主被迫纷纷出亡，技术和资本大量外流。

* 又译：呼格教徒，见《法国史通讯》第88页；胡格诺教徒，见《法兰西》第81页；预格诺教徒，见《世界文明史·智识的探险》，台北幼狮文化事业公司1977/78年版第177页。

一六八七年　四十一岁

△威廉·配第（Sir William Petty，1623—1687，英国古典政治经济学家）去世。

★“古典政治经济学在英国从威廉·配第开始，到李嘉图结束，在法国从布阿吉尔贝尔开始，到西斯蒙第结束。”（见马克思：《政治经济学批判》。《马克思恩格斯全集》第13卷第41页）

★“现代政治经济学的历史是以李嘉图和西斯蒙第（两个正好相对立的人，一个讲英语，一个讲法语）结束的，正像它在十七世纪末是以配第和布阿吉尔贝尔开始的。”*（见马克思：《经济学手稿》。《马克思恩格斯全集》第46卷上册第3页）

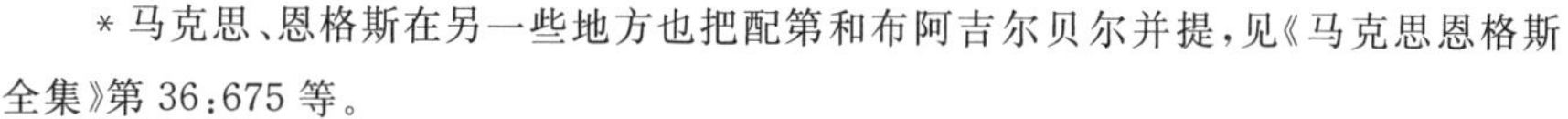

* 马克思、恩格斯在另一些地方也把配第和布阿吉尔贝尔并提，见《马克思恩格斯全集》第36：675等。

一六九〇年　四十四岁

▲任鲁昂军区陆军中将。

一六九一年　四十五岁

★“在1691到1752年这段时期，……这个出现了很多杰出思想家的时期，对研究政治经济学的逐渐产生来说是最重要的时期。”（见《反杜林论》。《马克思恩格斯全集》第20卷第259页）

一六九四年　四十八岁

▲向财政大臣庞恰特雷恩伯爵(Pontchartrain, Louis Phélypeaux, seigneur de,1643—1727)提出缓和地方经济困境,让百姓休养生息的意见,遭到拒绝。*

* 见米希勒著《法国史》(*Michelet, Histoire de France*)第5卷第36—37页,转引自《路易十四与法国》第274页。在此书中,庞恰特雷恩译为旁彻出安。

一六九五年　四十九岁

▲《法国详情》(*Le Détail de la France sous le règne présent*〔de Louis XIV〕)出版于布鲁塞尔。*(有出版于1697年之说)

* 本版作者名拼缀为Bois-Guilbert。

一六九七年　五十一岁

▲《货币缺乏的原因》(*Causes de la rareté de l'argent, et éclaircisse-ments des mauvais raisonnements du public à cet égard*)出版。

●鲁昂附近的奈培勒织呢工三四千人整整一个月没有工作。

一七〇〇年　五十四岁

△在法国为行将到来的革命启发人们头脑的那些伟大人物,最初一批在十七、十八世纪之交就陆续诞生:孟德斯鸠(Montesquieu,1689)、伏尔泰(Voltaire,1694)、魁奈(Quesnay,1694)、布丰(Buffon,1707)、拉美特里(La Mettrie,1709)、马布利(Mably,1709)等。这些启蒙学者,政治思想家、哲学家、重农主义经济学家、博物学家形成百科全书学派,他们在成熟年代,十分活跃、卓有成效地宣传新的(即资产阶级的)世界观。

一七〇五年　五十九岁

▲《论财富、货币和赋税的性质》*(*Dissertation sur la nature des richess-*

es, de l' argent et des tributs, ou l'on decouvre la fausse idée qui règne dans le monde）出版。

★“布阿吉尔贝尔实际上只看到财富的物质内容、使用价值、享受，他把劳动的资产阶级形式、使用价值作为商品来生产以及商品的交换过程，看成是个人劳动借以达到它的目的的合乎自然的社会形式。因此，一遇到资产阶级财富的特殊性质，例如在货币上，他就认为有强挤进来的外来因素的干涉，并对一种形式的资产阶级劳动进行激烈的攻击，对另一种形式的资产阶级劳动却空想地加以赞美。”（见马克思：《政治经济学批判》。《马克思恩格斯全集》第 13 卷第 44—45 页）

* 马克思在许多地方提到本书，见《马克思恩格斯全集》4：108，23：161，46（上）：147、312。

一七〇六年　六十岁

▲《论谷物的性质、种植、交易和利益》*（*Traité de la nature, culture, commerce et intéret des grains, Tant par rapport au public, qu'à toutes les conditions d' un état*）大约在十七世纪末十八世纪初出版。

△美国经济学家富兰克林（Benjamin Franklin，1706—1790）出世。

★马克思在论述布阿吉尔贝尔把劳动时间看成商品价值的尺度之后，特别指出：“第一次有意识地、明白而浅显地把交换价值归结于劳动时间的分析，我们是在新世界的一个人那里发现的，在新世界，资产阶级生产关系同它的承担者一起输入进来，并且在这块由于土质肥沃而补救了历史传统贫乏的土地上迅速生长起来。这个人就是本杰明·富兰克林，他在 1719 年所写而在 1721 年付印的一本青年时代的著作中表述了现代政治经济学的基本规律。他说必须撇开贵金属而寻找另一种价值尺度。这种尺度就是劳动。”（见马克思：《政治经济学批判》。《马克思恩格斯全集》第 13 卷第 45 页）

* 中译文载《谷物论　论财富、货币和赋税的性质》，伍纯武译，商务印书馆 1979 年版。

一七〇七年　六十一岁

▲《法国的辩护书》(*Factum de la France, ou moyens Très-faciles de rétablir les finances de l'État*)出版。

▲《法国详情补篇》(*Supplément au Détail de la France*)出版。

★"替生产的现实需要辩护而反对货币的这种至上权力的对立见解,在布阿吉尔贝尔的著作中叙述得最为鲜明。"(见马克思:《政治经济学批判》。《马克思恩格斯全集》第46卷上册第184页)

▲被送往奥弗涅监禁半年。

△沃邦的《王国什一税草案》(*Project D'une Dime Royale*)出版。沃邦是军事工程师。在南征北战中,建立了攻城工程部队,因功晋升为元帅。晚年关心朝政,写经济学著作。

△二月:政府禁止沃邦的经济学著作出版发行。

△三月三十日:沃邦去世。

一七一二年　六十六岁

▲《法国详情》再版。

一七一四年　六十八岁

▲十月十日:去世于鲁昂。

▲马克思提到他时称之为重农学派的前辈老作家(第46卷上册第24页)、法国最老的经济学家之一(第4卷第127页),或径直尊称为老头(第4卷第108页)。

▲著作收于欧仁·德尔*(Eugène Daire, 1798—1847)编:《十八世纪的财政经济学家》(*Économistes financiers du XVIIIᵉ siècle*),1843年。北京图书馆善本特藏室藏。

* 马克思对他的评论见《马克思恩格斯全集》第46卷上册第312页。

图书在版编目(CIP)数据

布阿吉尔贝尔选集/(法)布阿吉尔贝尔著;伍纯武,梁守锵译.—北京:商务印书馆,2017
(汉译世界学术名著丛书:120年纪念版:珍藏本)
ISBN 978-7-100-14180-2

Ⅰ.①布… Ⅱ.①布… ②伍… ③梁… Ⅲ.①布阿吉尔贝尔(Boisguillebert,P. 1645-1714)—经济思想—文集 Ⅳ.①F095.654.1-53

中国版本图书馆CIP数据核字(2017)第137686号

汉译世界学术名著丛书
(120年纪念版·珍藏本)
布阿吉尔贝尔选集
伍纯武 梁守锵 译

商 务 印 书 馆 出 版
(北京王府井大街36号 邮政编码100710)
商 务 印 书 馆 发 行
南京爱德印刷有限公司印刷
ISBN 978-7-100-14180-2

2017年12月第1版 开本710×1000 1/16
2017年12月第1次印刷 印张26¾
定价:125.00元